耕读文化教育教程

主　编　吴礼光
副主编　王振亮　詹其仙　陈文胜　阮国荣
参　编　李正心　张迎辉　郑学梅　林　珍
　　　　陈　美　胡思静　王晓鹏　何露茜
　　　　朱海军　余昌彬　唐　越　吴宸劼
　　　　林成圣　张溪辉　郑宗沧

北京理工大学出版社
BEIJING INSTITUTE OF TECHNOLOGY PRESS

内容提要

本教材系统地阐述了耕读教育的相关知识，共分为七个项目，主要内容包括中华农耕文明、中国传统农业、中国农耕习俗及农耕器具、中国农业现代化与农业科技发展探索、中国农业的绿色发展、中国农业的创新创造、中国特色的乡村振兴。

本教材主要供涉农类院校作为耕读教育教材使用，也可供耕读文化爱好者参考学习。

版权专有　侵权必究

图书在版编目（CIP）数据

耕读文化教育教程 / 吴礼光主编 . -- 北京：北京理工大学出版社，2023.8
ISBN 978-7-5763-2588-1

Ⅰ.①耕… Ⅱ.①吴… Ⅲ.①农业教育－文化教育－中国－教材 Ⅳ.①S

中国国家版本馆 CIP 数据核字（2023）第 130948 号

责任编辑：王梦春		文案编辑：邓　洁	
责任校对：刘亚男		责任印制：王美丽	

出版发行 /	北京理工大学出版社有限责任公司
社　　址 /	北京市丰台区四合庄路 6 号
邮　　编 /	100070
电　　话 /	（010）68914026（教材售后服务热线）
	（010）68944437（课件资源服务热线）
网　　址 /	http://www.bitpress.com.cn
版 印 次 /	2023 年 8 月第 1 版第 1 次印刷
印　　刷 /	河北鑫彩博图印刷有限公司
开　　本 /	787 mm×1092 mm　1/16
印　　张 /	15.5
字　　数 /	338 千字
定　　价 /	75.00 元

图书出现印装质量问题，请拨打售后服务热线，负责调换

前 言

党的二十大报告指出：构建优质高效的服务业新体系，推动现代服务业同先进制造业、现代农业深度融合。全面推进乡村振兴。坚持农业农村优先发展，坚持城乡融合发展，畅通城乡要素流动。加快建设农业强国，扎实推动乡村产业、人才、文化、生态、组织振兴。

习近平总书记强调："农村是我国传统文明的发源地。""耕读文明是我们的软实力。"耕读教育是劳动教育的有效方式。真正的教育是不可能离开劳动的，耕读教育最大的特点就是提倡劳动、耕读并举，体现了马克思主义教育与生产劳动相结合的基本教育原理。耕读教育所倡导的勤俭传家、知行合一、修身养性和艰苦奋斗等优秀品质，都是社会发展和国家富强所必须推崇的。耕读教育的关键价值就在于帮助人们树立正确的劳动观念和培养劳动意识。以耕读精神砥砺学生品质，将劳动教育融入课堂、融入实践、融入生活，能够培养学生艰苦奋斗的精神，实现以劳树德，以劳增智，以劳强体，对加强涉农高校学生的品格教育及培养具有重要意义。

农耕教育是指通过农耕活动来培养学生的实践能力、观察力、动手能力和团队合作精神的教育方式。它是一种将农业知识与实践相结合的教育方式，农业已成为一个非常重要的产业，而农业知识和技能也成了人们必须掌握的一项技能，通过本书的学习，学生可以了解农业的基本知识和技能，为将来的学习和工作打下坚实的基础；还能够培养学生的实践能力和创新精神，同时也能够让学生更好地了解自然和环境，提高他们的环保意识。

本教材采用文字、图和表相结合的知识表现方式，方便教师教学和学生自学。为更加突出教学重点，每个项目前均设置了知识目标、能力目标、素养目标和项目导读，对本项目内容进行重点提示和教学引导；文中还穿插了大量的扩展阅读，对相关内容和重点进行解析；每个项目后均配备耕读实践以提高学生的动手操作能力；耕读小结以学习重点为依据，对各项目内容进行归纳总结；耕读思考以思考题的形式，更深层次地对学习的知识进行巩固。

  本教材在编写过程中参阅了大量文献，在此向原作者致以衷心的感谢！由于编写时间仓促，编者的经验和水平有限，书中难免有不妥和疏漏之处，恳请读者和专家批评指正。

编 者

目 录

项目一 中华农耕文明 001
  任务一 农耕文明造就中华民族 002
  任务二 农耕文明的"四大发明" 005
  任务三 农耕文明的艺术呈现 010
  任务四 中华耕读精神 023

项目二 中国传统农业 037
  任务一 中国传统农业概述 038
  任务二 中国传统农业独特的风格体系 048
  任务三 中国传统农业的治理之道 060

项目三 中国农耕习俗及农耕器具 069
  任务一 农耕习俗 070
  任务二 传统的农耕器具 080
  任务三 农民的健康思维 094

项目四 中国农业现代化与农业科技发展探索 109
  任务一 中国农业现代化 110
  任务二 农业生产与农业科技 117
  任务三 新中国农业科技探索 122

项目五 中国农业的绿色发展 130
  任务一 人与自然关系 131
  任务二 农业绿色发展概述 137
  任务三 农业绿色的未来发展 145

项目六　中国农业的创新创造 154
　　任务一　中国农业创新的特征与挑战 154
　　任务二　中国智慧农业的概念及特点 161
　　任务三　智慧农业将是中国农业未来的重要发展方向 168

项目七　中国特色的乡村振兴 176
　　任务一　中国乡村振兴概述 177
　　任务二　乡村振兴的内涵 182
　　任务三　农村经济建设 194

附录 204

国学经典 100 句 234

参考文献 242

项目一　中华农耕文明

知识目标

1. 了解农耕文明的含义、农耕文明的发现、耕读与中华文化精神。
2. 熟悉农耕文明的"四大发明"。
3. 熟悉农耕文明的艺术呈现、中华农耕精神。

能力目标

1. 能够概括地叙述农耕文明的形成与发展。
2. 能够与同学分享中国农耕文明的"四大发明"和中华耕读精神。

素养目标

能够认识到农耕需要遵循自然法则，要维护生态与环境统一，要有敬畏自然、保护自然的生产、生活态度，真正懂得只有人与自然和谐共处，人类文明的历史才能延续的真谛。

项目导读

农耕文明是人们在长期的农业生产中孕育的一种文明。我国属于农耕大国，孕育出灿烂的农耕文明，不仅给人类提供了稳定可靠的食物来源，同时也给社会带来了很多优秀的文化，丰富了社会经济，提高了劳动人民的文化内涵。农耕文明是支撑中国千百年发展的重要力量，也是中华文明源远流长的持久动力。

任务一　农耕文明造就中华民族

一、农耕文明的含义

农耕文明，是指由人们在长期农业生产中形成的一种适应农业生产、生活需要的国家制度、礼俗制度、文化教育等的文化集合。农耕文明的主体包括国家管理理念、人际交往理念及语言、戏剧、民歌、风俗与各类祭祀活动等，是世界上存在得最为广泛的文化集成。光照充足、降水丰沛、高温湿润的气候条件十分适宜农作物生长，雨热同期是我国非常优越的气候资源，是诞生农耕文明的重要条件。

农耕文明形成了自己独特文化内容和特征，除带来稳定的收获和财富，造就了相对富裕而安逸的定居生活外，还为进一步衍生出高雅的精神文化奠定了基础。

在这个漫长的发展过程中，农耕文明和游牧文明如图 1-1 所示，在各自的世界里不断发展、演变，由于文明的巨大差异，也使这些人类在性格上和体制上出现了很多不同。在亚欧大陆的广阔土地中，大陆的北部形成了一条天然的草原地带，众多的游牧民族生活在此，并在大陆的南部及一些中部地区出现了一个个农耕区。从社会形态的发展阶段及特点来看，农耕文明一直被认为比游牧文明更发达，这不仅是因为双方生存方式的不同，更为根本的则是农耕社会的发展进程始终要快于游牧社会。

图 1-1　农耕文明和游牧文明

从当时亚欧大陆各文明区的发展现状来看，古中国、古希腊、古罗马文明在繁荣昌盛之时，位于它们北方的游牧人正处于十分落后的状态。农耕文明相对游牧文明有诸多方面的进步性，并且在这种进步性的长期影响下，农耕文明率先进入了国家形态。农耕文明和游牧文明作为两种截然不同的人类文明成果，它们共同构成了人类历史不断向前发展而演变的重要因素和重要基础。

从历史上看，只有自然条件不能满足农耕的地方才会停留在游牧社会，凡是自然条件能够满足农耕的地方，一定会进化到农耕社会。从事农耕是古代人类实现定居的必然条件，而定居是一切繁荣文明产生的前提。

二、农耕文明的发现

20世纪90年代，中美联合农业考古专家在中国鄱阳湖流域发现了距今12 000多年的人类驯化野生稻的历史遗迹，这一遗迹的发现，对于中华文明、中国农耕文明的意义非常重大。

世界历史学界曾经认为，中华文明之所以没有断代，其中一个重要的原因是中华文明出现的历史最晚。因为出现得最晚，所以才没有发生过文明中断现象。还有学者认为，四大古文明历史最长的应是两河文明，其发生文明断代的原因是它9 000年的悠久历史。鄱阳湖流域这一重大考古发现，直接将中华文明的历史推到了12 000年前。人类驯化野生稻的历史遗迹充分说明早在12 000年前，中国已经进入农耕文明。农耕文明是中华文明延续万年来的重要文化遗产和宝贵精神财富，也是中华文明经久不衰的思想动力。新时代不断传承发展农耕文明，既是时代发展的需要，也是实现中华民族伟大复兴的需要。

三、耕读与中华文化精神

中国文化精神是怎样养成的？中国文化与耕读又有什么关系？

显然，中国文化精神是历代中国人努力奋斗的结果，也是一代代中国人的文化精神不断传承至今的结果。进一步分析思考会发现，文化精神属于形而上的内在思想，是中国文化拓展繁衍的内在动力，因此，每个人的贡献肯定有所不同。中国长期保持不变的社会分工结构基本上可以概括为"士农工商"。其中，"农"（耕者，农民或种田人）代表着勤恳劳作的老百姓，而历朝历代的"士"（介于贵族和平民之间掌握知识的阶层）一直担负着主导文化精神的角色，因此，中国文化精神的养成就与"耕""读"结下了不解之缘。所以，也可以把中国文化精神的形成过程概括为"耕读养精神"。

进一步分析会发现，"耕者"和"学者"对养成中国文化精神的贡献也有所不同，继而形成不同的分工。这是由他们两者本身的禀赋优势决定的。耕者长于实践，学者工于构建思想。两者都有自身的精神追求，但主要由学者加以概括总结提炼并"升华"到"精神"的高度。因此可以说，耕读养精神，学者总其成。

需要指出的是，学者在凝练中国文化精神的过程中，也不仅仅局限于思考一途。先贤在"四书"之一的《大学》中条分缕析道："古之欲明明德于天下者，先治其国。欲治其国者，先齐其家。欲齐其家者，先修其身。欲修其身者，先正其心。欲正其心者，先诚其意。欲诚其意者，先致其知。致知在格物。"这就是历史上有名的"格物、致知、诚意、正心、修身、齐家、治国、平天下"八条目，是儒家设定的学者要毕生为之奋斗的使命。其中，格物就是指对客观事物进行研究，它与治国、平天下都离不开社会实践。宋代张载为学者们的人生设定的"四为"崇高宗旨——"为天地立心，为生民立命，为往圣继绝学，为万世开太平"，同样是一个需要理论与实践相结合的过程。在《实践论》中毛泽东同志高屋建瓴地指出，实践、认识、再实践、再认识，这种形式循环往复以至无穷，人才能不断接近真理。这就是中国文化精神形成的基本路径。

总之，中国文化精神是历代人民大众共同创造的，是理论与实践相结合的产物。在其形成过程中，耕读发挥了突出的作用。

扩展阅读

品读传统古籍，传承农耕文明

——评《齐民要术》

农耕文明是中华民族的根，是中华民族的传统底色。研读农学古籍，是通往传统农本文化、继承农耕文明的捷径。我国现存 2 000 余种农学古籍，其数量之多、水平之高是其他国家少有的。其中北魏贾思勰的著作《齐民要术》被誉为我国第一部"农业百科全书"，是中国农业发展史上集大成的农学经典。该书援引文献 200 余种，体系严整宏伟，"起自耕农，终于醯醢。资生之业，靡不毕书"，《齐民要术》以降，后世农书皆以其为范，历代政权也无不将其视为劝农务本的治世圭臬。书中关于土壤耕作，以及农作物、蔬菜、果树、林木等栽培或农产品加工储藏等知识，既科学又实用。除此之外，蕴含其中的因循自然、驯化植物及农本思想，即使放到 21 世纪的当代，也具有不容忽视的哲理性，对当今社会的公共健康、科学伦理、食品安全等发展理念，仍然产生巨大的引领或影响作用。

由中国书店出版社新近出版的钦定四库全书版《齐民要术》，是作者"采掇经传，爰及歌谣，询之老成"，在广泛总结前人成果的基础上所撰。全书除《序》和《杂说》外，共分为 10 卷 92 篇，约 11 万字，其中正文约 7 万字，注释约 4 万字。正文 10 卷中的前 6 卷内容，分别与农、林、牧、副、渔诸业相关，是世界上最早、最系统、最有价值的农学科学名著，适合农业、农业技术史等相关研究人员阅读。

《齐民要术》反映了当时我国农业技术发展水平已经处于世界领先地位。但它的重要价值不只是在传授农业科技知识上，还在传播魏晋时期乃至更远时期农耕文明上。贾思勰描写农家九月骑射——"缮五兵，习战射，以备寒冻穷厄之寇"。魏晋时期战事频繁，农业生产被严重挫伤，农耕文明进入曲折发展期。尽管如此，千年的农耕文化传播并未停滞。寄情山水、耕读世家，反而成就了"魏晋风度"。其中，耕读文化作为一种文化类型，对农业发展体系、宗法制度、民族整体价值观的形成，发挥了至关重要的作用，甚至在一定程度上多次影响了中国历史的走向。

《齐民要术》较为详细地反映了当时农民生产经验和生活场景。以其记载的农业谚语为例，谚语中透露的魏晋时期农民"入世"文化与中华民族传统文化在根本上是一致的。如"一年之计，莫如树谷；十年之计，莫如树木（《齐民要术·序》）""人生在勤，勤则不匮（《齐民要术·序》）""养苗之道，锄不如耨，耨不如铲（《卷一·耕田第一》）""不剪则不茂，剪过则根跳（《卷三·种葱第二十一》）""亡羊补牢，未为晚也（《卷六·养羊第五十七》）"。谚语语言把深奥的哲理简单化，把丰富的知识生活化，使其易记易懂，活泼生动，像一把打开了智慧大门的钥匙，展现出深邃的哲理美。

贾思勰在《齐民要术》一书中进一步阐述了其"天时、地利、人和"农业生产重要理论。他认为，农业生产应遵循农作物的生长规律，根据不同的季节、不同的气候来耕种和管理，是为"天时"；农业生产应考察土壤环境，根据土地肥力合理地布局和管理，是为"地利"；农业生产应充分调动人的积极性、主观能动性，认为人在耕作中的作用最大，起决定性作用，是为"人和"。贾思勰综合考虑"天时、地利、人和"因素，并将"人和"置于"天时、地利"之上，这不仅是对传统农家思想的继承与发扬，还对我国隋、唐以后的农业发展产生了重大影响。即便仅仅作为一本农学古籍，《齐民要术》也对后世许多农书产生广泛而深入的影响。如元代的《农桑辑要》《王祯农书》，明代的《农政全书》，清代的《授时通考》等，都汲取了《齐民要术》中的农学思想精髓。

《齐民要术》基于农本思想，涉猎文学、语言学、哲学、经济、文献、史学等众多领域研究，不失为一本经典好书。品读《齐民要术》，感悟中华农耕文明，它对传统的传承与发扬，必将为当前我国乡村振兴战略的实施带来新的启迪。

任务二　农耕文明的"四大发明"

中国的传统农业曾长期领先于世界其他文明古国，那么，中国传统农业何以历经数千年而长盛不衰？这是由于祖先创造了一整套独特的精耕细作、用地养地的技术体系。其中的精华部分，至今仍是世界现代农业发展值得借鉴和发扬的要素。中国古代农业实践所创造的技术成果，甚至可以与造纸、火药、指南针和活字印刷术"四大发明"相媲美，这就是历史上与农业生产直接相关的物候历法、水利工程、传统农具和农作物育种技术，将其称为中国古代农业的"四大发明"。

一、物候历法

中国的天文历相传在原始社会晚期已经萌芽。黄帝时"迎日推策"，颛顼时"载时以象天"，尧舜时，中国就已根据日、月的出没来定"时"，即季节了。

在甲骨文中，我们今天仍在使用的六十甲子纪年即天干地支法，已经形成。相传大禹时代曾"颁夏时邦国"。到春秋时代，还有"行夏之时"的说法。孔夫子也说过"吾得夏时焉"。可见，中国最古老的政府颁布的历法在夏代已经诞生了。

在现存的历书《夏小正》中，一年明确分为12月。每个月都以一定的明显的星象出没来表示节候，标明当月的主要农事活动。这说明历法的出现，一开始就是为农业生产服务的。虽然《夏小正》中的十二月法，还不能确定是太阳历，但是既然是以星象出没来分，那么一年的12个月就不可能完全根据月亮的圆缺决定。也就是说，《夏小正》的历法中必定有闰月存在，只是书中没有指明罢了。在甲骨文中，已有"十三月"的记载，这大概就是后来的闰月了。

闰月的出现，是历法上阴阳合历的主要标志，它不仅考虑到地球与月球的关系，而且进一步考虑到地球与太阳的关系。这样可避免历法与时令的误差，使之符合季节交替，从而更符合农业生产的需要。

《吕氏春秋·十二纪》和《礼记·月令》在星象、物候和农事安排方面的记载比《夏小正》更为详尽，奠定了后来的二十四节气的基础。战国时代成书的《逸周书·时则训》系统记载了二十四节气的名称、对应月份和相关物候，形成了比较完整的气候概念。

与历法同时出现的是物候知识的萌芽。由于农事季节的需要，对物候的观察更加深入，物候知识也随之更加丰富，从而成为人类最早掌握和支配农事生产的重要手段。

《左传》中提到："玄鸟氏司分者也，伯赵氏司至者也。"玄鸟就是家燕，因为它春来秋去，所以古人用它来"司分"，就是决定春分、秋分的日子。伯赵就是伯劳，它夏鸣冬止，所以古人用它来"司至"，就是决定夏至、冬至的日子。有趣的是，由于鸟类有着相对稳定的随季节变化而变化的特点，因此古人就常常"以鸟名官"。掌管"两分"的官就叫"玄鸟氏"；掌管"两至"的官就叫"伯赵氏"。这些以鸟名官的传说反映了中国在原始社会已经用物候指时了。

物候知识的积累逐渐形成了以物候为标志的计时体系——物候历。这种历法的特点是以特定物候现象的出现为一年或某月的开始。这种历法比较粗疏，不稳定。例如，以燕子初来的日子定为春分，但是燕子迁飞常因当年的气温条件而前后波动，这种波动大都在一定的时间范围之内。

物候历的特点之一是与农事活动密切结合，故又可称为农事物候历。因为天气的寒暑、草木的枯荣、鸟兽的出没都受地球绕太阳公转规律所支配，所以物候历本质上是一种太阳历。中国一些少数民族史料表明，在历法发展史上，物候历的出现早于观察天象变化的天文历。后来天文历出现了，但原始时代的物候指时的经验仍被继承下来，并有所发展。我们今天经常可以见到的基于物候变化的农谚，就是这种物候指时经验的发展与运用。

二、水利工程

水利是农业的命脉。从大禹治水的传说开始，华夏儿女就在对水的利用与斗争的交互中前行，一批批能工巧匠们通过精妙绝伦的设计，因地制宜建造出井渠、飞渠、涵洞等各种坝堰，农田灌溉取水、输水、蓄水设施等也都达到了很高水平。郑国渠、都江堰、芍陂、京杭大运河、坎儿井等一个个耳熟能详的名字为中华民族的传统文化留下了浓墨重彩的印记。

已成为世界文化遗产的都江堰，始建于秦昭襄王末年（约公元前276—前251年），是蜀郡太守李冰父子在前人开凿的基础上组织修建的大型水利工程，它的修建改变了成都平原的自然条件，使其成为人所熟知的"天府之国"。而今它是全世界迄今为止年代最久、唯一留存、仍在一直使用、以无坝引水为特征的宏大水利工程，凝聚着中国古代劳动人民勤劳、勇敢、智慧的结晶，如图1-2所示。赵朴初先生曾感叹道："是宜与长城，并赞秦皇代。长城久失用，徒留古迹在，不如都江堰，万世资灌溉。"

京杭大运河也是一项实现南北经济顺畅沟通的宏伟水利工程。它沟通了黄河、淮河、长江、钱塘江、海河五大水系，通过大运河能将生产于江浙的粮食和其他商品大量而经济地运到北方。有研究者认为，在海运和铁路运输网兴起以前，大运河的运量一度占到全国的3/4以上。

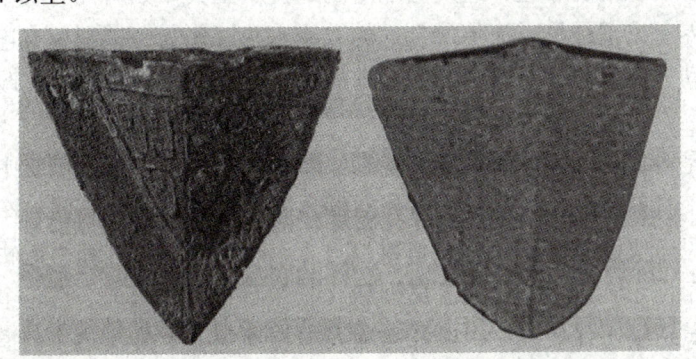

商代青铜犁，江西新干县大洋洲出土　　　汉代铁犁铧，陕西陇县出土

图1-2　商代青铜犁

三、传统农具

我国农具的源头，可以追溯到远古时期的整地农具斧与锛。斧、锛是远古时代最重要的生产工具，出土的数量也最多。如果有人在20世纪80年代之前还在农村从事过农业生产，或者你的家里仍旧保存着那个时期的农具，你可能想象不到，假如你穿越到遥远的汉唐时期，你会发现，这样的农具其实在当时已经存在了。近些年，随着科技的迅速发展，一些为中国农业发展做出卓越贡献的传统农具正在逐渐退出历史舞台，但是它们立下的历史功勋应该被铭记在每个人的脑海中。

犁是最悠久、使用最广泛的传统农具之一，它已成为中华农业文明的一个典型载体。犁最早被称为耒耜，相传是神农发明的农具，主要用于农业生产中翻整土地、播种庄稼。铁犁最早出现在先秦时期，河北易县燕下都遗址和河南辉县都出土过战国时期的铁犁铧。铁犁铧的发明是一个了不起的成就，标志着人类改造自然进入一个新的阶段。汉代的农具铁犁已有犁壁，能起翻土和碎土的作用。铁犁在 17 世纪传入荷兰以后，引发了欧洲的农业革命。

"抬杠"是现代人经常说的一个词，它其实源于汉代耕犁的"二牛抬杠"，但这种模式是长直辕犁，耕地的时候，回头转弯都不够灵活，起土费力，效率也不太高。于是到唐代出现了曲辕犁，也称为江东犁，它的出现标志着我国传统耕作农具的成熟。唐代后期陆龟蒙编撰的《耒耜经》对它的形制有着详细记载，这种器具的优点是起土面积较大，转换方向和调节入土深浅更加灵活，操作轻便省力，它的出现是犁耕史上的一次重大革命。

除犁外，还会看到用于播种的耧车，耧车也称"耧犁""耙耧"，是现代播种机的始祖。西汉赵过发明三脚耧，由耧架、耧斗、耧腿、耧铲等构成，可播种大麦、小麦、大豆、高粱等。《魏略》中记载，皇甫隆任敦煌太守，该地农民不知道怎样耕种，他就教农民制种耧犁，用起来节省一半劳力，收谷也增加一半。

古人为了解决取水的难题，还发明了专门的提水工具，如唐代的翻车。翻车又名龙骨水车，是世界上出现最早、流传最久远的农用水车，作为一种刮板式连续提水机械，是中国古代劳动人民发明的最著名的农业灌溉机械之一。曹魏时，经过改制的翻车用于灌溉。

男耕女织是古代人一种理想的生活状态，牛郎织女的传说最能反映中国的农耕生活状态。织用的工具就是纺车了。中国古代纺纱工具分手摇纺车、脚踏纺车、大纺车等几种类型。最早见于文献记载的是西汉扬雄《方言》中的"繀车"和"道轨"，单锭纺车最早的图像见于山东临沂银雀山西汉帛画和汉画像石。说到纺车，有一个必须得提及的人物，她就是黄道婆。元代以后，松江府地区的棉纺织业十分发达，黄道婆在借鉴宋元纺麻车的基础上，将一锭纺车改良成三锭棉纺车，这种勇于创新的精神是中国传统文化的精髓，如图 1-3 所示。

图 1-3　传统农具

我国传统农具的发明不仅为我国农业的发展准备了良好的器物基础，甚至还影响到了欧洲。坦普尔在《中国：发明与发现的国度》一书中无比艳羡地说："奠定工业革命基础的欧洲农业革命，只是由于引进了中国的思想和发明才得以实现。分行耕种、强化除草、近代种子条播、铁犁……全都是从中国引进的……至于播种方法，在中国人的种子条播思想引起欧洲人的注意之前，欧洲每年大约要浪费一半以上的谷种……的确，就在两个世纪之前，西方的农业还比中国落后得多，与当时中国这个发达国家相比，西方还是个不发达世界。"

四、育种技术

育种技术是人类改变生物的性状，使之适应自然环境和人类需要的主要手段之一。"嘉禾""嘉种"即有了良种的概念。司马迁在《史记》中记载了战国时期白圭的一段话："欲长钱，取下谷；长石斗，取上种。"意思是说，想赚钱，就要收购便宜的粮食；想增产粮食，要采用好的种子。这反映了当时的人们已经认识到良种对于增产的重要性。就是在这种观念的作用下，我们的粮食品种择优取精，逐渐有"五谷"的说法。"五谷"这一名词最早的记录见于《论语·微子》："四体不勤，五谷不分，孰为夫子？"五谷有多种不同说法，最主要的有两种：一指稻、黍（黄米）、稷（粟，小米）、麦、菽（大豆）；二指麻（大麻）、黍、稷、麦、菽。随着后世农业的发展，经过不断淘汰优化，大量优质品种资源不断出现，丰富了人类生产、生活的需要，对于解决当今社会的粮食安全工作仍旧具有重要的意义。

古代人工无性繁育技术获得了广泛的应用。农史学家李根蟠先生认为，在这方面最早的方法大概是某些块根块茎类作物（如芋头）和蔬菜（如韭菜）的分根繁殖。《诗经》中记载的"折柳樊圃"应该是关于扦插的最早记载，这一技术被广泛地应用于园艺、花卉、林木的育种上，如梅、蔷薇、牡丹、芍药、木芙蓉等。在扦插的基础上，古代已经出现了嫁接的方法，有关嫁接最早的明确记载是汉代的《氾胜之书》中记载的将10株瓠靠接成1株，从而培育出大瓠子的方法。《齐民要术》首次提到果树的嫁接繁殖，并详细论述了梨的嫁接繁殖技术，足见在南北朝时，果树的嫁接繁殖技术已达到相当高的水平，其后又不断有所发展。

驯养动物去劣存优一向为古人所重视，与植物育种技术不断改良进步一样，古人在促进动物杂交育种上的技术也成就显著。古代出现了一批相马和相牛的专家，有名的伯乐、宁戚就是其中的代表人物。约公元6世纪，藏族人民用黄牛和牦牛杂交，育成肉、乳、役力均优于双亲的杂交后代——犏牛。

为了管理动物，古代还设立了专门的官员，负责动物的驯养和训练。《周礼》规定，牧人、牧师、校人负责马放牧、饲养、繁育，还有牛人、羊人、鸡人等负责畜禽选育。马匹在古代具有重要的战略意义，故历代政府对官用马匹的牧养、训练、使用和采购高度重视，马政是古代政府行政的重要内容。

任务三　农耕文明的艺术呈现

一、汉字中的"农耕"

《史记·孝文本纪》:"农,天下之本,务莫大焉。""农"如此之重要,因此我国从秦代起就设置了劝农官,职责是劝农民采桑、耕作,历代相沿,范成大诗:"我昔官称劝农使,年年来激西江水。"他就做过这样的官职。

农,甲骨文字形 A,这是一个会意字,上部是"林",下部是"辰"(图1-4)。"辰"是"蜃"的本字,"蜃"是蛤、蚌之类的软体动物,古人用它们的壳制成农具,用来耕作,这种农具叫蚌镰,在蚌镰的背部凿两个孔,用绳子系在拇指上,用来掐断禾穗。因此,"农"会意为拿着农具在林中耕作。但是许慎认为:"辰,震也。三月,阳气动,雷电振,民农时也,物皆生。"以此会意为在林中务农。许慎的看法跟"辰"字的甲骨文字形不符,是因为他没有见过甲骨文的缘故。甲骨文字形 B,双手持蚌镰。

农,金文字形 C,下部仍然是蚌镰,上部变成了"田",会意为拿着蚌镰在田中耕作。金文字形 D,蚌镰的两侧添加了两只手,手持着蚌镰进行耕作。金文字形 E,字形变得复杂起来,蚌镰下面添加了一只脚,两只手移到了"田"字两侧,"田"上面的一横表示田界。小篆字形 F,直接从金文变形而来,变成了一个从晨囟(xīn)声的形声字,从晨,取日出而作、日落而息之意。楷书繁体字形 G,上面的"田"讹变为"曲",失去了最初的形象。简化后的简体字完全看不出造字的本意了。

《说文解字》:"农,耕也。"引申为农业、农民。《周礼》中将农民分为三类,称作"三农",分别为山农、泽农、平地农,是指居住在山区、水泽和平地的农民。古时以农立国,西周统治者制定了治国理政的八项原则,称"农用八政",都是为了发展农业生产。《汉书·食货志》开宗明义:"《洪范》八政,一曰食,二曰货。食谓农殖嘉谷可食之物,货谓布帛可衣,及金、刀、鱼、贝,所以分财布利通有无者也。二者,生民之本,兴自神农之世。"班固取农用八政之首的"食"和"货"来概称古代的财政制度,故称《食货志》。农用八政出自《尚书·洪范》:"八政:一曰食,二曰货,三曰祀,四曰司空,

| 甲骨文字形A | 甲骨文字形B | 金文字形C | 金文字形D | 金文字形E | 小篆字形F | 楷书繁体字形G |

图1-4　"农"的字形演变

五曰司徒，六曰司寇，七曰宾，八曰师。"

《说文解字》中，农耕互训，"耕"是较晚出现的汉字，它体现了新农具的使用与农地管理的进步。我们要探析耕字中包孕的信息，需先从"耒"字讲起，因为"耒"不仅是"耕"的构件，甚至有可能就是"耕"的本字。"耒"的甲骨文字形为 ，表示头部有两齿分开的木制翻土用的农具，《说文解字》中解释为"手耕曲木也"。传说中，它的发明同样归功于神农氏，《周易·系辞下》记载："包牺氏没，神农氏作，斫木为耜，揉木为耒，耒耨之利，以教天下。"耒是中国最古老的农具之一，通常与耜并称，后世常为农具的统称。

元代王祯《农书》中说："昔神农作耒耜以教天下，后世因之；佃作之具虽多，皆以耒耜为始。"后来新创制的农具、描述农业劳作的动作和行为，多采用"耒"为构字部件，前者如耪、耠、耙、耧、耡等，后者如耕、耘、耨、耦、耤等，今天无论我们是否认识这些字，只要看到它们，都会自然生成关于农耕的想象。比如"耤"字，甲骨文字形为 ，非常清晰地展示了人持耒耕作的样态。当然这不是简单的个体操耒劳作，而是部落首领的耕作示范与祭祀仪式，后来多指帝王亲耕以祈农事。"耤田礼"是重要的古代仪礼，是中国重农观念的表达。耤田也指古代天子、诸侯征用民力耕田，又与土地制度——井田制有着密切的关联，这一制度殷商时即有相关文字记载，盛行于西周早期。甲骨文 为象形字，田地被阡陌和沟洫分隔成纵横交错的整齐方块，形状像"井"字，被称为"井田"，因而后来"井"有整齐、有秩序的义项。"耕"仅有小篆字形为 ，用"耒"加"井"来表示耕作，与早期的"农"作动词用的意义相同。

与"耒"字形相近的是"力"（ ）。上古先民最初把木棒一头削尖，用以掘土做穴播种，在实践中发现选择下端略弯曲的木棒绑上横木使用起来更省力，于是就有了"力"这种原始的农具，我们甚至可以把"力"看作最初的"耒"。因为使用原始农具进行人力劳作，需要付出较大气力，后来就被引申为力量。"男"（ ）是田与力的组合，字形亦古今未变，《说文解字》中说："丈夫也，从田从力，言男用力于田也。"上古时期，农具简陋，掘土耕作是重体力劳动，主要由成年男子承担，"男"字最初的意思是在田里用农具劳作的人，几乎等同于农人。

《说文解字》中也将"犁"与"耕"互训，《说文解字》为东汉时的著作，表明当时中国已普遍使用犁耕了。当然，从人耕到牛耕也经历了一个过程，段玉裁在《说文解字注》中解释："盖其始人耕者谓之耕，牛耕者谓之犂。其后互名之。"《山海经·海内经》中记载："后稷是播百谷。稷之孙曰叔均，是始作牛耕。"这仅仅是神话传说，因为铁犁出现之前普遍使用牛耕是不大可能的。有研究者认为到春秋时期，牛耕已经存在。孔子的两个弟子，一个叫冉耕，字伯牛，一个叫司马耕，字子牛。可见当时，牛与耕之间已经建立了稳定的意义关联。牛耕的普及标志着中国古代农业进入新的发展阶段。

> 扩展阅读

汉字中的"五谷"

　　"五谷"泛指农作物，也特指五种主要的谷物，一般以"稻、黍、稷、麦、菽"为五谷。在早期典籍中，粟的名称是"稷"。《齐民要术》中说："谷，稷也，名粟。"粟是中国最早认识、独立驯化的作物，在中国农业发展史上有着举足轻重的意义，所以，《说文》称"稷"为"五谷之长"，《淮南子·时则训》称之为"首稼"。从文字源流上看，稷应当是粟在商周时期的称呼，禾则是粟的原始象形字。甲骨文中的稷（ ）由禾（ ）和兄（ ）组成，兄为"祝"的初文，与祭祀有关，视其形也可视为祭祀时念念有词的部落首领，表达的是先民在耕种或收获时，为禾举行祭祀仪式，祝祷风调雨顺。周的先祖"后稷"是传说中尧舜时的农官，是历代赞颂的农业神，"后稷"也一度是农官的代称。在上古时，农耕与祭祀密切相关，土神"社"和谷神"稷"是最为重要的祭祀对象，后来也以"社稷"指称国家。

　　"黍"为五谷之一，通常指黄米，比小米稍大，煮熟后有黏性。黍也是甲骨卜辞及先秦典籍中常提到的谷物，与稷并称。在古代中国，黍稷也泛指五谷，可知黍也是早期中国重要的粮食作物。甲骨文黍（ ）也是一株直立的作物植株形状，和禾较为接近，但其叶子向上伸而末端穗下垂，且穗呈分散状。黍的甲骨文字形相对较多，有些还加了水的形状，如第。《说文》中说"禾属而黏者也。以大暑而种，故谓之黍"，并引孔子之说"黍可为酒，禾入水也"，所以一般认为带水的黍字字形应是酿酒功能的表达。但稻作农业专家游修龄认为甲骨文中不带水的为黍，而带水的应为稻，可备一说。

　　"稻"是今天的三大主粮之一，中国是稻作农业的发源地，长江流域的稻作文化与黄河流域的粟作文化相映生辉，共同孕育了灿烂的中华农耕文明。甲骨文中有和"受禾""受黍"类似的"受稻"的记载，说明在殷商时代北方也有稻的种植，虽然比不上黍稷的霸主地位，但也已是重要的农作物之一。有学者认为稻的甲骨文字形为 ，与禾、黍的成熟植株象形不同，显示的是谷物放入或取出容器的状貌。金文中，稻（ ）的字形去掉了容器，左边的禾用作形旁，表明是一种粮食作物，右边是舀，手（ ）在上，臼（ ）在下，合起来像用手掏取臼中舂好的米。古人也常"稻粱"并称，成为又一个粮食作物的统称词。后世文人多用"稻粱谋"来比喻谋求衣食，如清代龚自珍《咏史》诗中的"著书都为稻粱谋"。

　　同样是今日主粮的"麦"则是一个引进物种，这在汉字形体中有着清晰的表达。有学者认为"来"（ 𝐱 𝐱 ）可能是"麦"的本字，其字形与禾、黍类似，都是植株之形，有的字形上方有小短横，或许是对麦芒的指示。春秋时代，"来"已被借为"到来、往来"的意义，又新造"麦"（ 𝐱 ）字来指称这种农作物，在"来"字字形下面加了倒转的"止"（ 𝐱 ），可能是用脚趾之形指麦子是外来的；也有研究者认为不是脚，而是大致表示麦这种作物根须上的特点，因为麦的根须长，可以深入地下吸取水分，适宜在北方干旱地区生长。甲骨文中虽有"正月食麦"的记载，但来、麦二字出现不多，也没有"受麦年"的占卜之辞。可见殷商时代，小麦应该种植不广。但在春秋之后，麦的重要性就超过了黍。秦汉时，麦已经成为重要的农作物，现存最早的农书、《氾胜之书》中说："凡田有六道，麦为首种。种麦得时无不善。"

五谷的最后一种是"菽"，即大豆，也是中国驯化的重要农作物，世界各地栽培的大豆都是直接或间接从中国引入的。菽的初文是"尗"（ 𐏑 ），《说文》解释为"尗，豆也。象菽豆生之形也"。菽在金文中也写作叔（ 𐏑 ），是用手摘取豆荚的象形。菽的籽实明显大于粟黍稻麦，所有古人用"不辨菽麦"指愚昧无知，连豆子和麦子都分不清，后来也指缺乏农业生产知识、不从事农业劳作。菽在古代主要是普通人吃的食物，所以古人用"菽水"表示指微薄的饮食。但后来应该种植区域较广，菽粟、稻菽也常并置，用来指称粮食。"菽"今天我们称作"豆"，是字义的转移和借用。豆的金文字形为 𐏑 ，为高脚盛放食品的器皿，如《孟子·告子上》中讲"一箪食，一豆羹，得之则生，弗得则死"。

二、诗歌中的"农耕"

1.《诗经》中的农事诗

《诗经》产生于西周初年至春秋中叶，《诗经》的内容丰富多彩，农耕文化也是《诗经》的核心内容。农耕文化有广义和狭义的区别。广义的农耕文化，是指农耕民族所产生的所有文化，从广义的角度看，《诗经》305篇都是农耕文化的产物；狭义的农耕文化，是指与农耕生产、农耕生活直接相关的文化。本文试图以狭义的农耕文化为视角，从《诗经》的文本出发，从以下几个方面来看《诗经》中的农耕文化。

（1）关于农耕的祭祀。周武王建立西周王朝以后，仍以农业为本，要想取得农业的丰收，就必然特别重视祭祀天帝与后稷，祈求他们的保佑，故《礼记·明堂位》载，鲁公"祀帝于郊，配以后稷，天子之礼也"。农业生产有着自己的众多规律，而关键在于春秋二季，故周人的农耕的祭祀重在春秋二季。由《诗经》中的农耕祭祀诗，可以看出周人对于农耕的重视。

我们先看春祭。西周天子有所谓耕籍田之礼，《礼记·月令》载："孟春之月，……天子乃以元日祈谷于上帝。乃择元辰，天子亲载耒耜，措之参保介之御间，帅三公、九卿、诸侯、大夫，躬耕帝籍。"天子率领公卿诸侯躬耕籍田，固然是做样子的，并非真的要参加农业劳动，但仍可说明统治者想通过这一举动来表示自己对农业生产是极其重视的，以便调动农官的工作积极性，促进农业的发展。《诗经》中涉及春祭的诗篇有如下几篇。

《周颂·载芟》，与籍田之礼有关，"毛诗序"说它是"春籍田而祈社稷也"。"社"是土神，"稷"是周人始祖后稷演变为的谷神，社稷主管百谷的丰歉，对社稷的尊崇，即是对农业的重视。

《周颂·噫嘻》，"毛诗序"称其为"春夏祈谷于上帝也"。诗歌记载了成王春祭祈谷，告诫农官率领成千上万的农奴为朝廷播种百谷，并努力开垦私田。诗云："噫嘻成王，既昭假尔。率时农夫，播厥百谷。骏发尔私，终三十里。亦服尔耕，十千维耦。"

《周颂·臣工》，"毛诗序"说它是"诸侯助祭，遣于庙也"。虽未明言祭于何时，但据诗中"维莫之春，亦又何求？"属于春祭无疑，故陈子展先生说："《臣工》，盖王者暮春省耕之诗。"以可见此诗也是周天子重视农耕的证据之一。

《周颂·良耜》，"毛诗序"说它是"秋报社稷也"。可见它是西周天子秋季举行祭祀社稷典礼的诗篇。

《周颂·丰年》，"毛诗序"说它是"秋冬报也"。诗云："丰年多黍多稌，亦有高廪，万亿及秭。为酒为醴，烝畀祖妣，以洽百礼。降福孔皆。"周人大获丰收，在秋冬之时，举行各种祭祀，以报答各路神祇以及祖先的保佑。

另外，《周颂·思文》一诗，"毛诗序"说它是"后稷配天也"。可见它也是当时西周统治者祭祀上帝与后稷的乐歌，诗云："思文后稷，克配彼天。立我烝民，莫匪尔极。贻我来牟，帝命率育。无此疆尔界，陈常于时夏。"这里，在敬天的同时，也充满了对农神的尊崇与赞颂，并明确感谢上帝与后稷恩赐"来牟"，"来牟"即小麦与大麦，这就表现了周王朝对农事的依赖和极端重视。

（2）关于农耕生活。最能充分反映周人农耕生活的是《豳风·七月》。《豳风·七月》是十五国风中最长的一首诗，共八章88句，380字。毛诗序认为它的主题是"陈后稷先公风化之所由，致王业之艰难也。"《汉书·地理志》云："昔后稷封邰，公刘处豳，太王徙岐，文王作酆，武王治镐，其民有先王遗风，好稼穑，务本业，故豳诗言农桑衣食之本甚备。"据此，此篇当作于西周建立之前，即公刘处豳时期，周人当时还只是一个部落。周人虽处于部落时期，但社会运转已有一定的模式和秩序，上有公侯、公子，次有田畯，他们既是社会的统治者，又是农业生产的组织者和指挥者，同时，公侯还是祭祀的主持者，"朋酒斯飨，曰杀羔羊。跻彼公堂，称彼兕觥，万寿无疆。"社会最底层的农夫，才是农业生产的劳动者。

《豳风·七月》反映了农夫一年四季的劳动生活，涉及衣食住行各个方面。从"穹窒熏鼠，塞向墐户。嗟我妇子，曰为改岁，入此室处""昼尔于茅，宵尔索綯。亟其乘屋，其始播百谷"等诗句来看，农夫过着定居生活，体现了农耕文化的基本特点。

在春天，"三之日于耜，四之日举趾。同我妇子，馌彼南亩，田畯至喜。"诗中的"一之日"指夏历十一月，"三之日"应是夏历元月，即春天的第一个月，"四之日"即春天的第二个月。春天一到，农夫们就开始整理农具，到田里耕作。老婆、孩子则到田头送饭，田官见他们劳动很卖力，不由得面露喜色。在春天，男子的主要任务是耕种，但有时还要修剪桑树，"蚕月条桑，取彼斧斨。以伐远扬，猗彼女桑。"妇女的任务则是采桑养蚕，"春日载阳，有鸣仓庚。女执懿筐，遵彼微行，爰求柔桑。"女奴不仅要从事劳作，还要时常担心遭受公子的侮辱，"春日迟迟，采蘩祁祁。女心伤悲，殆及公子同归。"

在秋天，女奴要开始纺织，为奴隶主制作各种各样色彩鲜艳的衣裳，正如诗中所说："七月鸣鵙，八月载绩。载玄载黄，我朱孔阳，为公子裳。"农夫们则忙于收获庄稼，贮藏谷物，"八月其获""九月筑场圃，十月纳禾稼"。

在冬天，农夫们要忙于打猎，猎取狐狸，给公子做皮裘；猎取野猪，供公侯食用。还要参加公侯组织的军事训练，就像诗中说的："一之日于貉，取彼狐狸，为公子裘。二之日其同，载赞武功。言私其豵，献豜于公"。除了这些，农夫们在冬天还要给公侯维修宫殿、凿冰将其藏入冰窖以便公侯夏天使用。"嗟我农夫，我稼既同，上入执宫功。昼尔于茅，宵尔索绹。亟其乘屋，其始播百谷。""二之日凿冰冲冲，三之日纳于凌阴。"另外，农夫们在冬天，还要维修自己的住处："十月蟋蟀入我床下。穹室熏鼠，塞向墐户。嗟我妇子，曰为改岁，入此室处。"

由此可见，农夫一年到头都在辛勤劳作，但他们自己的生活却很艰辛。"无衣无褐，何以卒岁？""六月食郁及薁，七月亨葵及菽。""七月食瓜，八月断壶。九月叔苴，采荼薪樗，食我农夫！"农夫缺吃少穿，一年中大部分时间，吃的是野果、冬葵、豆类、菜瓜、葫芦、麻子、苦菜，做饭烧火用的是难以燃烧的臭椿。

农夫除农耕业外，还有养蚕业、纺织业、饲养业、酿酒业和狩猎等生产活动。

（3）关于农耕劳动的场景。《周南·芣苢》，是记载妇女采摘芣苢的，诗云："采采芣苢，薄言采之。采采芣苢，薄言有之。采采芣苢，薄言掇之。采采芣苢，薄言捋之。采采芣苢，薄言袺之。采采芣苢，薄言襭之。"清人方玉润评论这首诗的劳动场景说："读者试平心静气，涵咏此诗，恍听田家妇女，三三五五，于平原旷野、风和日丽中群歌互答，余音袅袅，若远若近，忽断忽续，不知其情之何以移而神之何以旷。"

《周颂·载芟》，开头部分便描绘了规模宏大的热烈的劳动场景，诗云："载芟载柞，其耕泽泽。千耦其耘，徂隰徂畛。侯主侯伯，侯亚侯旅。侯彊侯以，有嗿其馌。思媚其妇，有依其士。"诗的意思是，有的人在割草，有的人在砍树，一片片土壤被松散地翻掘出来，成千上万的人，有的在低洼的田地里劳作，有的在高处田地里劳作，大家一起耕田，呈现出热烈的春耕大生产的景象。

他们中有主人，有长子，有次子等众多晚辈，另外，还有许多男女奴隶。中午有人把饭食送到田头，大家都吃得很香，女人显得更加美丽，男人显得更加强壮。清人方玉润评论说："一家叔伯以及佣工妇子，共力合作，描摹尽致，是一幅田家乐图。"

《周颂·良耜》诗的开头，也在读者面前展示了一幅春耕的画面："畟畟良耜，俶载南亩。播厥百谷，实函斯活。或来瞻女，载筐及筥，其饟伊黍。其笠伊纠，其镈斯赵，以薅荼蓼。荼蓼朽止，黍稷茂止。"这几句意思是，春天，农夫用耒耜在南亩深翻土地，尖利的耒耜发出了嚓嚓声。接着又把各种农作物的种子撒入土中，让它们发芽、生长。

他们在田间劳动的时候,家中的妇女、孩子挑着方筐、圆筐,给他们送来了香气腾腾的黄米饭。夏天在田间锄草的时候,烈日当空,农夫们头戴用草绳编织的斗笠,把庄稼地里的荼蓼等杂草统统锄掉。荼蓼腐烂变成了肥料,绿油油的黍、稷长得非常茂盛。这里写了劳动场面,写了劳动与送饭的人们,还刻画了头戴斗笠的人物形象,又是一幅农业劳动的画面。正如清人方玉润评论说:"如画"。

《召南·采蘩》叙写宫女为诸侯采蘩,以供祭祀之用;《召南·采蘋》,是叙写女奴采蘋,作为贵族女儿出嫁时祭祖的祭品;《魏风·十亩之间》,是表现妇女采桑劳动的;《魏风·伐檀》,是表现农夫砍树劳动的。这些作品虽然没有直接细致描写劳动场景,但都足以引起读者对劳动场景的想象。

《左传·定公四年》对殷民六族的称呼是"商奄之民",而且鲁国立有与周社并列的亳社。怀姓九宗在曲沃代翼时发挥重要作用,其五正嘉父迎纳晋侯,事见《左传·隐公六年》,再考虑到殷民六族、殷民七族、怀姓九宗都保留了姓氏,他们不太可能是奴隶,其高层甚至应该是贵族。

关于生产工具,《诗经》中所记载的生产工具,虽然简陋,但也能基本满足当时农耕的基本需求。主要有如下几种。《周南·卷耳》:"采采卷耳,不盈顷筐。""顷筐"是斜口的筐,前高后低。《周南·兔罝》:"肃肃兔罝,椓之丁丁。""罝"是捕兔的网。《周颂·臣工》篇载:"庤乃钱镈奄观铚艾。"《周颂·载芟》篇载:"有略其耜。"《周颂·良耜》篇载:"畟畟良耜""其镈斯赵"。"钱"是当今锹铲之类,"镈"是今天锄一类的农具,"铚"是短镰,"耜"是铁犁,而且西周时期很可能已出现了牛拉的铁犁。

有了这样的生产者和生产工具,农耕生产的成果是很大的。《周颂·载芟》和《周颂·良耜》都有"播厥百谷"的话,可见当时农作物的品种之多。另外,当时农作物的丰收景象也是很可观的,如《周颂·丰年》篇载:"丰年多黍多稌,亦有高廪,万亿及秭。"高亨先生解释周代十万为亿,"秭"具体数量未详。"万亿及秭,犹今语万石亿石"。《周颂·载芟》篇,也有"有实其积,万亿及秭"的话。《周颂·良耜》则说:"获之挃挃,积之栗栗。其崇如墉,其比如栉,以开百室。百室盈止,妇子宁止。"这些都足可说明当时农作物收获的数量之多。

2. 陶渊明与田园诗传统的开创及传承

与采诗于民间的先秦时代不同,两汉魏晋是以文人诗发展为主流的时代。汉乐府继承了《诗经》的现实主义诗歌传统,"感于哀乐,缘事而发",但抒情主体仍是底层民众,直到"文学自觉"的魏晋时代,农业劳作、乡村生活开始真正进入文人的笔端。陶渊明的田园诗将日常耕作生活审美化,开启了中国诗歌新的意义空间和创作范式。

"人生归有道,衣食固其端。孰是都不营,而以求自安?"在《庚戌岁九月中于西田获早稻》中,陶渊明以农事探寻人生之道。"种豆南山下,草盛豆苗稀。晨兴理荒秽,带月荷锄归。"宁静的夜晚,月光朗照下的田间小路上,荷锄而归的诗人感受到的是远离尘世喧嚣的快乐与满足,《归园田居·其三》中辛苦的劳作被陶渊明赋予诗意。"暧暧远人村,依依墟里烟。狗吠深巷中,鸡鸣桑树颠。"《归园田居·其一》中的乡村则处处洋溢着生机与生命的真实。诗人并没有离群索居,而是"结庐在人境",《饮酒·其五》中，他在乡间生活中获得生命的自由与适意，"采菊东篱下，悠然见南山"，是心灵最彻底的放松、灵魂最悠然的安放。陶渊明在乱世中不为五斗米折腰，不愿"心为行役"，因而"守拙归园田"，但他毕竟是读书人，在《读山海经·其一》中有"既耕亦已种，时还读我书"的诗句，耕读才是他生活的全部。农忙而耕、农闲而读、赏菊饮酒、弹琴会友，耕与读的两种日常共同构成了陶渊明诗的内在张力与深层的文化价值。

3. 杜甫与唐代的现实主义农事诗歌

唐代是诗歌的黄金时代，不仅有对田园的诗意呈现，也有大量与《诗经》、汉乐府一脉相承的现实主义农事诗歌创作，体现了古代文人对农耕生活的现实关怀，其中最有代表性的是唐代三大诗人中的"诗圣"杜甫。

"忆昔开元全盛日，小邑犹藏万家室。稻米流脂粟米白，公私仓廪俱丰实。"在《忆昔》一诗中，晚年杜甫对盛世王朝的追忆最动人的是农业丰饶，这样的诗句也是对古代农业社会繁荣情景最生动的描述。与同时代大多数诗人不同，杜甫不仅用诗来表述自己的遭遇和感受，也表达了他对天下苍生的悲悯与关怀。"安得广厦千万间，大庇天下寒士俱欢颜！"《茅屋为秋风所破歌》中，穷困潦倒、饥寒交迫的杜甫，却胸怀博大、忧国忧民。饱含忧患意识的杜甫对农耕特别关注，他认为国家治理应该"所务谷为本"（《述古》）。面对连年的战乱，他曾真诚期待"男耕女桑不相失"（《忆昔》），也渴望能铸剑为犁，"焉得铸甲作农器，一寸荒田牛得耕？"（《蚕谷行》）。"禾头生耳黍穗黑，农夫田妇无消息"《秋雨叹》），"万人尚流冗，举目唯蒿莱"（《夏日叹》），杜甫真实记录了天灾之下农人的悲惨生活；"去年米贵阙军食，今年米贱大伤农""况闻处处鬻男女，割慈忍爱还租庸"（《岁晏行》），他又对当政者横征暴敛进行了强烈批判。杜甫被尊为"诗圣"，正是源于他对底层农人的深切悲悯，以及悲悯中超越了个人苦难的圣者仁心与人格风范。

安史之乱后，唐诗由浪漫主义的盛世歌唱、自我张扬转向了现实主义的社会关切，杜甫就是这一转变时期最杰出的代表。到中唐，白居易接过了这一大旗，提出了"文章合为时而著，歌诗合为事而作"的文学主张，发扬《诗经》和汉乐府讽喻时事的传统，倡导用诗歌"补察时政""泄导人情"，发起了声势浩大的新乐府运动。在"惟歌生民病""但伤民病痛"的诗歌创作中，有大量关涉农事、农人的内容。

三、绘画艺术中"农耕"

1. 汉画中的农耕生产与生活

中国绘画艺术根植于农耕文明的土壤之中。早在新石器时代，刻画在山体上的岩画、陶器上的纹饰等图像形态，就反映了中国进入农耕时代后的原始信仰与审美意识。

汉画像主要是指汉画像石、画像砖上的图像留存。汉代是蓬勃向上的时代，汉画像冲破和摆脱了先秦神秘艺术的禁锢，把眼光转向了人类自身，以图像的形式生动记录下社会生活。汉画像是附属于墓室与地面祠堂、阙等建筑物上的雕刻装饰，是汉代"视死

如生"观念的艺术体现。

汉画像以图像展现了汉代发达的农耕技术，其中最为典型的牛耕图，如图1-5所示。陕西王德元墓出土的画像石是一人扶犁、一牛拉犁的图景，农人扬鞭赶牛、牛奋力前行的姿态形象传神。牛耕的下方是茎秆粗壮、谷穗饱满下垂的图像，将耕作与丰收场景并置，产生了强烈的暗示意义。这一画像被刻在墓门左右立柱上，可见汉代人对农耕的重视。一人二牛的"二牛抬杠"牛耕图更为常见，陕西绥德牛耕画像中二牛并行，犁衡搭在两头牛的颈部，农人举鞭驱牛前行，后面跟着一小童手提布袋播种。该画像画面完整协调，形神兼备，艺术价值很高，曾被设计为邮票流传，是中国古代农耕社会的经典图像之一。此外，也有早期的二人二牛、三人二牛等形态的牛耕画像砖石的出土，将这些画像放置于一个序列进行分析就会发现，这充分反映了汉代牛耕的发达和犁具制作技术的进步。

牛耕图，陕西绥德王德元墓汉画像石拓片（左）和米脂汉画像石拓片（右）

图1-5 牛耕图

汉代画像还展示了收割、汲水、舂米、仓储等各种农耕场景，以及与耕作密切关联的采桑、纺织、酿酒、庖厨、宴饮等生产与生活画面。四川成都出土的画像砖《弋射收获图》描绘了两人在前挥镰割稻，三人在后拾稻、扎稻，一人挑担提篮送饭到田间的收获情景。山东滕州出土的画像石中有把冶铁与农耕并置的画面，可见汉代农业的发达与冶炼技术之间的关系。男耕女织是农业社会的生活日常，纺织图与耕作图一样在汉代画像中较为常见。江苏沛县出土的纺织图中，妻子坐在织机前，丈夫把襁褓中的婴儿递给她，哺乳时仍不下机，旁边摇着纺车的女子也在辛苦劳作。庖厨、宴饮的画像在汉代也不鲜见，江苏睢宁出土的《庖厨宴饮图》分上中下三层，刻画了从食物制作到享用的完整过程，呈现了诸多饮食文化的细节。

汉画像是我国古代图像文化的重要遗产，是两千年前汉代社会生活的信息库，也是我们理解古代农耕文明宝贵资料，值得我们进行深入探究。汉画像并非文人的创作，而是民间工匠的刻制，体现了来自世俗社会的对显示人生幸福的真诚渴望，反映出汉代人朴素、活泼的生命状态和意志，其艺术上"深沉雄大"的气魄，为后人的绘画艺术提供了范例，如图1-6所示。

田野耕作图，江苏睢宁汉画像石拓片

图1-6 田野耕作图

2. 唐代绘画中的农耕意象与田园表达

汉之后农耕图像也大量出现在壁画上，如敦煌壁画中有农作图80余幅，对犁耕、播种、除草、打场等主要劳作场景都有细致描绘。自魏晋到唐宋，佛道两教盛行，寺院道观多有壁画，文人开始介入绘画，日渐成为创作的主体，对古代绘画艺术的发展产生了深远影响。也在这一时期，随着纺织技术的进步和纸的普及，图像有了新的载体（绢本、纸本），农耕生产、生活在绘画艺术中有了新的丰富样态。魏晋南北朝山水诗、田园诗唤醒了文人对山水田园之美的体验和全新审美意识的觉醒，农耕物象、乡村生活就是在这个背景下，开始了视觉上的诗化历史。

魏晋南北朝时期，就有了独立的山水画创作。传为南朝陆探微所作的《归去来辞图》直接取意于陶渊明"田园将芜胡不归"，表明文人开始在画中描绘田园。文献中记载唐之前的画作如东晋史道硕的《田家社会图》、隋代董伯仁的《农田舍图》都是描绘田园风物的。但总体而言，农耕与田园到了唐代才真正较大规模地出现在画家笔端。传为画圣吴道子所绘的《耕织图》画卷有39张画页，描绘了从耕地、下种、收获到祭祖的耕作过程，虽然此画卷的作者目前并未得到公认，但从画风上看，确像唐代的画作"。

山水田园画既是文人隐逸人格的精神外化，也是中国"天人合一"哲学思维、中和美学追求的体现。在盛唐文人中王维"文章冠世，画绝古今"，他的《辋川图》是唐人山水画的代表作，后人临摹者很多，被称为"川样"。从现存宋人郭忠恕的摹本看，画面以别业为中心，群山环抱川石起伏，掩映在树木中的亭台楼榭中错落有致，别业之外，小河蜿蜒流淌，舟楫往还其间，画中人物皆神情悠然，整幅长卷意境淡泊超尘，给人以精神陶冶和审美愉悦。乡野景色入画，虽然少了些许人间烟火的气息，但也为后世画家的田园描绘开启了新的天地。

在唐代绘画大家中，稍晚于王维的韩滉在农耕和田园题材上着力更多。朱景玄在《唐朝名画录》中说他"能图田家风俗，人物水牛，曲尽其妙"。《宣和画谱》收韩滉作品36幅，半数以上都与耕作或田家风俗相关，如《田家移居图》《尧民击壤图》《村社醉散图》。韩滉的传世名作《五牛图》是现存最早的纸本中国画，画面层次丰富，画风浑厚朴实、形神兼备，除右侧的一丛草木外，整幅图没有其他背景衬托，五头牛首尾连贯，在彼此顾盼中构成一个整体，同时每头牛都目光炯炯，或稳健，或憨厚，或倔强，或活泼，或胆怯，又可独立成图，画的虽然是牛，却包蕴着对农人、对农耕的深切情感。

3. 宋代的绘画中的诗意田园

宋代是中国画的成熟期，在书法上也形成了雍容端丽的风格。

宋朝皇帝十分重视书画艺术，先后设立翰林书艺局、翰林图画院与画学，推动了宋代书画艺术的发展。宋代绘画按题材分为人物、山水、花鸟等。宋代人物画多有发展，大画家如王霭（《宋太祖御像》）、石恪（《二祖调心图》）、高元亨、句龙爽、李公麟（《五马图》）、晁补之（《老子骑牛图》）、苏汉臣（《秋庭戏婴图》）、李嵩（《货郎图》）、梁楷（《太白行吟图》《泼墨仙人图》）及宋末龚开（《中山出游图》）等，都自立新意，有所贡献。尤其李公麟的白描画法，淡毫轻墨，开一代人物画的新风格，贡献巨大。南宋梁楷作水墨简笔人物画，简练豪放，富有创新精神，为画史所重，《太白行吟图》《泼墨仙人图》乃传世名作。两宋人物画的题材范围比以往更加广阔。仕女、圣贤、僧道之外，田家、渔户、山樵、村政、行旅、婴戏及历史故事等，都成为画家爱好的题材。宋代出现的风俗画更加反映了广泛的社会生活与市民趣味，传世的名画有张择端的《清明上河图》、楼璹的《耕织图》、苏汉臣的《骷髅幻戏图》、李唐的《村医图》、刘松年的《斗茶图》以及佚名画家的《蚕织图》《杂剧眼药酸图》等。

宋代山水画的题材内容逐渐扩大，杰出的画家，不但以造化为师，描绘山川的自然特性，很多作品还真切反映社会生活，如行旅、游乐、寻幽、探险、山居、访道，以及渔樵耕读等，把人的生活感受与自然变化结合起来。两宋的山水画家，以李成、范宽、董源等最为著名，范宽的《溪山行旅图》、郭熙的《早春图》、李成的《晴峦萧寺图》、董源的《岸溪图》、李唐的《万壑松风图》、王希孟的《千里江山图》、赵伯驹的《江山秋色图》、马远的《对月图》，都是宋代山水画的极品。宋初，后蜀的花鸟画家黄筌、黄居寀父子进入北宋画院，他们画风工丽细致，成为北宋初年"院画体"的标准画格。北宋中叶，赵昌、崔白、吴元瑜等人的花鸟作品清淡生动，开创了自己的风格。宋徽宗赵佶绘画造诣很深，尤工花鸟，画风工整，神形俱妙，史称"宣和体"。南宋花鸟作品无论在布局上、形象塑造上，都开始摆脱北宋过分写实的要求，注意花枝穿插与空间的关系。在表现形式上，如吴炳、马麟、李迪等的画作，一幅画中，往往以工笔写翎毛，而以粗笔写树石，将工细与粗放结合起来。传世名品有黄居寀的《山鹧棘雀图》、赵昌的《写生蛱蝶图》、崔白的《双喜图》、吴元瑜的《荻花白鹅图》、赵佶的《写生珍禽图》、吴炳的《出水芙蓉图》、李迪的《雪树寒禽图》等。

宋代形成了文人画，不求形似而讲求神韵、情趣，轻视严整细致的画工。文人画的形成有相当长的演进过程，萌芽于两晋、唐代，五代的董源、巨然在山水画创作上追求平淡天真和笔墨情韵，为文人画提供了基本艺术规范。北宋文同、苏轼、米芾等在创作实践与理论批评上为文人画广为张目，遂使文人画与院体画分化，成为影响巨大的艺术思潮。文同擅长画墨竹，成语"胸有成竹"即出自他的说法，与表弟苏轼诗词往来唱和，确立了文人画中的四君子（梅兰竹菊）题材。苏轼喜作枯木怪石，画竹学文同。米芾画山水，不求工细，多用水墨点染，强调写意，其子米友仁继承父风，世称"米派"。梁楷的写意人物画，则是人物画中文人画的代表。

宋代也是书法艺术变革创新的时代。宋初书法师法唐代大家，仍讲求字体的结构规律，这种风格称为"尚法"，到蔡襄有所转变。蔡襄师法虞世南与颜真卿，兼及晋人，楷书端庄沉着，行书潇洒简逸，既保持着尚法的传统，也显露出尚意的端倪。尚意指宋代书法崇尚个人情趣的总体风格，以苏轼"我书意造"的书法观念最为典型。苏轼擅行、楷，号称苏体，书风丰腴妩媚与沉雄浑厚相结合，笔势内紧外疏，险劲多变。苏门弟子黄庭坚擅长行、草，用笔以瘦劲奇险取胜，行、草都有险笔长画尽力送出，结构纵横奇宕，笔势飘逸俊美。米芾篆、隶、楷、行、草各体俱工，行书最为世所推重，书风跌宕多姿，俊逸疏放。蔡京书风字势豪健、痛快沉着，与前三家尚意风格一脉相承。赵佶学唐薛曜而变其体，创独具一格的"瘦金体"，也善狂草。

宋代美术的风格与前代有很大的变化。一是画院画兴盛。宋代是中国美术史上宫廷美术的全盛时期，画院规模齐全，创作力量相当雄厚，其作品多以玩赏性的山水、花鸟画为主，欣赏趣味多着眼于景物之清新多姿，赏心悦目；二是士大夫阶层强调文人的意境，而不是唐代的那类贵族气派，出现了文人画与苏、黄、米、蔡书法宋四家；三是世俗化、市民趣味的趋势明显，市民生活大量成为绘画作品表现的主题。宋代的宗教美术也淡化了神权的色彩，侧重于对市井和庶族文人生活的流连，菩萨的形象趋于社会中下层的劳动妇女化，罗汉的形象往往是以庶族文人乃至村野乞丐为原型塑造的，佛国净土的崇楼丽阁常为穷乡僻壤的岩穴洞窟所取代。

扩展阅读

耕织图与农耕文化的传播

1. 耕织图简介

耕织图是我国古代特有的一种配有诗文说明的农业生产系列图谱，它从农耕和蚕织两个方面集中地反映了古代农桑并举、男耕女织的生产内容。《耕织图》"图绘以尽其状，诗歌以尽其情"，形象生动、真挚写实地描绘了农业生产过程和农民的劳动状况，因而成为古代一种重要的"劝农"方式。

我国历史上绘制的系统成套的耕织图最早见于宋代，其中又以南宋楼璹绘制的《耕织图》较为著名。此《耕织图》为南宋绍兴初年于潜县令楼璹任内所绘，全图共45幅，分为两部分，第一部分为耕，设图21幅；第二部分为织，设图24幅。每幅图配五言诗一首，"图绘以尽其状，诗歌以尽其情，一时朝野传诵几遍"。虽然只是"借诗述图"，但在描述耕织过程、耕织技术的同时，也体现了对底层民众的深切同情，如《入仓》诗中写"却愁催赋租，昏吏来旁午"，《络丝》诗中写"辛勤夜未眠，败屋灯明灭"。

从南宋始，历宋元明清四朝，先后有数十套体系化的耕织图问世，均以楼璹《耕织图》为"母本"，或临摹，或仿绘，或改编，积累了大量关于中国农耕技术与生产活动的珍贵历史图像资料，形成了独特的延续七百余年的"耕织图文化"。元代程棨的《耕织图》直接根据楼璹的图摹绘而成，无论在画幅上还是画目上均与楼璹的图完全一致，被认为是最接近楼璹原作的作品。该图原存于圆明园多稼轩以北的贵织山堂,是乾隆皇帝的心爱之物,在兴建清漪园(今颐和园)时他谕旨"刻画勒石程棨《耕织图》",历时三年始成,并精心营造了"耕织图"园林景观。后圆明园、清漪园均遭英法联军劫掠,程棨的《耕织图》流失于外,缺损不齐,后被美国弗列尔美术馆收藏,刻石也被毁,残存的23方刻石辗转为中国国家博物馆典藏。

明代弘治年间邝璠的《农务女红图》是他任苏州吴县知县时的画作。为了劝课农桑,邝璠编撰了农书《便民图纂》,以描绘农耕与女红两种核心农事活动的图像作为开篇,后独立刻成一卷为《农务女红图》。邝璠明确说是以楼璹图为蓝本绘制的,但他在楼璹原作的基础上"更易数事",进行了相对较大的调整和改绘,将"耕部"中的21幅图像删减为15幅,将原"织部"中的24幅删减为16幅,二者合计共31幅,以便更能体现明代农业技术发展和当地农业生产实际,同时将题画诗由楼璹文人化的五言诗改为民间流行的竹枝词,开创了耕织图体系新的方向。

清代耕织图的绘制达到高峰,与帝王的重视、倡导有着密切的关系。康熙皇帝南巡时见到楼璹的《耕织图》残本,感慨于耕织之苦,命宫廷画师焦秉贞重绘耕图、织图各23幅,每幅画上御笔亲题七言诗一首,还亲自撰写序文,因而称为《御制耕织图》,佩文斋是康熙的书斋,故又名《佩文斋耕织图》。此图参用了西洋焦点透视法绘就,更具层次感和空间表现力。《佩文斋耕织图》不仅是清代第一部耕织图,也是影响最大的一部,曾以木刻本、绘本、石刻本、墨本、石印本等不同版本刊行于世。《胤禛耕织图》是雍正皇帝登基前组织画师所创作,内容和规格均仿照《御制耕织图》,特别之处是该图描绘了雍正本人及其妻儿身着汉服耕织的场景,体现雍正重农亲民的观念,也隐含了满汉文化上相融相通的政治意味。乾隆皇帝对耕织图文化的弘扬达到了顶峰,前面已经有所提及。在乾隆年间,出现了方观承主持绘制的一套从植棉、管理到织纺、织染成布全过程的《棉花图》,为耕织主题的系列绘画增加了新的内容。另外,嘉庆、道光、光绪年间,也均有耕织图的绘制和传播。

2. 耕织图的文化功能与传播意义

(1) 传播重农理念与农耕文化。耕织图的功能,首先是劝皇帝及各级官员,要重视农桑,重视本业;其次,也具有向全国人民,尤其是农民传输一种农耕文化的价值理念取向的功能。

康熙为焦秉贞所绘耕织图所写的"序"云:

"朕早夜勤毖研求治理,念民生之本,以衣食为天。……西汉诏令,最为近古,其言曰:农事伤则饥之本也,女红害则寒之原也。……衣帛当思织女之寒,食粟当念农夫之苦。朕惓惓于此,至深且切也。爰绘耕织图各二十三幅,朕每幅制诗一章,以吟咏其勤苦,而书之于图。自始事迄终事,农人胼手胝足之劳,蚕女茧丝机杼之瘁,咸备极其情状。复命镂板流传,用以示子孙臣庶,俾知粒食维艰,授衣匪易。……且欲令寰宇之内皆敦崇本业,勤以徕之,俭以积之,衣食丰饶,以共跻于安和富寿之域"。

"民生之本,以衣食为天"且"农事伤则饥之本也,女红害则寒之原也",这点出了耕织生产的重要意义,因此制作耕织图,以描绘农民的辛苦,以告诫子孙臣庶"俾知粒食维艰，授衣匪易"，以达到"寰宇之内皆敦崇本业"。从中可以看出，康熙要求重绘耕织图的主要目的，是宣传重农理念，劝诫各级官员及百姓不忘本业，而不是推广具体的农业技术。康熙将《耕织图》作为传达重农理念的有效工具，同时也向社会传输着农耕文化，传达着一种生活理念与文化取向，展示着"最为合理的"生产方式与生活方式，倡导农民积极模仿，引导农民的生产与生活实践。

雍正命人绘制《耕织图》，图分耕、织各23幅，共46幅，画面与画目和康熙焦秉贞图基本相同，顺序排列则稍有改动。南宋楼璹的五言诗未收入，每图冠有雍正亲题五言诗一首。基上反映了清代中期的重农思想。

这类耕织图沿用楼图摹绘，并不贴近具体的农业生产实践，在很大程度上是把耕织图作为一种文化符号，更加关注的是其文化意蕴的传播，更加看重耕织图在传输文化理念中的独特作用，并不着意于明确地反映特定的值得推广的具体技术。这类耕织图的主要目的是宣传重农的思想，塑造一种重农的意识形态，倡导一种文化取向，传输一种技术审美观。

（2）推广具体技术。耕织图的另一个重要作用，就是以直观的形式向农民传授、推广具体的耕织技术，其技术推广的目的非常明确。这部分耕织图所描绘的技术，是地方官员着意推广的技术。这部分耕织图更注重现实的反映，与当时的农业生产实践比较贴近。兹举两例。

① 方观承之《棉花图》。清乾隆三十年（1765年），直隶总督方观承主持绘制《棉花图》，共16幅，包括从植棉、纺织直到织染成布的整个棉花生产和加工过程。这一耕织图是当时先进生产经验的总结，具有推广生产技术的明确目的。李鸿章曾对方观承主持绘制《棉花图》做过高度评价："国朝畿辅总制，历年最久，善政最多者，首推桐城方恪敏公绘棉花图以惠闾阎，厚民生也。"

② 卫杰之《蚕桑图说》。为辅助直隶总督李鸿章推广蚕桑技术，卫杰编《蚕桑图说》及《蚕桑浅说》，"将桑政蚕政织纺事宜各著为编，绘图立说分给乡民，并著蚕桑浅说。"《蚕桑图说》有种桑图说8幅，养蚕图说12幅，缫丝纺织图说8幅。李鸿章给予高度评价："事有本末，语无枝叶，稚童老妪尤能解晓。"四耕织图以其独特的风格，通俗易懂，形象生动，从而在我国农业技术传播过程中发挥着重要的作用。

任务四 中华耕读精神

战国时期思想家孟子说过："我善养吾浩然之气。"（《孟子·公孙丑上》）自言他的专长就是培养浩然之气。按照孟子的说法，浩然之气扶持着社会上的一个个灵魂，提炼着人们的"正义""仁义""道德"等优质品质，实为促使个人和社会不断向上的形塑之物。放眼世界，纵观历史，中华文明传承至今，靠的就是其本身所蕴含的独特长处

和巨大精神力量。中国文化精神就是中华文明奔腾不息、汹涌澎湃的内核。"浩然之气"弥漫充盈在中国大地上，延续着源远流长的中国文化。

一、爱国精神

爱国精神在中国有极悠久的历史传统。中国的知识分子，古代所谓"士"，一向有极强的参政意识。"天下兴亡，匹夫有责"就是这种意识的具体表现。孔子、孟子、墨子等先秦诸子，无不以治天下为己任。尽管他们的学说五花八门，但是他们的政治目的却是完全一致的。

可以说中国人最不缺乏的就是爱国精神，特别是国家处于危难之际，总会有大量的志士仁人奔走呼吁甚至流血牺牲。

陆游满腔的报国志都倾注在他的诗篇中。那首言犹在耳的《示儿》写道："死去元知万事空，但悲不见九州同。王师北定中原日，家祭无忘告乃翁。"这首诗是诗人的绝笔诗，影响却并未到此为止。他的孙子陆元廷听闻宋军兵败崖山，忧愤而死；曾孙陆传义在崖山兵败后，绝食而亡；玄孙陆天骐在崖山战斗中不屈于元，投海自尽；可谓代代为国，一门忠烈。这样的英雄人物，还有写下"人生自古谁无死，留取丹心照汗青"的文天祥，自请为变法赴死的谭嗣同等。

谭嗣同在1898年戊戌变法运动中积极参与，成为变法的骨干和核心成员。变法失败后，他早早就知道了有关消息，但并没有为个人的安危着想，而是努力试图挽救，包括劝说袁世凯起兵等，当这些努力都失败之后，他沉静地说："各国变法无不从流血而成，今中国未闻有因变法而流血者，此国之所以不昌也。有之，请自嗣同始。"意思是说，他愿意作为中国变法而流血牺牲的第一人。最后，谭嗣同等"戊戌六君子"慷慨赴死，爱国精神辉映至今。

钱学森、邓稼先等"两弹一星"元勋，无疑是新中国第一代爱国科学家的代表，他们中很多人放弃了国外优渥的待遇，义无反顾地回国效力，在异常简陋的条件下打造出了共和国的神盾长剑。中国农业大学的科学家们在数十年的时间里，一代代贡献着青春和智慧，忘我投身到黄淮海平原中低产田改造之中，把河北曲周等不毛之地改造成了高产稳产田，打造了彪炳史册的"曲周精神"，也绘就了新中国农业科学家的群英谱。

无疑，他们就是当代爱国者卓越代表；不用赘言，这些英雄事迹还在我们身边广泛流传着，爱国精神也正在不断发扬光大着。

扩展阅读

爱国主义的概念

仔细分析，爱国主义可分为狭义的与广义的。对外斗争的爱国主义是狭义的；而在国内的爱国主义则是广义的。前者很容易解释，也是为一般人所承认的；后者则还需要讲一下。中国历代都有忠臣，在国与国或民族与民族之间的矛盾中出现的忠臣，往往属于前者。但也有一些忠臣与国际间的敌我矛盾无关。杜甫有诗云："致君尧舜上，再使风俗淳"，确实与敌国无关，但你能不承认杜甫是爱国的吗？在中国古代，忠君与爱国是无法严格区分的。在许多情况下，君就是国家的代表，国家的象征，忠君就是爱国。当然，中国历史上也出现过一些阿谀奉承的大臣。但是这些人从来也不被认为是忠君的。在中国伦理道德色彩极浓的文化氛围中，君为臣纲被认为是天经地义。大臣们希望国家富强康乐，在大部分情况下必须通过君主，此外没有第二条路。有些想"取而代之"的人，当然不会这样做。但那是另一个性质完全不同的问题，与现在要谈的事情无关。真正的忠君，正如陈寅恪先生指出来的那样，"若以君臣之纲言之，君为李煜亦期之以刘秀"。这是在封建社会语境下所谓的广义的爱国主义。这一问题也不能绝对化。如孔子十分推崇管仲，管仲虽然不忠于自己的主君公子纠，但辅佐齐桓公，为国家和百姓做出巨大贡献，因此仍被孔子尊敬。孟子更是赞同诛杀桀纣这样的暴君。

至于狭义的爱国主义，也很容易产生。中国历代都有外敌，特别是在北方，几乎是从有史以来，就有异族窥伺中原，不时武装入侵，想饮马黄河长江。在这样的情况下，为国家抛头颅、洒热血者，代有其人，这就是所谓的狭义的爱国主义。

这里有一个关键问题，必须分辨清楚。在历史上曾经同汉族敌对过的一些少数民族，今天已经成为中华民族的一部分。有人就主张，当年被推崇为爱国者的一些人，今天不应该再强调这一点，否则就会影响民族团结。我个人认为，这个说法是完全不能接受的。我们是历史唯物主义者，当年的战争是民族之间的敌对行为，是国与国之间的问题，不是国内民族间的矛盾。这是历史事实，我们必须承认。怎么能把今天的民族政策硬套在古代的敌国之间的矛盾上呢？如果是这样的话，我们全国人民千百年所异常崇敬的民族英雄，如岳飞、文天祥等，岂不都成了破坏团结的罪人了吗？中国历史上还能有什么爱国者呢？这种说法之有害、不正确，是显而易见的。

二、勤劳精神

勤劳是指辛勤劳动，努力生产物质财富和精神财富。勤劳是中华民族的传统美德，出自《尚书·金縢》："昔公勤劳王家，惟予冲人弗及知。"中国有着悠久的勤劳文化，关于勤劳的论述和人物层出不穷。

《尚书》有"天亦惟用勤毖我民"之语，《易经》载"天行健，君子以自强不息"之句，《诗经》赞申伯勤劳说"亹亹申伯，王缵之事"。孔子读《周易》致韦编三绝，大禹治水三过家门而不入，司马迁发愤成史家之绝唱，诸葛亮辅政鞠躬尽瘁、死而后已。可以说，勤劳已经作为一种传统文化基因，深深地融入中华民族生生不息的血脉之中，成为中华人民的内在素养和民族精神。

流传至今的精耕细作农业，更可以说是中国农人勤勉精神的写照。为了在有限的土地上生产出足够的粮食，中国古人精心细致地耕作土地，使精耕细作成了我国传统农业的突出耕作特色。这些精耕细作技术主要包括以轮作复种和间作套种为主要内容的种植技术方法，以深耕和因地因时因作物耕作为主要内容的一整套耕作技术方法，以中耕除草为主要内容的田间管理技术方法等。其中耕作技术在西周时期就有采用耒耜二人协作的耦耕技术，战国时期形成了牛耕技术和深耕技术，隋唐时期中国北方已形成一套抗旱保墒耕作技术，宋元时期南方水田耕作技术体系也已完备。这些农业技术至今还在不少地方运用，也体现了中国人的勤勉精神。

扩展阅读

勤劳是中华民族的传统美德

勤劳是中华民族的传统美德，是修身、齐家和治国的重要途径。在五千年的历史长河中，中华儿女自强不息、艰苦奋斗，用劳动创造生活、创造历史，造就了光辉灿烂的中华文明，为人类留下了宝贵丰厚的文化成果。今天，我们应该树立正确的劳动价值观，弘扬勤劳美德，创造美好生活。

（1）勤劳是中华民族前年来的行为倡导和传统美德。对劳动的肯定和赞美是中华传统文化的重要内容。史前时代，就有诸多歌颂勤劳的神话，因勤劳能干而被尧封赏土地的后稷、为解救人类于漫长黑夜而辛勤钻木取火的燧人等，无一不在勉励人们要勤劳勇敢、自强不息。

《国风·豳风·七月》中描绘了周代早期的农业生产情况和农民的日常生活情况，反映了一年四季劳动人民多层次的工作面和高强度的劳动；李绅在《悯农》中，用短短四句诗就形象生动地描述了劳动人民在烈日当空的正午于田间辛勤劳动的情景，表现了诗人对劳动人民的尊重和深切同情；白居易的《观刈麦》生动描绘了麦收时节劳动人民的农忙景象，表达了诗人对劳动者的深切关怀；在《咏史》中，李商隐通过"历览前贤国与家，成由勤俭败由奢"道出了自己以辛勤劳动为荣、以好逸恶劳为耻的观点，透过诗歌，也反映了劳动与人们的生产生活紧密相关。这些都深刻反映了从古至今我国劳动人民对劳动的尊重和认同。几千年以来，这些共同的文化认知融汇贯穿于中华民族的历史血脉中，最终形成了中国人民热爱劳动、崇尚劳动的精神和勤劳朴实、吃苦耐劳的品质。

（2）勤劳是古代人民创造生活和文明的基本力量和重要内核。中华儿女自强不息，用劳动创造了生活、创造了灿烂文化，在劳动中培养了互助和团结精神。劳动人民在勤劳创造生活的同时，发挥聪明才智，创造了举世瞩目的灿烂文明，在建筑、科技、手工业、天文地理等诸多领域都取得了巨大的成就。万里长城、天文仪、龙门石窟、都江堰、大运河，以及素纱襌衣、榫卯结构等，无一不是凝聚劳动人民勤劳智慧的伟大成果。

成书于南北朝时期的《齐民要术》，是中国杰出农学家贾思勰所著的一部综合性农学著作，也是世界农学史上最早的专著之一，书中系统地总结了6世纪以前黄河中下游地区劳动人民的农牧业生产经验、食品的加工与储藏、对野生植物的利用，以及治荒的方法等，展示了当时的劳动人民精湛的技术和丰富的经验。北宋时期，沈括所著的《梦溪笔谈》是一部囊括了古代中国的自然科学、工艺技术及社会历史现象的综合性笔记体著作，书中详细记载了劳动者辛勤劳动、创造性劳动的故事，反映出当时的劳动者在科学、地理、工艺、人文等方面的劳动创造。这些著作表明了中国人民对劳动创造的热爱，展现了通过辛勤劳动创造出的价值，以及我国自古以来对劳动精神的传承、对劳动文化的传播。

（3）勤劳是新时代接续奋斗的重要性格和精神力量。追溯历史发展，中国人民热爱劳动、崇尚劳动、勤劳朴实、吃苦耐劳的品格始终贯穿于社会生产的发展和实践当中，反过来在生产力的推动下，艰苦奋斗、甘于奉献、不为名利的劳动精神也在历史文化中熠熠生辉，成为创造民族辉煌的根本力量和推动民族继续向前发展的精神支柱。

习近平总书记指出，今日中国，正面临近代以来最好的发展对期，也正处于世界百年未有之大变局，仍需我们凭着勤劳、智慧、勇气，以信仰、信念、信心铸就精神的力量。中国特色社会主义进入新时代，意味着近代以来久经磨难的中华民族迎来了从站起来、富起来到强起来的伟大飞跃。有人将中国的发展奇迹称为"勤劳革命"，是中国人的勤劳与奋斗将不可能变成了可能，用几十年时间走完了发达国家几百年走过的工业化历程。2020年是全面建成小康社会的收官之年，实现第一个百年奋斗目标；到2035年，我们要基本实现社会主义现代化；至21世纪中叶，建成社会主义现代化强国。实现中华民族伟大复兴的中国梦，需要我们继续弘扬勤劳的美德，为创造幸福生活而不懈奋斗。

勤劳是新时代实现中国梦的重要品格

三、守正精神

就像中国方块字的形状一样，中国人讲究堂堂正正做事，坦坦荡荡做人。品格不扭曲、对人不虚伪奸诈、做事不投机取巧，在此基础上"自强不息、厚德载物"，就是绝大多数中国人对自己的基本要求。孔子不仅主张"割不正不食""席不正不坐"（《论语·乡党》），还强调名正言顺。在《论语·子路》中他讲到"必也正名乎！""名不正则言不顺，言不顺则事不成"。做事都要名正言顺，更何况做人！因此，孔子总结道："其身正，不令而行；其身不正，虽令不从。"（《论语·子路》）《大学》中讲到，一个人要有良好的修养，要成就一番事业，必须从诚意正心做起。为此，古人用"君子坦荡荡，小人长戚戚"来鞭策激励自己；也用"勿以恶小而为之，勿以善小而不为"来告诫自己，以便始终朝着"正人君子"的方向打造自己提升自我。鞠躬尽瘁死而后已的诸葛亮、"县委书记的榜样"焦裕禄等都是这样的榜样。

周恩来总理可以说是一位恪守本分、守身至正、修齐治平都做到了极致的至正君子。对待自己的工作，他一直是忘我付出，丝毫不计个人得失。在中华人民共和国成立后，已年过50岁的他还每天坚持工作十几个小时，有时更是连日废寝忘食。周恩来总理到全国各地视察后，当地的干部或工作人员发现他喜欢某些土特产，就有人把这些东西寄回北京，周恩来总理总是从自己的工资中拿出钱来，按照所送物品两倍的标准寄回去。这不仅扼杀了不正之风，也巧妙地喻示这些干部：这样做不符合党的纪律。

四、仁爱精神

在《论语》中孔子多次提到"仁",但有着不同的含义。《论语·颜渊》记载道:"樊迟问仁。子曰:'爱人。'"就是说,仁的意思就是爱人,就是要使人相亲相爱、友善相处。孔子还讲到,仁可以通过一些措施去实施。据《论语·卫灵公》记载:"子贡问曰:'有一言而可以终身行之者乎?'子曰:'其恕乎!己所不欲,勿施于人。'"如果有一个可以终生坚守笃行的字,那一定就是"恕"了,自己不想要的,就不要强加给别人。

孟子也说:"君子所以异于人者,以其存心也。君子以仁存心,以礼存心。仁者爱人,有礼者敬人。爱人者,人恒爱之;敬人者,人恒敬之。有人于此,其待我以横逆,则君子必自反也:我必不仁也,必无礼也,此物奚宜至哉?"(《孟子·离娄下》)大意是说,君子存仁于心、存礼于心,然后以此仁爱之心去关爱别人、友善待人,这样人家就会爱戴他、敬仰他。如果不是这样,那么君子就要反思自省,肯定是自己做得不好,不够仁爱、不够有礼,否则何以出现这样的情况呢?

可见,仁爱主要作为一种对自身的要求传承下来了,主要强调使个人形成良好的修养,以优良的品德感召人、关爱人,以期最后得到别人的爱戴。

仁爱精神始终是各种群体、团队中凝结力量的重要手段。在家庭中,敬爱他人的品德一直得到倡导和弘扬。"孔融让梨"的故事真实地反映了兄弟之间的互敬互爱,是一个可资发扬的仁爱故事。至今,人们还在提倡夫妻之间互敬互爱、相敬如宾、相濡以沫、白头偕老;提倡父慈子孝、兄友弟恭,倡导形成优良的家风,这些都是古往今来推动社会文明的重要措施,是仁爱精神的体现。

除家庭外,中国人主张睦邻友好、守望相助。俗语说"远亲不如近邻",说明中国人很重视良好的邻里关系,也深谙其中的好处,始终争取做到与邻为善。安徽桐城六尺巷的故事就是一个良好的教育素材。故事中的主人翁是清代官员张英,当时他在京城为官,官居文华殿大学士,突然收到家书一封,展开一看,原来是邻居占了他家的宅基三尺,希望他能为家人撑腰。张英看后略一沉思,便赋诗一首作为回信:"千里修书只为墙,让他三尺又何妨?万里长城今犹在,不见当年秦始皇。"家人看后,自感惭愧,主动让出三尺,邻居知道后,也深感惭愧,让出三尺来,于是就有了今天的六尺巷。这个故事因为宣传邻里之间不要起争执而要相互谦让友爱,而广为流传。

五、创新精神

创新是人类社会发展生生不息的动力,创新是时代的要求,历史的召唤;依靠创新,人类摆脱了史前的愚昧时代,迈进文明的门槛;依靠创新,人类社会不断发展进步到今天。创新精神是一种勇于抛弃旧思想、旧事物,创立新思想、新事物的精神。

《诗经·大雅·文王》中说:"周虽旧邦,其命维新。"一个国家,要使国运长久,只有不断革新。《大学》中也说:"苟日新,日日新,又日新。"所有的一切都是在日新月异，不断创新。

赵武灵王即位时，赵国正处在国势衰落时期，屡屡受到邻国和草原部族的侵扰。为了强大自身，抵御北方的游牧民族，他果断进行革新，下令穿胡服而放弃当时中原的宽衣长袖，骑马射箭而放弃步兵跪射。"胡服骑射"几年之后，军事力量很快提升，消灭了中山国，打败了林胡、楼烦等部落。在此后战国七雄的争战中，赵国也是重要的抗秦力量之一。

宋末元初著名的棉纺织家、技术改革家黄道婆则是一位杰出的女性。她向崖州（今海南三亚）黎族妇女学习棉纺织技艺，并加以改进，总结出"错纱、配色、综线、挈花"的织造技术。元朝元贞年间（1295—1297年）返回故乡后，她又指教乡人改进纺织工具，制造擀、弹、纺、织等专用机具，织成各种花纹的棉织品。

鸦片战争后，一代代中国人坚持不懈地学习西方。林则徐、魏源等人首倡"开眼看世界"，曾国藩、李鸿章、左宗棠、张之洞等人主张以"中体西用"为原则学习西方，康有为、梁启超等维新派主张学习并实施西方的君主立宪制度，孙中山为代表的革命派要求学习西方的民主共和制度。可惜，资本主义道路在中国根本走不通。直到俄国十月革命之后马克思主义传到中国，学习、掌握了马克思主义这一批判武器的中国共产党人才真正领导中国人民完成了救亡图存的历史任务，中国人的学习创新才翻开了新的篇章。中华人民共和国成立后开启的社会主义革命和建设，以及改革开放后中国综合国力的大幅快速提升，就是两个最重要的学习成果。

扩展阅读

创新精神提升自我价值

（1）创新是评价自我价值的重要标准。创新是人生价值的源泉，是评价自我价值的重要标准。创新精神不但能使我们对社会发展和进步做出自己的贡献，同时也是改进人生、丰富人生、提升人生、追求自我完善的过程。

（2）创造精神提升自我物质价值。个人物质价值是自我价值的经济基础，是个人通过劳动创造的物质满足社会和自我需要的体现。古往今来，人们需要物质，也热衷于追求物质。而随着经济社会的发展，人们对物质的需求越来越多样化、高端化。"民生在勤，勤则不匮"，创造物质是中华民族一直信奉的理念，而在社会劳动力资源相对稳定的背景下，只有通过创造性劳动，改进劳动方式、提升劳动效率和回报率，才能更高效地创造物质、提升产能，才能不断满足人民日益增长的美好生活需要。因此，越来越多的人开始更加重视创造性劳动，并通过有意识地加强知识的学习与储备，为更好地开展创造性劳动奠定基础，在创造性劳动的过程中提升个人的物质价值。

（3）创造精神提升自我精神价值。创造性劳动不仅是提升物质供给能力和效率的重要途径，也是社会人个体实现自由而全面发展的必由之路。创造性劳动需要人们充分利用其劳动技能、科学知识，通过技术、知识、思维的创新，创造新的生产条件、方式、劳动成果。创造性劳动必须建立在开放性思维和挑战性实践的基础上，它是不断探索创新的过程。解放思想是创造性劳动的逻辑起点，专业技能和科学知识是创造性劳动的逻辑支点。在实践中，创造性劳动者以其专业知识技能和科学知识为基础的依托，充分发挥自身的主观能动性和创造力，找准专业优势和社会发展的结合点，进而创造出新的劳动条件、劳动方式、劳动成果，形成了"人无我有""人有我优"的核心竞争力，这个过程对其自我精神价值提升的意义不言而喻。

耕读实践一

古法造纸之花草纸

一、实践目标

1. 尝试并学会简单的古法造纸方法。
2. 通过研究性的实践活动，培养学生观察能力、探究能力和创新能力。

二、实践材料

植物素材（花草、野草、野花）、纸浆、染料。

三、实验仪器设备

空的矿泉水瓶子、镊子、纸杯、勺子、剪刀、铅笔、橡皮、吸水海绵、纸框等。

四、实践内容

（一）介绍古法造纸的理论知识

1. 纸与养蚕的关系

纸是中国古代劳动人民长期积累的经验和智慧的结晶、人类文明史上一项杰出的发明创造。中国是世界上最早养蚕缫丝的国家。中国古代劳动人民以上等蚕茧抽丝织绸，剩下的恶茧、病茧等则用漂絮法制取丝绵。漂絮完毕，篾席上会遗留一些残絮。当漂絮的次数多了，篾席上的残絮便积成一层纤维薄片，经晾干之后剥离下来，可用于书写。这种漂絮的副产物数量不多，在古书上称为赫蹏或方絮。这表明了中国古代造纸术的起源同丝絮有着深厚的渊源关系。

2. 纸的历史记载

造纸术是中国古代的四大发明之一,迄今已有 2 000 多年的历史。在发明纸之前,人们在甲骨、金石、简册(竹、木)、木牍、缣帛(绢类丝织物)上书写文字,但简牍笨重,缣帛昂贵而不易普及。考古工作者曾在陕西西安灞桥的西汉古墓中发现了一叠古纸,叫作灞桥纸。由此说明汉初我国已用麻类纤维原料造纸,但质地粗糙,只适用于包裹。甘肃发现的西汉时期麻纸片质薄匀细,已经可以书写。大约两汉之际,已用纸来写经,只是当时造纸用的原料少、成本高,满足不了社会的需要。

3. 蔡伦造纸术

怎样发明一种原料来源广泛、价格便宜的纸呢?东汉和帝时期,管理宫廷用品的尚方令(官名)蔡伦,在总结前人经验的基础上,终于制成了质地坚韧、造价便宜的优质纸。

蔡伦从小到皇宫去当宦官。在他做尚方令期间,因为监督制造宝剑和其他器械,经常与工匠们接触,于是就与和他们一起研究改进造纸方法,以树皮、麻头、破布、废渔网为原料造纸。他把这些原料铡碎,放在水里浸渍一段时间,再捣烂成浆状物,薄薄地摊在细帘子上。干燥后,帘子上的薄片就变成纸张了。这种纸体轻质薄、原料好找、价钱便宜,可以大量生产,受到人们的欢迎。东汉元兴元年,蔡伦把这个重大的成就报告朝廷,东汉和帝通令全国。从此,他的造纸术很快在全国推广开来。因为蔡伦曾经当过龙亭侯,人们便把他发明的纸叫作"蔡侯纸"。

4. 造纸工艺流程

经过蔡伦的改进,形成了一套较为定型的造纸工艺流程,其过程大致可归纳为四个步骤。

第一步是原料的分离,就是用沤浸或蒸煮的方法让原料在碱液中脱胶,并分散成纤维状。

第二步是打浆,就是用切割和捶捣的方法切断纤维,并使纤维帚化,成为纸浆。

第三步是抄造,即把纸浆渗水制成浆液,然后用捞纸器(篾席)捞浆,使纸浆在捞纸器上交织成薄片状的湿纸。

第四步是干燥,即把湿纸晒干或晾干,揭下就成为纸张。

汉代以后,虽然工艺不断完善和成熟,但这四个步骤基本上没有变化。即使在现代,在湿法造纸生产中,其生产工艺与中国古代造纸法仍没有根本区别。造纸的发展进步也就主要体现在了原料的进步和方法的进步上。

(二)讲解并示范古法造纸的操作过程

今天我们主要学习古法造纸之花草纸的制作。

1. 打浆

(1)教师实物讲解造纸的原料,即要选取纤维丰富的材料,如树皮、抹布、渔网、竹子等,其材质决定纸张的酸碱度、纹理、保存期等。

(2)教师边示范边讲解打浆的方法。在示范时动作要慢,要使每个学生都能看清楚并且着重强调打浆的重要性,时间一般在 30～40 min。在这一教学过程完成后,通过提问强化知识,减少学生在操作中的失误。

(3)教师边示范边讲解打浆的浓度。将纸浆融入清水中进行搅拌;调纸浆,纸浆和水的比例是 1∶(80～100 mL)(视纸张的薄厚确定)。泡水后,可以用手撕碎一下,或者找个广口瓶(如脉动水瓶)装半瓶进去来回摇晃也可。

2. 抄纸

(1)分别介绍两种抄纸方法的优缺点,供学生根据自己需要酌情选择。

第一种:纸浆调好后,直接将纱框置于水中或用勺子铺在造纸框上。

第二种:可以通过荡料入帘的方法一次抄纸。

(2)教师示范两种方法容易犯错的地方。第一种需要保证抄纸的连续性,边框的纸张稍微厚一点,以便揭纸。第二种需要注意打浆后的纸浆要高于抄纸盆 1/2 的水位,且几次打浆的浓度要保持一致。水浆要融合,否则纸张会薄厚不一。最后提醒大家,整个抄纸过程要注意一定不能出现漏洞,第二张纸的纸浆浓度要高于第一张纸的纸浆浓度的 2～3 倍。

3. 花草的选择

选择植物时要注意尽量让所有花草薄厚一致,避免撒碎花瓣。尽量用大型花草进行塑形,可以借助剪刀、镊子等工具,以免第二次抄纸时,水会弄乱花草纸的造型。

五、实践小结

1. 古法造纸的基本知识

通过讲授纸的发展历史,掌握了纸及造纸术的发展过程,掌握了古法造纸之花草纸的操作要点,以及手工造纸和机械造纸的区别和意义。

2. 花草纸的制作

通过让学生动手制作花草纸,掌握了古法造纸的操作流程:原料分离、打浆、抄纸(花草纸的设计)、烘干等技术。个别学生在抄纸的过程中出现水量过大、纸浆过多、纸张过厚等问题,但总体都能掌握花草纸的操作流程。

六、实践评价

劳动内容:

续表

	序号	课程评价标准	得分
自我评价	1	讲卫生，勤洗手、勤剪指甲，保持衣服干净整洁；公共场所不乱丢垃圾、果皮纸屑，不随地吐痰，不乱涂乱画（10分）	
	2	上课前做好充分的预习准备，通过各种渠道了解相关的主题内容，仔细阅读背景材料（10分）	
	3	课堂上积极参与小组活动，根据小组的活动要求，制订方案，完成自己的工作（10分）	
	4	积极主动完成教师布置的任务，项目实践操作合乎任务要求（10分）	
	5	根据课程内容举一反三，运用本节课学习的知识为自己和他人的生活服务（10分）	
	6	乐于助人，帮助团队成员，言行举止使团队能很好地合作（10分）	
	7	遵守劳动安全规定和操作要求（10分）	
	8	劳动有创新（10分）	
教师评价	序号	课程评价标准	
	1	学生是否顺利完成任务，遵守纪律，认真听讲，及时记录课堂笔记（10分）	
	2	学生是否积极参与劳动实践活动，理解活动意义，学会爱惜道具用品（10分）	
劳动感悟			
教师评价			

填写人： 日期：

耕读实践二

"耕读中国"主题诵读比赛

一、实践目标

传播耕读文化，提高学生朗诵水平，培养朗诵爱好，提升文学素养，推动阅读起到积极的作用，产生良好的效果。

二、实践内容

耕读诗歌作品

1. 《耕读堂诗》

耕读堂诗

［宋］项安世

朝鹜兮吾畴，象舒兮鸦疾。

暮飘兮吾帷，风喧兮雨密。

襄衣兮台冠，雪炬兮萤袟。

田丁兮学丁，耦歌兮侪习。

米甘兮蔬旨，道腴兮仁实。

养送兮无憾，俯仰兮有适。

尧汤兮吾辟，岂吾欺兮伊稷。

2. 《耕读轩》

耕读轩

［元］王冕

路逢谁家子？背手牵黄犊。

犁锄负在肩，牛角书一束。

辍耕且吟诵，息阴坐乔木。

南山豆苗肥，东皋雨新足。

凉气满郊墟，书声出茅屋。

古来贤达人，起身自耕牧。

买臣负薪歌，倪宽带经读。

寄语少年徒，行当踵前躅。

3. 《过荆屿访族兄文统逸人隐居》

过荆屿访族兄文统逸人隐居

［明］徐勃

踪迹经年懒入城，满村麻苎绿阴晴。

蝶寻野菜飞无力，蚕饱柔桑咭有声。

半榻暮云推枕卧，一犁春雨挟书耕。

清高学得南州隐，不悉吾宗孺子名。

三、实践步骤

1. 人员及分工
任课教师通过随机选取的方式，选出3名同学组成组委会，负责策划此次活动。组委会完成主持人、计时员、道具组、宣传组、场务等活动幕后人员选拔及分工。

2. 幕后人员分工
主持人完成开场白、串联词和结束语，并制作节目单；计时员和道具组一同完成道具租借、场地布置；宣传组制作宣传资料，呼吁广大学生报名参加活动，同时还要负责组织参赛者进行试音、彩排等。

3. 活动正式开始
主持人进行开场致辞，对本次活动、评委及比赛规则进行简要介绍，并宣布参赛选手名单及顺序。任课老师针对"耕读传家"的理念进行评说，并说明此次活动的意义。

参赛者上台表演，可以节选耕读文化相关文学作品的片段进行朗诵，也可以结合其他形式的表演来表达自己对"耕读中国"理念的解读。

4. 点评和颁奖
评委点评后，每5个选手公布一次分数。根据最后的排名，为前5名选手颁发奖励。

四、实践评价

劳动内容：			
	序号	课程评价标准	得分
自我评价	1	讲卫生，勤洗手、勤剪指甲，保持衣服干净整洁；公共场所不乱丢垃圾、果皮纸屑，不随地吐痰，不乱涂乱画（10分）	
	2	上课前做好充分的预习准备，通过各种渠道了解相关的主题内容，仔细阅读背景材料（10分）	
	3	课堂上积极参与小组活动，根据小组的活动要求，制订方案，完成自己的工作（10分）	
	4	积极主动完成教师布置的任务，项目实践操作合乎任务要求（10分）	
	5	根据课程内容举一反三，运用本节课学习的知识为自己和他人的生活服务（10分）	
	6	乐于助人，帮助团队成员，言行举止使团队能很好地合作（10分）	
	7	遵守劳动安全规定和操作要求（10分）	
	8	劳动有创新（10分）	

续表

教师评价	序号	课程评价标准	
	1	学生顺利完成任务，遵守纪律，认真听讲，及时记录课堂笔记（10分）	
	2	学生积极参与劳动实践活动，理解活动意义，学会爱惜道具用品（10分）	
劳动感悟			
教师评价			

填写人： 日期：

耕读小结

　　中华农耕文明决定了中华文化的特征。聚族而居、精耕细作的农业文明孕育了自给自足的生活方式、文化传统、农政思想、乡村管理制度等，与当今所提倡的和谐、环保、低碳的理念不谋而合。而农耕文明的地域多样性、历史传承性和乡土民间性，不仅赋予中华文化重要特征，也是中华文化之所以绵延不断、长盛不衰的重要原因。本项目主要介绍了农耕文明造就中华民族、农耕文明的"四大发明"、农耕文明的艺术呈现、中华耕读精神。

耕读思考

1. 通过本项目学习，你对中华农耕文明学习有哪些体会？
2. 在中国文化精神中，对你触动最大的是哪种精神？
3. 浅谈中国农业的四大发明。
4. 查找中国古代直接书写"耕读"的诗歌，并分析它们的文化意义。

项目二　中国传统农业

知识目标

1. 了解中国传统农业的起源与发展、中国传统农业标志性成果、中国传统农业的成就。
2. 熟悉中国传统农业独特的风格体系。
3. 熟悉中国传统农业的治理之道。

能力目标

1. 能够概括地叙述中国传统农业的发展历程和成就。
2. 能够与同学分享中国传统农业独特的治理之道。

素养目标

能够认识到随着经济水平的发展，农耕的方式也在变化。致力于为提高生产力水平、提高农业生产的产量和产能贡献力量。

项目导读

农业是文明孕育和发展的基础，不同的农业发展阶段哺育出不同的文明形态。传统农业被描述为"循环式"农业，因为它充分利用人们丢弃的有机质废物，返回农田。传统农业之所以能循环利用资源，是由于古代关于天、地、人的"三才"思想在农业上的运用。

任务一　中国传统农业概述

一、中国传统农业的起源与发展

（一）从原始农业到传统农业的发展

1. 原始农业

中国农业有着悠久的历史。农业起源于没有文字记载的远古时代，它发生于原始采集狩猎经济的母体之中。在我国的古史传说中有"神农氏"之说。据说在神农氏之前，人们吃的是爬虫走兽、果菜螺蚌，后来人口逐渐增加，食物不足，迫切需要开辟新的食物来源。神农氏为此遍尝百草，备历艰辛，多次中毒，后找到了解毒的办法，终于选择出可供人们食用的谷物。接着又观察天时、地利，创制斧斤耒耜，教导人们种植谷物。于是农业出现了，医药也产生了；同时，人们还掌握了制陶和纺织的技术。这种传说是农业发生和确立的时代留下的史影。

现代考古学为我们了解我国农业的起源和原始农业的状况提供了丰富的新资料。目前，已经发现了成千上万的新石器时代原始农业的遗址，遍布在从岭南到漠北、从东海之滨到青藏高原的辽阔大地上，尤以黄河流域和长江流域最为密集。

著名的有距今七八千年的河南新郑裴李岗和河北武安磁山以种粟为主的农业聚落，距今七千年左右的浙江余姚河姆渡（图2-1）以种稻为主的农业聚落，以及稍后出现的陕西西安半坡遗址等。近年又在湖南澧县彭头山、道县玉蟾岩、江西万年仙人洞和吊桶岩等地发现距今上万年的栽培稻遗存。由此可见，我国农业起源可以追溯到距今一万年以前，到了距今七八千年时，原始农业已经相当发达了。

图2-1　浙江余姚河姆渡遗址

从世界范围看，农业起源中心主要有西亚、中南美洲和东亚3个地区。东亚起源的中心主要是中国。中国原始农业具有以下明显特点：

（1）在种植业方面，很早就形成北方以粟黍为主、南方以水稻为主的格局，不同于西亚以种植小麦、大麦为主，也不同于中南美洲以种植马铃薯、倭瓜和玉米为主。中国的原始农具，如翻土使用的手足并用的直插式的耒耜（图2-2），收获使用的掐割谷穗的石刀，也表现了不同于其他地区的特色。

（2）在畜养业方面，中国最早饲养的家畜是狗、猪、鸡和水牛，以后增至"六畜"（马、牛、羊、猪、狗、鸡），不同于西亚很早就以饲养绵羊和山羊为主，更不同于中南美洲仅饲养羊驼。中国是世界上最大的作物和畜禽起源中心之一。我国大多数地区的原始农业是从采集渔猎经济中直接发生的，种植业处于核心地位，家畜饲养业作为副业存在，随着种植业的发展而发展，同时，又以采集狩猎为生活资料的补充来源，形成农牧采猎并存的结构。这种结构导致比较稳定的定居生活，与定居农业相适应，猪一直是主要家畜，较早出现圈养与放牧相结合的饲养方式；游牧部落的形成较晚。同时，我国又是世界上最早养蚕缫丝的国家。总之，中国农业是独立起源、自成体系的。中华文明建立在自身农业发展的基础之上，一度流传的所谓"中华文明西来说"不符合历史实际。

图2-2 直插式的耒耜

从中国自身的范围看，农业也并非从一个中心起源向周围扩散，而是由若干源头发源汇合而成的。黄河流域的粟作农业，长江流域的稻作农业，各有不同的起源；华南地区的农业则可能是从种植薯芋类块根、块茎作物开始的。即使同一作物区的农业也可能有不同的源头。在多中心起源的基础上，我国农业在其发展的过程中，基于各地自然条件和社会传统的差异，经过分化和重组，逐步形成不同的农业类型。这些不同类型的农业文化成为不同民族集团形成的基础。中国古代农业是由这些不同地区、不同民族、不同类型的农业融汇而成的，并在它们的相互交流和碰撞中向前发展，这种现象可以称为"多元交汇"。

2. 传统农业

传统农业以使用畜力牵引或人力操作的金属工具为标志，生产技术建立在直观经验的基础上，而以铁犁牛耕为其典型形态。我国在公元前2000多年前的夏朝进入阶级社会，黄河流域也逐步从原始农业过渡到传统农业。从那时起，我国农业逐步形成精耕细作的传统，以此为基本线索，可以将中国传统农业划分为以下几个阶段：

（1）夏、商、西周、春秋是精耕细作的萌芽期，黄河流域的沟洫农业是其主要标志。这是中国历史上的青铜时代，青铜农具尤其是开垦使用的青铜镢和中耕使用的钱（青铜铲）与镈（青铜锄）逐步应用于农业生产，但仍大量使用各种木、石、骨、蚌农具，尤其是木质耒耜仍然是主要耕播工具。人们较大规模地在河流两岸的低平地区开垦耕地，为防洪排涝建立起农田沟洫体系。与此相联系，垄作、条播、中耕技术出现并获得发展，选种、治虫、灌溉等技术也已萌芽，休闲制逐步取代了撂荒制。

为了掌握农时，人们除继续广泛利用物候知识外，又创造了天文历。使用耒耜挖掘沟洫导致两人协作的耦耕成为普遍的劳动方式。沟洫和与之相联系的田间道路将农田区分为等积的方块，为井田制的实行提供了重要的基础。耒耜、耦耕和井田制三位一体，成为中国上古农业和中国上古文明的重要特点。

但是，这一时期农田的垦辟仍然有限，耕地主要集中在各自孤立的城邑的周围，稍远一点就是荒野，可以充作牧场，所以，畜牧业有较大的发展空间。未经垦辟的山林川泽还很多，从而成立了这一时期特有的以保护利用山林川泽天然资源为内容的生产部门——虞衡。人工养鱼和人工植树产生了，还出现了园圃的萌芽和开始饲养水禽（鸭、鹅）。

这一时期，我国北部、西部和东部某些地方出现了游牧部落，最先强大起来的是被称为西戎的游牧或半游牧部落群，他们由甘青地区向中原进攻，迫使周王室从镐（今陕西西安西南）迁到洛邑（今河南洛阳），形成"华夷杂处"的局面，即农耕民族与游牧民族错杂并存的局面。总体来说，这一阶段的农业虽然还保留了它所有脱胎的原始农业的某些痕迹，但在工具、技术、生产结构和布局方面都有很大的进步与变化，精耕细作技术已在某些生产环节中出现。

（2）战国、秦汉、魏晋南北朝是精耕细作技术的成型期，主要标志是北方旱地精耕细作体系的形成和成熟。我国大约从春秋中期开始步入铁器时代，奴隶社会也逐步过渡到封建社会，并在秦汉时期形成中央集权制的统一帝国。全国经济重心在黄河流域中下游。铁农具的普及和牛耕的推广引起生产力的飞跃，犁、耙、耱、耧车、石转磨、翻车、扬车等新式农具纷纷出现，黄河流域获得全面开发，大型农田灌溉工程相继兴建。铁器的普及使精耕细作技术的发展获得新的坚实的基础。连种制逐步取代了休闲制，并在这基础上形成灵活多样的轮作倒茬方式。

以防旱保墒为中心，形成了"耕—耙—耱—压—锄"相结合的旱地耕作体系。施肥改土受到了重视，传统的品种选育技术臻于成熟，农业生物技术也有较大发展。中国传统历法特有的二十四节气形成，传统指时体系趋于完善。粮食作物、经济作物、园艺作物、林业、畜牧、蚕桑、渔业等均获得全方位发展。

北方草原骑马民族崛起，进入中原的"戎狄"却融合于农耕民族，形成了大体以长城为分界的农区与牧区分立对峙的格局。在分裂时期的魏晋南北朝，北中国农业生产由于长期战乱受到破坏，南方的开发却由于中原人口的大量南移进入新的阶段，精耕细作传统没有中断，各地区各民族农业文化的交流在特殊条件下加速进行。

作为丰富的农业实践经验的总结，这一时期先后出现了《吕氏春秋·任地》《氾胜之书》《齐民要术》等杰出农学著作。

（3）隋、唐、宋、辽、金、元是精耕细作的扩展期，主要标志是南方水田精耕细作技术体系的形成和成熟。建立在南方农业对北方农业历史性超越基础上的全国经济重心的南移，是中国封建时代经济史上的一件大事，它肇始于魏晋南北朝，唐代是重要转折，至宋代进一步完成。"灌钢"技术的流行提高了铁农具的质量，江东犁（曲辕犁）的出现标志着中国传统犁臻于完善，水田耕作农具、灌溉农具等均有很大的发展。

在这基础上，水田耕作形成"耕—耙—耖—耘—耥"相结合的体系。这一时期南方小型水利工程星罗棋布，太湖流域的塘埔圩田形成体系，梯田、架田、涂田等新的土地利用方式逐步发展起来。复种虽然在这以前已零星地出现，但直到宋代才有了较大的发展，其标志是南方（主要是长江下游）水稻和麦类等"春稼"水旱轮作一年两熟制度的初步推广。通过施肥来补充和改善土壤肥力的方法也被进一步强调。

农作物品种，尤其是水稻品种更加丰富。农业生产结构也发生了重大变化。水稻跃居粮食作物首位，小麦也超过粟而跃居次席，苎麻地位上升，棉花传入长江流域。茶树、甘蔗等经济作物也有发展。传统农区和半农半牧区的大牲畜饲养业由极盛而渐衰，但猪、羊、家禽饲养仍有发展，耕牛继续受到重视，养鱼业有新的发展。这一时期农业科技发展的新成就、新经验也得到了总结，陈旉的《农书》和王祯的《农书》《农桑辑要》是这一时期的代表作。

明清是精耕细作的深入发展时期，主要特点是适应人口激增、耕地吃紧的情况，土地利用的广度和深度达到了一个新的水平。由于封建地主制的自我调整，明清封建经济继续发展，并孕育着微弱的资本主义萌芽。

国家统一、社会空前稳定、精耕细作技术的推广等因素促进了农业生产的发展，为人口的增长提供了必要的物质基础，而人口的空前增长又导致了全国性的耕地紧缺，以致于在粮食单产和总产提高的同时，每人平均占有粮食数量却呈下降趋势。为了解决食物问题，人们一方面千方百计开辟新的耕地；另一方面致力于增加复种指数，提高单位面积产量，更充分地利用现有农用地。内地荒僻山区、沿江沿海滩涂、边疆传统牧区和少数民族聚居地区成为主要垦殖对象。传统农牧分区的格局发生了重要的变化。在耕地面积有了较大增长的同时，也造成了对森林资源和水资源的破坏，加剧了水旱灾害。

本时期江南地区的稻麦两熟制已占主导地位，双季稻的栽培由华南扩展到华中，南方部分地区还出现了三季稻栽培。在北方，两年三熟制或三年四熟制已基本定型。为了适应这些复杂、多层次的种植制度，品种种类、栽培管理、肥料的机制和施用等技术均有发展。低产田改良技术有了新的创造。

在江浙和广东某些商品经济发达地区，出现陆地和水面综合利用，农—桑—鱼—畜紧密结合的基塘生产方式（图2-3），形成高效的农业生态系统，但农业工具却甚少改进。原产美洲的玉米、甘薯、马铃薯等高产作物的引进和推广，为我国人民征服贫瘠山区和高寒山区，扩大适耕范围，缓解民食问题做出重大贡献。棉花在长江流域和黄河流域的推广，引起了衣着原料划时代的变革。花生和烟草是新引进的两种经济作物，甘蔗、茶叶、染料、蔬菜、果树、蚕桑、养鱼等生产均有发展，出现了一些经济作物集中产区和商品粮基地，若干地区间形成了某种分工和依存关系。

这一时期，总结农业生产技术的农书很多，大型综合性农书以《农政全书》《授时通考》为代表，地方性农书如《补农书》《知本提纲》等具有很高的价值，代表了我国传统农业科学技术的最高水平。

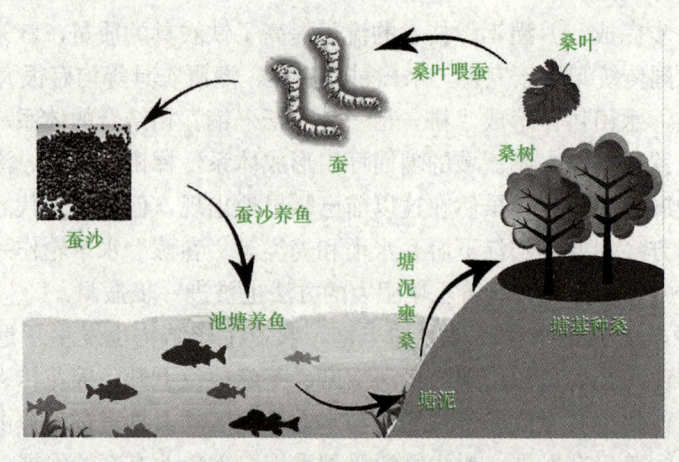

图 2-3　桑基鱼塘生态模式

(二) 传统农业与中华文明的发展

传统农业之所以能循环利用资源，是由于古代关于天、地、人的"三才"思想在农业上的运用。孟子说："苟得其养，无物不长；苟失其养，无物不消。"即指用和养要平衡。"三才"是哲学，也是宇宙观，贯穿于古代政治、经济、道德、伦理之中，应用于指导农业生产，是一种合乎生态原理的思想。严格地说，不是"三才"指导农业，而是原始农业孕育出"三才"。

原始人在漫长的采猎实践过程中，一再反复地发现无论采集或狩猎，都要取之有度、用之有节；否则，会遭到挨饿和各种灾害的惩罚。原始人将周围的动植物甚至非生命的山岩、流水都视为自己的同胞兄弟姐妹。美洲原住民索瓜米西族酋长西雅图对此有很生动的描述："总统（指美国前总统富兰克林）从华盛顿捎信来说，想购买我们的土地，但是……我们熟悉树液流经树干，正如血液流经我们的血管一样。我们是大地的一部分，大地也是我们的一部分。芬芳的花朵是我们的姐妹，麋鹿、骏马、雄鹰是我们的兄弟，山岩、草地、动物和人类全属于一个家庭……如果我们放弃这片土地转让给你们，你们必须记住，这如同空气一样，对我们所有人都是宝贵的……你们会教诲自己的孩子，就如同我们教诲自己的孩子那样吗？即土地是我们的母亲，土地所赐予我们的一切，也会赐予我们的子孙。我们知道，人类属于大地，而大地不属于人类……人类所做的一切，最终会影响到这个网，也影响到人类本身。因为降临到大地上的一切，终究会降临到大地的儿女们身上……""三才"思想正是在这种朴素的人与万物融合不分的基础上抽象出来的。

传统农业是与封建社会相始终的，随着传统农业的发展，"三才"思想在封建社会里得到进一步充分的发挥，如春秋战国是传统农业全面推进的第一个高峰，二十四节气和七十二物候的形成，铁农具和畜力的应用，大兴水利灌溉，实行精耕细作，园圃、畜牧、养蚕等多业并举，也正是文化上百家争鸣的灿烂时期。

秦汉大统以后，封建社会完成其金字塔式的框架结构，所谓"天、地、君、亲、师"。原始社会里人人平等、无分贵贱，封建社会将人划分为君、亲、师。君处于封建金字塔的顶端，代表天地的意志，发号施令，是最高的权威；亲代表传宗接代，核心是孝，"不孝有三，无后为大"，因为传统农业是以一家一户为生产单位，人是绝对地依赖土地，人丁兴旺则生活有改进，老人有保障，社会不负责养老；师既是社会精神文化遗产的继承者兼创造者，又是下一代成长的文化教导传授者。这是一种稳固、静态的结构，虽然两千多年中屡遭破坏和改朝换代，但是一旦新王朝建立，这种模式很快会恢复。

由于种植水稻需要大面积的水塘，而中国东南省份却多丘陵而少适宜种植水稻的平原地形，为了解决粮食问题，自秦汉时期起，移民至东南省份的农民构筑了梯田，用一道道的堤坝涵养水源，使在丘陵地带大面积种植水稻成为可能，解决了当地的粮食问题。但是梯田的种植对于人力的消耗相比平原要高出很多，而产量没有任何优势，而且对于丘陵地带的植被破坏很严重，所以，这一耕作方式逐渐被淘汰，现在只为旅游景点。

随着人口压力不断加重，人均土地面积下降，传统农业难免被迫走上围湖造田、开发山区（特别是明朝，在玉米、甘薯引入之后）的道路，这种方式超越了环境负载力，重现原始农业后期森林破坏和水土流失的覆辙。当然，问题不全在于人口压力，封建上层对农业和农民的横征暴敛、追索无度，也是破坏用养平衡的极大因素。当人们以惊异的目光啧啧称羡出土文物和地下宫殿的美轮美奂时，能有多少人会想到当时农民所付出的沉重劳役和生命血汗代价？

中国古农书从西汉的《氾胜之书》到清末杨双山的《知本提纲》，讲述的始终是"三才"和阴阳五行理论，"三才"思想至此与现实脱离，已无能为力了。农业的不断衰败，迎来西方的实验农学。面对西方文明的冲击，中国掀起了"五四"运动反封建文化的高潮。

考古发掘表明，黄河流域的黍粟农业和长江流域的稻作农业是同步起源的。这与距今8 000年前全新世气候转暖，北方气温较现今平均高2.3 ℃有关，那时的黄河流域无论植被、湖泊、雨量都很充足，黄土轻松肥沃，易于开垦。交通方面，从东欧到蒙古高原的北半球高纬度地带，是连片大草原的骑马民族游牧文化。两种文化都有其自身的特征，形成自己的文化圈。大西北的草原文化圈和黄河中下游的农耕文化圈不是绝对的隔离，相反，却有频繁的渗透、转化，扩大或缩小。一旦交流断绝，文化也必停滞不前，这是历史一再证明的规律。

二、中国传统农业标志性成果

1. 水稻

"村径绕山松叶暗，野门临水稻花香。"水稻，在中国有着悠久的历史。早在新石器时代，水稻已经普遍地分布在长江流域及广大华南地区。中国科学院地质与地球物理研究所新生代地质与环境重点实验室吕厚远研究员课题组，利用植硅体测年和形态鉴定新方法，揭示出距今约10 000年前水稻在长江下游地区就开始驯化，进一步确立了我国早期水稻驯化在世界农业起源中的地位。考古学家在江西万年县仙人洞和吊桶环上层遗存中，发现了距今14 000—12 000年前的少量类似人工栽培稻的植硅石，为探索稻作农业的起源提供了重要线索。考古学家在湖南道县玉蟾岩遗址中也发现了4粒距今10 000年

前的水稻实物，这是我国迄今为止发现的最早的古栽培稻实物，也是目前所知世界上最早的稻谷遗存。

早在两千年前，水稻就传入朝鲜、越南、日本，之后传入东南亚、欧洲、美洲等地区，如今水稻的种植已遍及全球，是世界上分布最广的作物之一，目前已成为全世界一半人口的主粮。

2. 蚕桑

中国是世界上最早从事植桑、养蚕、缫丝、织绸的国家，蚕丝已成为中国古老文化的象征。据民间传说，是黄帝的妻子嫘祖发明了养蚕。有一次嫘祖在野桑林里喝水，树上有野蚕茧落下掉入了水碗，待用树枝捞出时，树枝上挂出了蚕丝，而且连绵不断，越拉越长，嫘祖便用这些蚕丝来纺线织衣，并开始驯育野蚕。自此以后，嫘祖便被后世祀为先蚕，历朝历代也都有后妃们祭拜先蚕的仪式。

上古时代的传说故事虽不足以作为养蚕缫丝制衣起源的论据，但大抵可以推测出我国桑蚕文化起源之早。据考证，中国种桑养蚕在新石器中、晚期就开始了。而最早在正史元代的《通鉴纲目前编外记》中有载："西陵氏之女嫘祖为黄帝元妃，始教民育蚕，治丝茧以供衣服，而天下无皲裂之患，后世祀为先蚕。"考古研究也有证明。比如考古发现的距今约2万年左右的北京山顶洞人，就已学会利用骨针来缝制苇、皮衣饰；浙江余姚河姆渡遗址发掘的与纺织相关的器物，距今也有近7 000年。西汉时形成了以成都为中心的丝织业产地，东汉的蜀锦更是远近驰名。

公元前139年，一支从长安出发的使团，开始打通东方通往西方的道路，完成了"凿空之旅"，这就是著名的张骞出使西域。此后，这条被张骞及后继者打通的贯穿东西的道路如同一条纽带，连接起华夏文明与古希腊、古罗马、阿拉伯和波斯的悠久历史与文化，搭建了最早的国际贸易和文化交流的通道。"驼铃古道丝绸路，胡马犹闻唐汉风"，这条道路成为东西方文明交流的桥梁，后来被德国地理学家费迪南·冯·李希霍芬命名"丝绸之路"闻名全球，如图2-4所示。2 000多年来，丝绸之路上驼铃声声、马嘶相闻，国家、民族、单一区域等社会组织打破藩篱，互通有无，友好交往，书写了人类历史的辉煌篇章。如今，汇聚着开放、包容、合作、共赢价值理念的"一带一路"正在秉承悠久的历史传统，成为影响世界的和平之路、繁荣之路、开放之路、创新之路、文明之路。

图2-4 丝绸之旅

3. 茶叶

茶，是一年四季皆常见的饮品。作为茶的故乡，中国人饮茶据说始于神农时代，至今约有4 700年历史。中华茶文化源远流长，博大精深，唐代陆羽（728—804）在《茶经》中指出："茶之为饮，发乎神农氏，闻于鲁周公。"在神农时代（约在公元前28世纪年），即已经发现了茶树的鲜叶可以解毒。《神农本草经》曾有记载，"神农尝百草，日遇七十二毒，得解之"，反映的就是古代发现茶治病的起源，这说明我国利用茶叶最少已有四千多年的历史。《神农本草经》是西汉时代一些儒生托名神农尝百草的神话，搜集了自古以来劳动人民所积累的药物知识，编辑而成的药物学典籍。西汉时期，茶叶由云南传到四川，如图2-5所示。唐代饮茶之风由南方传到北方，茶叶成为南北方人们日常饮料之一。在这一时期，茶叶也传入日本。805年和806年，日本僧人最澄大师及空海大师，留学中国研究佛学，归国后，将中国茶叶蒸青绿茶的制茶技术传入日本。1559年，威尼斯人拉马歇从阿拉伯人那里得知中国人饮茶，了解到饮茶具有多种功效。此后，饮茶的相关资讯不断传入西欧，这其中，传教士发挥了重要作用。传教士利玛窦在著述中较为详细地记述了中国的饮茶，涉及茶叶历史、制茶方法、饮用方式、主要功效、经济价值及中日茶文化的差异等丰富内容。如今，中国茶叶早已遍及全球，成为风靡世界的三大无酒精饮料（茶、咖啡和可可）之一，全世界饮茶的人数约占世界总人口的一半。

图2-5 《神农本草经》

三、中国传统农业的成就

1. 可持续发展

先秦时期，人们心目中的山林川泽与人的关系是相互依存、共同服从于生态规律的关系。自从农业产生以来，农业所需要的耕地来自毁林，从此人类走上毁林扩大耕地的道路。人们从反复的实践中认识到对森林及其资源的正确利用，即所谓"用养结合"的重要性和必要性。

先秦古籍中充满了保护山林川泽、"以时禁发"（禁指禁止，发指开放）的告诫和法令。如孟子说："数罟不入洿池，鱼鳖不可胜食也。斧斤以时入山林，材木不可胜用也。"（不用细密的网捕鱼鳖，鱼鳖永远有得吃。按季节定时进山砍伐树木，木材永远有得用。）（《孟子·梁惠王上》）

管仲提出"为人君而不能谨守其山林、菹泽、草莱，不可以为天下王"（《管子·治国第四十八》）。管仲归纳人君治国有"五事"，其中第一事即山泽保护"山泽不救于火，草木不植成，国之贫也"（《管子·立政第四》）。管仲认为自然界中人和动植物之间的相互平衡，是客观的规律："人民鸟兽草木之生物虽甚多，皆有均焉（均即平衡），而未尝变也，谓之则（原则）。"（《管子·七法》）荀子继承了管仲的环保思想，发展为"制天命而用之"的思想（《荀子·天论》），即指在遵守自然规律的前提下，利用自然资源的积极思想。其典型的论点是，"草木荣华滋硕之时，则斧斤不入山林，不夭其生，不绝其长也。鼋鼍、鱼鳖、鳅鳝孕别之时，罔罟、毒药不入泽，不夭其生，不绝其长也……洿池渊沼川泽，谨其时禁，故鱼鳖优多，而百姓有余用也。斩伐养长不失其时，故山林不童，而百姓有余材也"（《荀子·王制》）。

继管子、孟子、荀子以后，吕不韦的《吕氏春秋》更系统记录了古代山林采伐、禁发的原则和法令。该书的"十二纪"按四季提出具体的以时禁发的标准。到汉代的《淮南子》里更完备地归纳了前人关于山林、川泽、生物资源保护和利用的要点。

与保护生物资源的理论相适应的是，历代政府也设有特定的机构和官员，负责山林川泽的保护和利用。其称呼因朝代而异，周代称虞衡（秦改称少府，三国称虞曹，唐宋在工部下设虞衡司，明清在工部下称虞衡清吏司，清末废除），类似现今的各级环保部门。虞是监督机构，衡是执行机构，各有一定的人员编制。配合虞衡职司的有一定的惩罚法令，如《周礼》规定庶民不植树的，死后不许用椁（椁是棺的外壳）。还规定："凡窃木者，有刑罚。""天之生物有限，人之用物无穷。若荡然无制，暴殄天物，则童山竭泽，何所不至！刑罚之施，至是不得不行。"

《国语》记载鲁宣公在夏天去泗水撒网捕鱼，大夫里革把鲁宣公的渔网割断了，并对鲁宣公讲了一套保护山林鸟兽和川泽草鱼的大道理，指出在夏季鱼儿产卵的时候捕鱼是"不教鱼长，又行网罟，贪无艺也"。鲁宣公听了，不但没有生气，反而虚心接受批评说："吾过（错）而里革匡（纠正）我，不亦善乎！（《国语·鲁语》）"鲁宣公还把破渔网保存起来，表示不忘里革的规谏。

资源环保部门的虞衡制度持续了近3 000年，为世界所罕见。遗憾的是，虞衡的执行只在秦汉以前较为正规，能发挥它既定的作用。秦汉以后，虞衡的职司不断缩小，唐宋以后迄明清，虞衡司只管理"帝王、圣贤、忠义、名山、岳镇、陵墓、祠庙有功德于民者，禁樵牧"，而"凡山场、园林之利，听民取而薄征之"。

虞衡的职司在秦汉以后之所以缩小，与整个封建制度改变有关。周代的各邦国都是天子所封，实际上所领的土地由诸侯国自理，属国君所有。国君都知道"山泽林盐，国之宝也"。保护自己的山泽林盐，也等于保护自己的国宝。另外，古时虽然各国都有滥伐森林的事例，但因为当时原始森林丰富，交通又不便，因此破坏的程度还不严重，有了教训，便知道保护森林的重要性。

秦始皇统一全国以后，山林川泽的所有资源，都归天子一人所私有，对森林的保护反而鞭长莫及。从汉至三国两晋南北朝，豪强望族侵占山林川泽之事层出不穷，国家已经没有力量执行禁令。从南北朝至元代，历代统治者反而屡发诏令"罢山泽之禁""与民共之"。国家既然采取放任政策，森林的破坏遂加快进行，明、清两代还实行抽分竹木赋税，百姓采伐的竹木越多，政府抽分所得的竹木也越多，以至于所抽分的竹木往往堆积朽坏。明代京师神木厂所积的大樟木之大，人骑马从这边经过，竟看不到另一边，可见其大。但这些大樟木因"风雨浸淋，已稍朽矣"，说明滥伐和浪费之惊人。

唐宋以后，全国经济文化重心南移，转向长江流域及其以南，森林的开发和农田开辟也从北方转向南方。浙江在越王勾践时期浙北的原始森林和浙中、浙南及福建、江西的原始森林连为一片，浙北原始森林的破坏转折期约始于东晋。随着政治重心南移，会稽成为东南重镇，经济生活各方面的需求，如耕地开辟、金属冶炼、建筑用材、薪炭采烧、林产采取、田猎烧山、自然灾害、战争破坏等，都以森林破坏为代价，其中影响最大又持久的是农田的开辟。从唐、宋、元到明，森林砍伐向浙中、浙南进行，到清代，绍兴（会稽）地区已经"无森林之可言了"。

2. 有机循环

传统农业的成就包括许多方面，如精耕细作、间作复种、因地制宜、品种多样化等。但如果从根本上概括，那最重要的就是对太阳能的循环利用了。

以水稻生产为例，人们从稻田里取走的稻谷和茎叶，经过人畜的食用，仍旧以粪尿的形态返回稻田，非常彻底。另外，如城镇居民的生活废物包括人粪尿、垃圾、商业手工业加工的有机下脚料等，都毫无例外地返回乡间农田。这种城乡有机物质的循环利用，大量见诸历代文献。例如，南宋吴自牧《梦粱录·河舟》说杭州城里"更有载垃圾粪土之船，成群搬运而去"。南宋程泌的《富阳劝农》说："每见衢婺（衢州金华）之人，收蓄粪壤，家家山积，市井之间，扫拾无遗。故土膏肥美，稻根耐旱，米粒精壮。"江浙一带，到南宋时，城镇发展很快，人口激增，对粮食的需求量急增，随之便是肥料供应的紧张。所以，千方百计开辟肥源。历史上首次提到利用河泥作为基肥是在南宋，此后即一直延续不断。

明末清初，浙北杭嘉湖一带，因稻麦蚕桑并举，单位产量甚高，肥料不足问题非常突出，经营农业的地主都要千方百计去外埠、外地采购粪肥，这在《沈氏农书》里有详细的记载："在四月十月农忙之时，粪多价贱，当并工多买。其人粪必往杭州……至于谢桑，于小满边蚕事忙迫之日，只在近镇买坐坑粪，上午去买，下午即浇更好。"但鉴于"近来粪贵人工贵，载取费力……则猪羊尤为简便……"说明当时有机肥料的缺乏。后来为了肥料，不得不养猪和羊，养了猪羊，又促成了进一步的能量循环利用。

这种平原水网地区的农田生态平衡模式，并非局限于杭嘉湖地区，浙南的温州地区是把水稻（双季间作稻）、柑橘、菱、鱼和养猪等构成循环，以河泥加高柑橘墩，犹如浙北以河泥壅桑墩一样，其起源早在南宋时期。珠江三角洲一些地区则是把粮、桑、甘蔗、渔结合在一起，原理相同，不一一举例。

20世纪后期在江苏吴江、昆山、武进、太仓、宜兴、吴县、常熟等地区调查，继承历史上桑基鱼塘的生态模式加以变化的农田生态系统，有"粮、林、畜、蚕、食用菌""粮油、蚕桑、蔬菜、猪羊""林、茶、猪羊、粮食"……共9种不同类型的农田生态系统。

近年来，各地兴办的生态农场、生态园区等都是历史的继承和发展，反映了传统农业方面的顽强生命力。

任务二　中国传统农业独特的风格体系

一、农耕生产的因时制宜

1. 物候知识的充分运用

农谚说得好："人误地一时，地误人一年"。说明农事活动要适时的农业成败的关键。根据物候来知道和预报农事活动，具有直观、易于掌握、可操作性强的特点。我国现存最早的一部记录传统农事的历书《夏小正》，书里记录了雁、燕、雉、田鼠、獭等38种鸟兽虫鱼的活动物候，梅、杏、山桃、韭、缇缟等18种植物的生长物候，以及风、雨、旱、冻、雷电等气象现象，反映出早在三千年前，我国古代人民已经积累了相当丰富的物候知识。《尚书·尧典》曾将一岁分为366天，以闰月确定四时成岁，说明当时已经出现了四季的概念。另外，《诗经》中更是明确了春夏秋冬四季，其中提到"春"7处、"夏"14处、"秋"5处、"冬"6处。

到了汉代，人们根据黄河流域的地理、气候和自然界出现的周期性现象，按照五日为候、三候为气、六气为时、四时为岁的原则，将一年划分为七十二候，以动植物和气象变化揭示了一年中物候和气候变化的一般情况，如农历四月的物候包括"蝼蝈鸣""蚯蚓出""王瓜生""苦菜秀""靡草死"和"麦秋至"（麦熟）等。时至今日，这些物候仍是黄河流域较为普遍的自然现象。

魏晋南北朝时期，人们根据江南地区二十四种花开季节，创造性地提出了"二十四番花信风"，不仅反映了花开与时令的自然耦合，也为江南人民掌握农时、安排农事提供了有效的信息。而生活在黄河流域的著名农学家贾思勰，在《齐民要术》中较为科学地归纳了北方地区主要农作物耕种时期的物候。

在物候知识的指导下，人们不仅按照生物和环境的自然规律从事耕作与养殖，还形成了十分形象的农业谚语，极大地丰富了中国传统农耕文化。例如，人们根据鸡鸭的行为变化推断出雨水的出现，提出了"鸡迟宿，鸭欢叫，风雨不久到"，告诫人们提前做好防雨和农田灌溉的准备；为了说明中耕对小麦增产的重要性，人们提出了"削断麦根，牵断磨心"，夸张地形容勤于中耕后，丰收的小麦能够把石磨的磨心牵断。不仅如此，人们还将物候知识运用到外来农作物的耕种，进一步推动了它们的本土化进程。其中，玉米和辣椒是在地理大发现之后传入我国的，人们通过长期的种植经验，提出了"深种玉米浅种麻，辣子种上扫寻拉"的农谚，辩证地指出了深耕和浅种对不同作物的重要性。

2. 顺天应时的二十四节气

(1) 二十四节气的发明。物候和天象需要通过观察来确定，容易产生误差，利用它来指导生产与把握农时，既不精确也不方便。为了更加准确地把握农时，智慧的先民发明了二十四节气。二十四节气的产生并不是一蹴而就，而是经历了漫长的过程。早在新石器时代，人们就发现房屋树木在太阳光的照射下都投下了阴影，这些影子在一年中随着时辰、季节的变化又具有一定的规律，于是便在平地上竖起一根竹竿，观察影子的变化，这就是最早的圭表。根据长期的观测发现，在夏季的某一天，正午表影最短，之后天气逐渐转凉，在冬季的某一天，正午表影最长，之后天气逐渐转热，于是便确立了最早的两个节气——"夏至"和"冬至"。近代研究者通过解读甲骨文，发现商代已经有"两至"的概念。西周周公姬旦修建"观景台"并规范了圭表的使用，当时有"两分"的概念，也就是春分与秋分，它们是一年中白天与晚上时长完全相等的两天。到了春秋的中期，又增加了"四立"的概念，即在冬至与春分的中点插入立春，在春分与夏至的中点插入立夏，在夏至与秋分的中点插入立秋，在秋分与冬至的中点插入立冬，从而发展到"四时八节"。到了战国末期，在已有的四时八节中，增加了16个节气，就是在已有的两个相邻节气中间中各插入两个节气。这些节气名称为各节点标志性气候和明显变化的物候，来自先民长期生产生活中积累的气候知识和物候记载，并统一用两个字表述。被认为是先秦文献的《逸周书》记载了与现代通用的二十四节气相同的节气名称，并在二十四节气的基础上，衍生了七十二候，五日为一候，三候为一节，一年共有七十二候。但由于无法确定相关内容是否在汉代有过增补和改写，学界公认最早完整机载二十四节气的文献是公元前139年刘安所著的《淮南子天文训》，其所载二十四节气的名称和顺序，已经与后世完全相同。

(2) 二十四节气的发展。二十四节气形成后，经历了2 000多年的实践应用和不断发展的过程。公元前104年，由邓平、落下闳等制定的我国第一部历法《太初历》正式把二十四节气列入其中，明确了其天文位置，使二十四节气与太阴历的十二月有机结合起来，以无中气之月置闰，19年中有7个月没有中气，这7个月成为闰月，即19年7闰，从而确立了我国历法的基本范式。隋代刘焯首次将黄经均匀地划分为24等份，称为"定气法"，"定气法"比原来平分全年时间的"平气法"更为准确。另外，东汉的张衡、南北朝的祖冲之、唐代的一行法师、北宋的沈括、元代的郭守敬、明代的徐光启等天文学家都为二十四节气的完善做出了重要贡献。在文化上，东汉时期谶纬之学兴起，沿袭了先秦的阴阳五行学说思想和刑德观念，有关节气的风俗文化成形，如立春时节戴春幡、夏至后系百索等风俗。北魏时期的《齐民要术》最早记载了节气谚语，如"处暑种高山，白露种平川，秋分种门外，寒露种河湾"。南朝宗懔《荆楚岁时记》首次记载二十四番花信风：从小寒到谷雨，每五天一候，八气共二十四候，每候应一种花，始梅花，终楝花。在唐宋时期，节气触发了唐宋诗人的丰富情思，他们创作了数以千计的节气诗篇，将节气、月令物候与农事活动交织在一起，凸显节气蕴含，承载了人们的日常感受和生活阅历。另外，冬九九、夏九九、三伏、入梅、出梅、春社、秋社、天地日月坛庙等都是从二十四节气延伸而来的，特别是二十四节气歌，可谓是千百年传颂不息，人人耳熟能详。

（3）二十四节气的内涵与价值。二十四节气作为时间知识体系反映季节、物候、温度等方面变化的规律。反映季节变化的节气有立春、春分、立夏、夏至、立秋、秋分、立冬、冬至，包括"二至二分"和"四立"，称为"四时八节"，也是表现天文和时令变化的关键性节点；反映物候的节气有惊蛰、清明、小满、芒种，如惊蛰的典型物候现象是越冬动物苏醒；反映降水的节气有雨水、谷雨、白露、寒露、霜降、小雪、大雪，7个节气把降水在一年中的雨、露、霜、雪四种状态准确地揭示出来；反映气温变化的节气有小暑、大暑、处暑、小寒、大寒，5个节气勾画出寒暑变化的曲线，如图2-6所示。

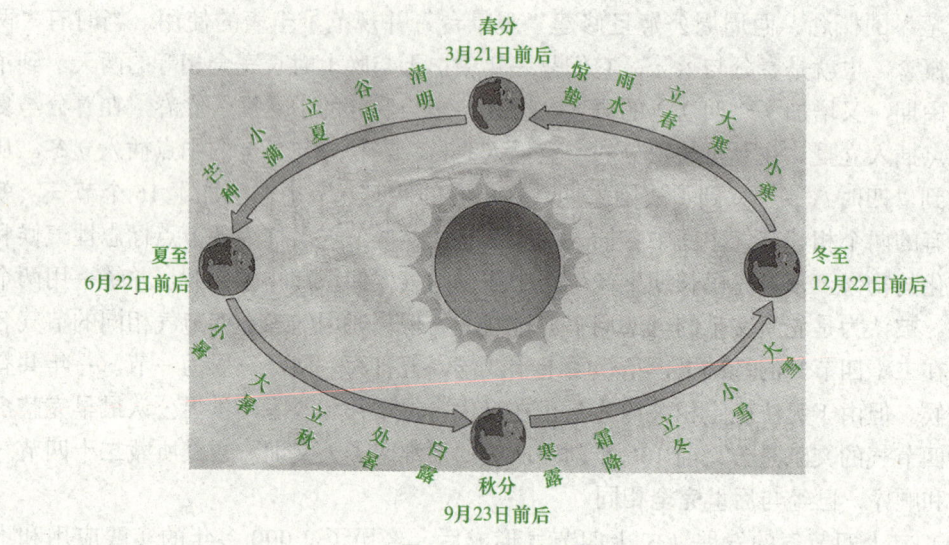

图 2-6　二十四节气

二十四节气除其48个汉字本身所包含的内容外，还有数以万计的节气农谚，如"清明前后，种瓜点豆""白露早，寒露迟，秋分种麦正当时""处暑就把白菜移，十年准有九不离""冬至收萝卜，小雪收白菜""霜降不刨葱，越长越心空"等，语言生动、精练质朴、朗朗上口、易记易传，是农民把握农时的秘诀。

作为中国人特有的时间知识体系，每到一个时令节点，各地都会自发地组织农事生产，有序地安排日常生活，举办丰富多彩的节令仪式和民俗活动。这种"因时而动、顺势而为"的时令哲学，立足于人与自然和谐共生的观念认知，体现着中国人千百年来的世界观与哲学智慧，形塑着中国人特有的符合大自然周期变化规律的文化特质。时至今日，二十四节气在农业生产和日常生活中仍占据着指导地位，承载着中国人顺天应时、尊老敬祖、慎终追远、睦邻友群的精神文化内核，是中华传统文化的体现。2016年，二十四节气——中国人通过观察太阳周年运动而形成的时间知识体系及其实践，被列入联合国教育、科学及文化组织（简称联合国教科文组织）人类非物质文化遗产代表作名录，成为全人类的共同财富。

二十四节气歌
春雨惊春清谷天，夏满芒夏暑相连。
秋处露秋寒霜降，冬雪雪冬小大寒。
每月两节不变更，最多相差一两天。
上半年来六廿一，下半年是八廿三。

二、农耕生产的因地制宜

土地是万物之母，我国幅员辽阔，不同地区的土壤性质差别明显，不同的作物需要相适宜的土壤环境。因此，科学地认识土壤的性质就成为农耕生产的重要条件。《周礼·地官司徒》记载，周代设有大司徒，专门掌管各邦国的土地。大司徒以土会之法，辨别山林、川泽、丘陵、坟衍、原隰适宜生长的动植物，以土宜之法辨别12种土和12种壤，目的是了解不同的土壤适宜种植的物种，以劝民稼穑和树艺五谷。

战国时期托名为大禹所作的《尚书·禹贡》，对天下九州的土壤性质进行了明确的划分，以便于"任土作贡"，也就是根据不同的土壤肥力有差别地收取贡赋，从而第一次系统地构建大体符合我国土壤分布的土壤地理。战国至秦汉时期成书的《管子》，也对我国传统土壤科学的建构起到了重要作用。其中，《地员》一篇根据土壤的质地和色泽，可将平原地区的土壤分为息土、赤垆、黄唐、斥埴和黑埴，并介绍了各种土壤适合播种的粮食作物和适宜生长的树木。

另外，先秦时期，人们已经开始将土壤肥力运用到土地级别的划分中。其中，《禹贡》将土壤划分为上上、上中、上下、中上、中中、中下、下上、下中和下下九个等级。《周礼》同样根据土壤肥力，将土地划分为上地、中地和下地。尽管这种划分较为粗略，随着农业物种的引种改良和农业生产技术的进步，一些被认为下等的土地也能取得不错的生产效果，但当时人们对土壤性质的认识，仍对因地制宜从事耕作和通过施肥改土提高土地生产效能提供了基本的参照，在农业发展史上具有划时代意义。

1. 因地制宜，顺势而为

《王祯农书》说："夫禹别九州，其田壤之法固多不同"。

中国地形复杂多样，各种地形交错分布。随着人口的增加，平原地带的土地已不能满足人们生存的需要，于是人们开始向山地、沼泽等要地。为了有效地改造和利用这些原本不适宜耕种的土地，改善土壤结构，增加土壤肥力，减少水分蒸发，防止水土流失，缓解耕作活动对生态环境造成的破坏，智慧的中国人民发明了圩田、垛田和梯田等多种土地利用形式，使原本"下下地"的江南变成了"上上地"的国家粮仓。

依山势而建的云南红河哈尼稻作梯田系统，是人们改造自然、利用自然的伟大创举。山巅有涵养水分的森林，山中有采光充分、自流灌溉的梯田，山下有潺潺流动的小溪。森林、村寨、梯田和溪流"四素同构"，构成了一种完美的人与自然和谐相处的生态空间。为了保证大小不同的梯田得到相对均衡的供水，哈尼族人民还发明了"木刻分水法"。在水沟中设置木桩，在木桩上刻出大小不同的槽口，以实现水量合理分配。村民依"款"行事，以一方水土养育了一方稻作民族。

2. 趣时和土，用地养地

西汉《氾胜之书》指出："凡耕之本，在于趣时，和土。"东汉班固《汉书·货殖列传》中说："顺时宣气，蕃阜庶物。"

为了更好地利用季节、合理使用土地，实现生物互利作用最大化和生物互害作用最小化，寻求多样生物之间的最佳生态关系，在有限的耕地上实现最大的产出，中国古代劳动人民发明了轮作复种、间作套种、多熟种植等多种种植制度。

内蒙古敖汉旱地农业系统是以小米为主要农作物，兼顾糜黍、荞麦、高粱、黑瓜子、杂豆等杂粮旱地作物，实行条播、轮作倒茬、间作套种等传统耕作方式的典型代表。这种耕种方式，在2020年11月入选为"全球减贫案例征集活动"的最佳案例，为世界减贫贡献了中国人的农耕智慧。

3. 种养结合，互生互利

《吕氏春秋·观表》中说："凡居于天地之间、六合之内者，其务为相安利也，夫为相害危者，不可胜数。"

早在东汉时期，中国的先民们就发明了稻鱼鸭共生模式。这种共生模式除有效地利用稻田空间，增加人类动植物蛋白质食源外，还通过鱼鸭游动搅动泥水，为水稻根系生长增加氧气、刺激水稻植株分蘖；鱼鸭吞吃稻田里的猪毛草、鸭舌草等杂草和稻飞虱等害虫，起到了很好的生物防治作用；鱼鸭排泄在水田中的粪便又给水稻施加了有机肥料，培肥了土壤，实现了"地可使肥"（《吕氏春秋》），减少了人们中耕锄草、除虫和施肥的投入，可谓一举多得。这种生态农业模式，最为典型的就是浙江青田的稻鱼共生系统和贵州的稻鱼鸭共生系统。

4. 辨土肥田，相地之宜

《诗经·大雅·生民》："诞后稷之穑，有相之道。"所谓"有相之道"指的就是辨别土壤类型和肥力状况。

土地是农作物和禽畜生长的载体，也是最主要的农业生产资料。农耕的首要条件就是保持土壤的肥沃。人们应根据不同的土壤类型和土壤肥力选择种植不同的作物。

河北涉县旱作梯田农业系统中的土壤为褐色土壤，耕层含钾丰富、氮中等、磷偏低，适合豆类、玉米、谷子、高粱等作物；天津小站稻作文化系统中的土壤成土母质含盐量高，土质盐碱，但富含钾、镁。这一土壤特征也造就了小站稻的特殊品质。

扩展阅读

关中地区梯田的形成

除平原地区平整的土地利用系统外，随着人地矛盾的加剧，人们还在山区、黄土高原、西北戈壁滩、南方低洼地区等，充分利用当地的地理条件，创造出了梯田、圩田、垛田、架田、砂田等多种多样的土地利用方式，推动着各地的农业向纵深发展。

1. 梯田

在丘陵山坡地上，人们为了治理水土流失，使坡地在实现蓄水保土功能的同时便于种植农作物而创建了梯田。《诗经·小雅·正月》写道："瞻彼阪田，有菀其特。"意为观望山坡上的田地，那里有成群的公牛。关于"阪田"，有学者认为是早期原始性的梯田。重庆彭水苗族土家族自治县出土的东汉古墓遗址中，发现了呈阶梯形状的鱼鳞片陶田图，与梯田的形状极为类似。但是，直到南宋时期，"梯田"的称谓才正式出现在范成大的《骖鸾集》中。宋代数学家杨辉在《杨辉算法》中，介绍了类似于代数中计算梯形面积的"梯田法"。宋代以后，梯田在农学家的著作中以图文的形式展示出来，梯田俨然成为南方山地的主要土地利用方式。

明清时期，梯田技术更为成熟，并且随着南北方人口流动的加速和农业科技的交流传播，北方地区的黄土高原也逐渐出现了大片的梯田。明代吏部尚书杨博在其诗文中，提到山西泽州"山田如阁板"，这里的"山田"显然就是梯田。清代陕西农学家杨岫在《知本提纲》中载："山坡可梯而种，水泽可架而收。"当时北方人民已经普遍掌握了梯田的开垦技术，"梯种"农业技术在黄土高原地区逐渐成熟，"山坡险峻，人难置足，必宜上坡用钁掘土，单筑下坡，使其平正，层层相因，如梯之型，是谓'梯田'，然后可以耕种无碍"。

梯田按照建造形式，可以划分为水平梯田、坡式梯田、复式梯田和隔坡梯田。但无论哪种形式，均是因地制宜发展农业的独特土地利用方式。其中，南方的山地梯田主要借助于山顶的森林涵养的水源种植水稻，因而多需要修建引水系统。北方的土坡梯田因缺乏水源，不需要引水灌溉系统，多种植谷子、糜子、荞麦、燕麦等旱地作物。明清时期，玉米、甘薯、马铃薯等作物引种之后，梯田农业的结构更为复杂。

层级分明的梯田不仅有效地拦截了流失的水土，而且能够将山顶流下的水资源和富含有机质的土壤截留用于农作物的生长，明显提高了山地农业的单位亩产量。另外，梯田的通风透光条件较好，有利于作物生长和营养物质的积累及农产品品质的提升。

2. 圩田

圩田又被称之为"围田""垸田"和"湖田"，是沿江、濒海或湖滨等地势低洼的地带，人们通过修筑圩堤，在圩堤外蓄水，将低洼地带改造为能够耕种的土地，并在圩堤内进行耕作的独特的土地利用方式。与其他土地利用方式相比，圩田最大的特点就是"化湖为田"，通过堤埂和涵闸调节水位，在雨水多的情况下关闭涵闸，避免圩田外的水侵入，在缺乏雨水的情况下开闸放水，灌溉土地，以确保圩田旱涝无忧。另外，圩田内的土地类型也有较大差别，适合耕种的农作物也有不同。人们通常在地势低洼、排水不畅、土质黏重的低沙圩田中种植水稻，在地势较高、排水良好、土质疏松的高沙圩田中种植棉花、玉米等旱地作物，从而在圩田上实现因地制宜。

圩田早在春秋时期已经萌芽。三国时期，东吴政权在当涂、宣城、芜湖等地修筑了圩田，用于发展农业生产。魏晋时期，由于北方黄河流域持续战乱，北人大规模南迁，使得人地矛盾逐渐突出。为了解决粮食生存问题，人们在太湖等地大规模修筑塘坝，对大量河湖滩地进行围垦。唐代中后期，江南地区农田水利发展迅速，陂、塘、沟、渠、堰、浦、堤、湖有机连接的格局逐渐形成，李吉甫任淮南节度使时，在高邮县"筑堤为塘，溉田数千顷"。

南宋时期，中国经济重心已经转移到江南，充分挖掘土地的生产潜力既是经济重心南移的重要支撑，也是其结果。于是，圩田逐渐扩展到江苏、安徽、浙江等地区，一些地方的圩田甚至成为主要的土地利用方式。例如，南宋中后期，太平州所辖的当涂、芜湖和繁昌，"圩田十居八九"。《景定建康志》记载，建康府管辖的溧水，圩田达29万多亩，占总田地面积的98.2%，江宁县的圩田接近19万亩，占总田地面积的36.9%。南宋以后，圩田在南方低洼地区进一步发展。时至今日，圩田在长江中下游地区仍是重要的土地利用方式。

3. 垛田

垛田是南方沿湖或河网低湿地区独特的土地利用方式。宋代以来，随着南方经济发展和人口增长，越来越多的人走到地势低洼之地，通过开挖网状深沟或小河，并将泥土堆积成垛状的高田，在田块上进行耕作，从而形成了垛田农业景观。

垛田的形状不同、规模不等，但都被深沟或小河隔开，形同海上一个个互不相连的小岛。垛田由荒滩杂草和淤泥堆积而成，具有地势高跷、排水性能优越、土质疏松、养分丰富、通风性能好等优点，且光照充足、易于灌溉，适合种植旱地作物和瓜果蔬菜，尤其适宜于油菜、香葱等的种植。

4. 架田

早在先秦时期，人们已经意识到在杂草树木堆积的漂浮物上能够种植农作物，《周礼》谓"泽草所生，种之芒种"。唐宋时期，随着南方人口的增加和人地矛盾的凸显，生活在河湖低地的人们主动将湖泽中葑泥移附木架上，制作成能够移动的架田。因架田多由生长在河湖边缘或沼泽浅水中的菰草草根或芡茭根茎形成，因此也常被称为"葑田"。葑田有自然形成的，也有人为形成的，架田通常指的是人为架设的能够漂浮的田块。

葑田最早出现在南宋陈旉《农书》中，其中介绍道："若深水薮泽，则有葑田，以木缚为田坵，浮系水面，以葑泥附木架上而种艺之。其木架田坵，随水上下浮泛，自不淹没。"可见，到了南宋时期，人们已经不再局限于利用由菰草或芡茭形成的自然葑田，而是将更粗壮的木桩用于葑田的人工制作。也正因为此，元代农学家王祯将葑田解释为"架田"，随后，架田成为这种独特土地利用方式的主称。宋元时期，淮东和两广均有架田。

5. 砂田

砂田是我国西北干旱地区经过长期生产实践形成的一种世界独有的保护性耕作方法，也是一种独特的土地利用形式。砂田起源于兰州，后来逐渐传播到陇东、河西和宁夏、青海的部分地区，为西北干旱地区所独有。

砂田营造的基本原理，是在平整后的干旱土地上将不同粒径的砾石和粗砂覆盖在土壤表面，砂层厚度通常在15厘米左右。从砂石来源的角度看，又分为井砂田、洼砂田、沟砂田、河砂田、岩砂田，但它们在农业生产中通常不具有差异性。营造砂田宜选平坦的土地，经过耕翻耙糖后，将土壤压实，在表面增施肥料——人粪、羊粪或灰肥，然后在冬季土壤冻结后将砂石均匀铺到地面。播种时，用砂田播种耧将禾谷类作物种子播入砂石层下的土壤表面，或者将西瓜、籽瓜、甜瓜、南瓜、向日葵等点播到土壤表面。

砂田寿命一般在30年左右，相比裸露的旱地，砂田具有抗旱保墒、增温、压碱、防虫、稳苗等功能，土地的生产能力显著高于旱地。因为铺设在土壤上的砾石和粗砂能够有效地阻断土壤中水分的蒸发，起到蓄水、保墒的作用。同时，因西北地区昼夜温差大，低温可能冻伤作物，砾石和粗砂可以起到保持土壤温度的作用。此外，西北干旱地区风沙大，土壤盐碱化严重，水土流失又导致土壤肥力低下，而砂田能有效地起到防风、压碱和保持地力作用。较厚的砂石还有效抵御了害虫对作物幼苗的伤害。正是因为这些优势，西北地区的百姓将砂田誉为"摔不破、砸不烂、冲不垮、晒不透的牛皮碗"。

砂田中可种植小麦、豆子、糜子等粮食作物，但更适合种植西瓜、甜瓜、籽瓜等作物。由于砂田能够增温保墒，西北地区昼夜温差大，所产瓜果比普通土地上的瓜果口感、质量更佳。

三、精耕细作的生产传统

按照传统农学的"三才"理论，人是农业生产最为关键的要素，是农业生产的主体，要想获得好的收成，除遵循自然规律外，人们还要充分发挥自身的聪明才智，掌握正确的农业生产技术，勤于耕作。在治田勤谨的耕种理念下，人们经过长期的农业生产实践，形成了精耕细作的优良传统和技术体系，推动着土地永续生产的实现。

1. 土壤耕作技术的进步

在原始农业时代，受农业生产工具、农业生产技术等的限制，人们通常采用广种薄收的粗放生产方式，在播种方面采用撒播或点播的方式，缺乏必要的田间管理和良种选育，单位面积的土地产量十分有限。但到了战国秦汉时期，精耕细作的技术体系和优良传统逐渐形成。精耕细作始于对土地的合理耕作和利用，关注作物的良性生长，着眼于单位土地的最大化收获。

土壤的深耕和播种技术的改进是精耕细作的重要环节。早在先秦时期，人们已经意识到通过撒播或点播的种子由于入土太浅而难以茁壮成长，因此鼓励农民深耕土壤。《国语·齐语》曾说："深耕而疾耰之，以待时雨。"魏国李悝曾明确提出了"尽地力之教"的观念，认为治田勤谨可以使每亩地增收三斗。但当时限于农业生产力水平，深耕很难得以推广。战国秦汉时期，随着铁犁牛耕的逐渐普及，深耕有了工具和动力方面的保障。铁犁牛耕不仅使深耕变成了现实，也为大规模推行条播或垄播提供了重要的条件。汉武帝时期，搜粟都尉赵过曾发明了配合牛耕的三脚耧车，进一步为条播提供了工具和技术基础。东汉的崔寔在《政论》中记载，赵过在教民耕植的过程中，发明了"三犁共一牛，一人将之，下种挽耧"的耧播法，获得"日种一顷，三辅犹赖其利"的功效。

随着耕作技术的发展，汉代还出现了适合旱地耕作的代田法和区田法。据《汉书·食货志》记载，代田法的基本做法是在地里开沟做垄，沟垄相间，将作物种在沟里，中耕除草时，将垄上的土逐次推到沟里，培育作物，次年，沟垄互换。代田法实现了土地的连年耕种，还有助于预防干旱、洪涝和风灾对作物的侵害。区田法由西汉农学家氾胜之总结推广，基本做法是在带状区田中，按照一定的标准挖凿深沟，将掘出的土壤堆放在沟间，在沟间按照标准等距进行点播，或者按照既定的标准深挖作区，在窝状的小区中点播禾、黍、豆、麦等作物。区田法是集深耕细作、合理密植、等距点播、施肥灌水、强化管理为一体的集约型土地利用方式。

魏晋南北朝时期，北方地区"耕—耙—耢"旱作技术体系业已形成，该技术体系合深耕、土地平整和土块细化、土壤镇压为一体，能够实现抗旱保墒的多重目标。北魏贾思勰《齐民要术》关于耕田、种谷等技术要点的总结中，充分体现了"耕—耙—耢"旱作技术体系的成熟。这一时期，随着北方地区陷入长期的动乱，北人大规模南迁，"耕—耙—耢"旱作技术体系也得以传播到南方。唐宋时期，南方地区在吸取北方旱作农业科技的基础上，出现了用于耕地的曲辕犁，用于水田整地禾播种的耙、碌碡、礰礋、秧马、耧锄等农具，它们逐渐融合到农作生产中。于是，"耕—耙—耢"旱作技术体系经过改造后，最终演变为"耕—耙—耖—耘—耥"为中心的水田作业技术体系。

在耕作技术逐渐进步的过程中，耕种制度也发生了革命性变化。在原始农业阶段，耕作制度基本是撂荒制，随着土壤肥力的衰竭，人们会随着土地进行迁移。夏代和商代，撂荒制逐渐过渡到休闲耕作制。西周时期休闲耕作制进一步发展为"菑""新""畲"的土地利用形式，春秋战国时期，随着农业生产力的发展，休闲制逐渐被连年种植取代。

秦汉魏晋南北朝时期，在土地耕作技术发展的同时，出现了间作、套种和混作技术，一些地方甚至实现了两年三熟，南方部分地区甚至种植了双季稻。据《水经注·温水》记载，东汉初年九真郡（今越南北部）"名白田，种白谷，七月火作，十月登熟；名赤田，种赤谷，十二月作，四月登熟：所谓两熟之稻也"。《齐民要术》引西晋时期的《广志》载，南方地区有盖下白稻，"正月种，五月获；获讫，其茎根复生，九月熟"。不过总体而言，多熟制在当时并不普遍。

2. 良种选育技术的成熟

在近代生物遗传育种技术发明之前，我国就已具有一套自成体系的作物选育技术。《诗经》中关于"嘉种"的记载表明，早在西周时期就已明确了产量高、品质好和熟期适宜的选种目标。到了汉代，田间穗选技术和干燥防虫的良种贮藏技术得以广泛实施，利用中草药的生物碱毒性防治地下害虫和有机肥壮苗作用的"溲种法"，在黄河流域的旱作农业生产中得到推广，确立了我国在种子包衣技术领域的领先地位。魏晋南北朝时期，良种繁育技术推广到粟、黍、秫、大豆、大麦、小麦、水稻等主要粮食作物和胡麻、瓜、芋、桃、李等农副产品，矮秆早熟品种的增产潜力得到挖掘，单种、单收、单打、单藏的"留种田"和防杂保纯技术得到广泛应用。随后，粮食种子的水淘法、瓜果蔬菜留种的花期摘除法等，逐渐被发明和运用。明清时期甚至出现了粒选法和单株选种法，以确保种子品质。中国传统农业中独特的良种选育技术，解决了提高作物产量和提升农产品品质之间的矛盾。

在园艺领域，古代劳动人民通过移花接木的嫁接技术为新品种繁育开创了新路径。运用嫁接技术缩短园艺作物的生产周期，并在保持物种特异性状的同时扩大繁殖系数，在我国具有悠久的历史。西汉时期，靠接法已经运用到栽培大葫芦。魏晋南北朝时期，枣、梨等果树已经广泛采用嫁接繁殖，并出现了皮下接和劈接等方法，嫁接时间、砧木和接穗枝条选取等得到了系统的理论阐释。隋唐宋元时期，嫁接亲和力理论出现，空中压条的"脱果法"和身接、皮接、搭接、靥接、枝接、根接等新的嫁接方法得以运用。同时，嫁接技术被广泛地用来改造花木的形状、颜色和品质，并出现了专门为人嫁接花卉的"接花工"，使得牡丹、菊花等品种增至数百种之多。嫁接技术的完善和普及，促进了明清时期"燕中佳果，皆由枝接别根"盛况的出现。时至今日，尽管现代作物繁育技术发展迅猛，但传统嫁接技术仍在园艺作物品质提升和品种繁育中发挥着积极作用。

3. 基塘农业的永续循环

很多生物具有互利共生关系，中国古代劳动人民在生产实践中，也将这种关系运用到农业领域里。其中，在治理害虫的过程中形成的以虫治虫、以鸟治虫、以蛙治虫等，以及将不同的作物间作套种，均是实现农业循环生产的重要措施。到了汉代，秦岭南麓的人们在种植水稻的过程中，已经注意到稻田的蓄水能够为鱼儿的生长提供相应的条件，稻田养鱼已经出现，陕西勉县出土的东汉时期稻田养鱼模型就是印证。

稻鱼共生系统是一种自我平衡的生态循环农业模式，实现了田面种稻、水体养鱼、鱼粪肥田、鱼稻共生、鱼粮共存的共生格局，深刻影响了南方复合稻作农业的发展。其中，浙江青田稻鱼共生系统和贵州从江侗乡稻鱼鸭系统，均已有千余年的历史。

利用生物种群的食物链体系，构建种养结合的生态农业系统，在明清时期取得了辉煌的成就。明朝初年，池中养鱼、池埂栽培荔枝、龙眼等果树的果基鱼塘已经出现。明朝中叶，更复杂的池塘养鱼、池埂栽果树、池塘边种水生蔬菜、池塘上架猪圈养猪、猪粪喂鱼的生态农业系统在太湖流域出现。

明清时期，农业商品化程度的提高，使蚕丝、茶叶、甘蔗、荔枝、龙眼、柑橘等的经济效益远超大田作物，进一步推动着立体循环农业的发展。在此过程中，围海、挖田筑塘并在堤围上种桑养蚕或种植特色水果的基塘农业，在明清时期的长江三角洲和珠江三角洲成为潮流。"桑基鱼塘""果基鱼塘""蔗基鱼塘"在取得较高经济效益的同时，也取得了显著的生态效益。清代的《广东新语》载："广州诸大县村落中，往往弃肥田以为基，以树果木。荔支最多，茶、桑次之，柑、橙次之，龙眼多树宅旁，亦树于基。基下为池以畜鱼，岁暮涸之，至春以播稻秧。大者至数十亩，其筑海为池者，辄以顷计。"光绪时期（1875—1908）的《高明县志》明确记载了桑基鱼塘"基种桑，塘畜鱼，桑叶饲蚕，蚕屎饲鱼"的循环机制，并指出这种方式获得的利益十倍于粮食作物。清末民族企业家陈启沅在《蚕桑谱》中，介绍了更为复杂的基塘循环模式："蚕食余剩之粟，可以养鱼；蚕疴之屎，可以粪土。固可以培桑，并可以培禾蔬菜杂粮，无不适用。"

基塘农业有效实现了食物和人畜排泄物之间的循环共生，凸显了中国传统农业哲学中的"天人合一"智慧。在追求科学发展和经济社会高质量发展的今天，基塘农业对于有机循环农业发展，以及改变化肥、农药的过度使用造成的地力衰减、面源污染和人类健康风险等，仍具有重要的借鉴意义和价值。

● 扩展阅读

李冰："千年奇迹"都江堰

都江堰是一项超级水利工程，由两千年前的李冰父子指挥建造。都江堰由分水鱼嘴、飞沙堰、宝瓶口等部分组成。在使用的两千多年来，都江堰都一直发挥着防洪灌溉的作用，也正是因为它的存在，才使成都平原成为富庶丰饶、沃野千里的"天府之国"。到今天为止，都江堰的灌溉区已达到了30余县市，受都江堰水利浇灌的土地面积近千万亩。

都江堰是全世界迄今为止，年代最为久远，唯一完整留存，并且至今一直在使用，以无坝引水为其最显著特征的宏大水利工程。都江堰凝聚着中国古代劳动人民的勤劳与科学，是当时人们智慧的结晶。

这样一座造福百姓的超级大工程，是如何运作，又是如何进行水利调节的呢？

成都平原位于我国的内陆，但是成都平原地势广大开阔又四周环山，所以，成都平原的天气就会出现两个极端：雨季时，岷江洪水泛滥，整个成都平原都会变为一片汪洋；旱季时，成都平原的土地因缺水而干裂。战国时期，秦国经历商鞅变法后，一时间人才辈出，在这样的情况下，当时的统治者下令修建了都江堰，这才有了造福成都百姓的水利工程。

依据当时成都平原的自然情况，修建都江堰必须具备防洪和灌溉两个最重要的功能。岷江是长江水量最为充沛的一条支流，同时，成都平原的地势向东南方倾斜，所以，岷江就像是悬在整个平原之上的河流。从都江堰建造的地区一直到成都平原的内部，两地的落差竟然高达273米，所以，这样一条"悬河"对于成都平原来说，每逢雨季就会变得十分危险。

如果合理利用岷江这条河，那么成都平原旱季时期的干旱就可以得到有效的解决。于是，建造者在合理配置水资源上动了脑筋，并且利用都江堰实现了他们的想法。

都江堰工程修建的整体规划就是，将岷江的水分流成为两条，其中一条水流引入成都平原，另一条则主要起到疏散的作用，将多余的江水引入主支，离开成都平原。这样做不仅可以缓解当地的旱灾，还可以避免发生水灾。

都江堰的主体修建工程主要内容包含分水鱼嘴、宝瓶口、飞沙堰三部分。

这三项工程最早进行修建的是宝瓶口。宝瓶口在都江堰工程中起到了相当于"节制闸"的作用,它可以自动控制进入内江的水量。

李冰父子在修建之前先找到了当地有过治水相关经验的居民,和他们一起勘察附近的地形及水况,在一群人的商议之下,所有人一致决定凿穿玉垒山进行取水。他们利用火将石头烤裂,成功在玉垒山开出一个宽20米、高40米、长18米的山口。由于它的形状很像一个瓶口,所以他们给这个山口取名为宝瓶口。而那些因开凿玉垒山而分离出的石堆,就被称作离堆。

将玉垒山成功打通后,岷江的水流顺利通过宝瓶口进入了东边的旱区,利用岷江充沛的河水进行农业生产,灌溉良田。这样,不仅缓解了平原西部洪水泛滥的问题,同时将水合理东引,又造福了东部的旱区,可谓是一举两得。

宝瓶口正式修建完成投入使用后,紧接着建造者开始了第二项重大的工程——分水鱼嘴。顾名思义,分水鱼嘴的作用就是对水进行分流,以更好地发挥都江堰的作用。这个分水堰的前端形状与鱼的头部,尤其是嘴巴部分十分相像,所以给这个分水堰正式取名分水鱼嘴。修建分水鱼嘴是因为,虽然宝瓶口已经起到了分流及灌溉的作用,但是江东的地势过高,导致江水很难流进宝瓶口内。即使流进宝瓶口内,江水的流量也会因为地势而变得极其不稳定,这样都江堰的调节作用就大打折扣了。于是,建造者便修建了分水鱼嘴,用来弥补这一不足。

"鱼嘴"其实就是一个分水堰,可以通过地形,将江水分成两支,东边的那支江水称为内江,会被迫进入宝瓶口,成为东部的灌溉用水;西边的水流被称为外江,它们则会顺着岷江流下,汇入岷江的正流。由于内江又窄又深,而外江却又宽又浅,在水位下降的旱季,将近60%的水都会汇入内江,而这些水则会成为在成都平原生活的人们日常的生活用水。当雨季到来,岷江水势凶猛发生洪水,水位升高时,大部分的江水就会顺着岷江较宽的江面流走。人们将这项设计称为"四六分水"。

仅仅依靠宝瓶口远远不足以达到控制岷江江水的目的,所以为了实现更好的抗洪减灾效果,修建者又修建了飞沙堰。

首先,他们在宝瓶口修建了一个平水槽和一个溢洪道。在控制洪水泛滥的溢洪道前修建了一个弯道,让江水可以在此处形成一个环流。当雨季洪水泛滥、水位上涨时,江水就会没过堰顶,此时,夹带泥沙的洪水就会顺着水流流向外江,从而实现保证成都平原灌溉区域不会被洪水淹没的目的。

其次,当泥沙和石头经过飞沙堰时,会遇到因水流转动形成的旋涡,此时,由于离心力的作用,它们会被抛过飞沙堰,也正因为这样,它才被取名为飞沙堰。这样,就在很大程度上减少了宝瓶口周围的泥沙堆积,保证宝瓶口可以终年不停地工作运行。为了观测与控制内江的水量,李冰又雕刻了三个石桩人像放在水中,并以它们为依据来确定水位的高低,同时也作为最小水量时的清淤标准。

宝瓶口、分水鱼嘴及飞沙堰三大主体工程组成了完整的都江堰,三个主体相辅相成,共同成为成都平原的一大屏障,协调了岷江的水资源,保证了岷江水资源的平衡,保护了成都平原人民的生命财产安全,并且维持了千年之久。

历时八年修建的都江堰为成都人民带来了福音,改善了成都平原一直以来的水旱灾害，成都平原从之前的"颗粒无收"，变成了现在的"天府之国"，都江堰功不可没。

任务三 中国传统农业的治理之道

一、耕读文化与社会治理

"治理"一词，在现今多出现在公共管理领域，其内涵与特征以理论的形式传入中国始于20世纪90年代，联合国全球治理委员会对该词语的界定为："治理是或公或私的个人和机构经营管理相同事务的诸多方式的总和。它是使相互冲突或不同的利益得以调和并且采取联合行动的持续的过程。它包括有权迫使人们服从的正式机构和规章制度，以及种种非正式安排。而凡此种种均由人民和机构或者同意，或者认为符合他们的利益而授予其权力。""治理"理论传入中国后，"乡村治理"的概念与实践开始进入国内学者的研究视野。

实际，对"治理"的使用，在中国传统典籍中早已有记载，《荀子·君道》中提出"明分职，序事业，材技官能，莫不治理，则公道达而私门塞矣，公义明而私事息矣"，认为通过"治理"可以实现公义明而私事息的效果，在《汉书·赵广汉传》中也提到"一切治理，威名流闻"，将"治理"定义为管理、统治。无论是在现代，还是在中国古代社会，对于"治理"的内涵理解都离不开"管理"两字，但是此种管理并非完全依赖某种正式制度，而多通过上下互动的持续作用来实现其影响。因此，在社会、乡村治理中，除通过构建某种正式的法律法规、规则制度外，还形成了以文化、思想等意识作为润滑剂，来调控人与人、人与家族、家族与家族之间关系的方式，而耕读传家的思想与文化便是在实现社会、乡村治理的过程中形成的优秀农耕文化代表之一。

在古代中国封建社会，耕读传家的理念与生活方式逐渐构建出乡土中国的生活秩序，成为中国传统文化中最为显著的一抹底色，也成为不少世家大族长盛不衰的密钥。当一个家族拥有可供支配的良田，又养育着读书经世的后辈子弟，全族上下遵守伦理礼仪与道德而和衷共济、上下齐心，那么这个家族必定可以兴旺发达。在"耕"与"读"所组成的实践与理论的有机统一中实现家族血脉的延续与文化的传承，而这便是家族中每个个体、由个体组成的家族和由众多家族组成的整个社会所希望与共同向往的理想境界。

二、家训蕴含的治理之道

清代医学家石成金在其所著的《传家宝》一书中说："人生在世，惟读书、耕田二事是极要紧者。盖书能读得透彻，则理明于心，做事自不冒昧矣。用力田亩，则养膳有赖，俯仰无虑……若不读书，何以立身行道、显亲扬名？若不耕田，何以仰事父母？何以俯畜妻子？……要知一切事，总不如此二字之高贵安稳也。"该文虽不如《菜根谭》般富有禅机，但以事论事规劝之意，正如其名有可传家之法。文中提及读书、耕田是世上最为紧要之事，对读与耕的价值进行总结与升华，说：书读透彻，可理明于心；用力田亩，则家中父母妻子养赡有赖。实际这也是精神与物质得以满足的两个必要途径，也是古人生于人世、立身立本的关键要义。石成金在文中提到一切事，均不如"耕读"二字安稳，但也确实如此。耕种为生活提供物质支持，读书为精神提供"食粮"供应，从耕与读之中，便可实现个人、家族的物质、精神层面的平衡。文中对于读书的用意，若只谈理明于心，有些理想化，随后又提读书可立身、行道、显亲、扬名，此四者应是凡人读书多追求之事。费孝通先生的《乡土中国》一书，提出"农业的帝国是虚弱的，因为皇权并不能滋长壮健，能支配强大的横暴权力的基础不足"。当然这是仅论农业构建的基础与帝国权力的控制，对于一个帝国是如此，是谓家国一体，对一个家族的延续也是如此。而这也是我国众多家训、家规中耕读并提的原因所在。

家规、家训是古代家庭文化传承的重要方式，也是一个家族期望香火永续、兴旺发达的表现。家规、家训对于家族中每位成员，都是具有约束力的存在，这如同法律对于国家中的每个人所具有的效力。正如龚自珍为《怀宁王氏族谱》作序时，对家训作用的精练表述，是谓"家训，如王者之有条教号令之意。家训，以训子孙之贤而智者"。家规、家训的传承实际也是家中先辈对后辈的嘱托与要求，我国历史上优秀的家规、家训层出不穷，其中影响最大且传承最为完整，甚至有着"古今家训，以此为祖"美誉的北齐颜之推《颜氏家训》最为著名。《颜氏家训》所记内容涉及家族生活的方方面面，在此家训中，颜之推不仅对"佛教之流行、玄风之复扇、鲜卑语之传播、俗文字之盛兴"等做了极为翔实的记录，并且对家中后辈的读书之事，也极为看重。文中提到读书问学可达"开心明目，利于行耳"，并提到"若能常保数百卷书，千载终不为小人也"，强调了读书的重要作用。在勉励家中后辈勤奋读书的同时，颜之推还着重提到耕种之事，这在南北朝门阀世族极为兴盛的大背景下，明确提出后世子孙"当稼穑而食，桑麻以衣"，不能轻视耕作，并在家规、家训中有所体现的例子并不多见。

三、千年耕读传家的教育价值

传统耕读传家的出发点是家族的兴旺发达与代代相继，耕为家族生存提供物质支持，读为家族培养品德高尚、读书应举的后辈。耕读作为中国传统社会普遍存在的一种生活状态与情感追求，更是成为一种家族教育，代代相继，通过家训、家规等方式潜移默化实现对族中后辈的品德培育。如"耕织传家久，经书济世长"这条古训，常作为对联刻在家中门柱或大堂上，更有与之对应的"耕读传家"四个大字作为横批，其中的意蕴一是宣扬家族为耕读之家，体现家族的文化内涵，是对家族理想生存状态的表达与追求；二是作为劝诫、教育之用，希望家中后辈切记耕读并举的家族传统，做好耕读二事。而这便是一种教育，通过对耕读文化的坚持与弘扬，实现教化，在耕与读之中营造更为积极的社会学习氛围，提升参与国家、社会治理的各大主体的素质与能力。

　　传承至今的优良道德传统曾在古代社会家族的家风构建与家族延续中发挥着不可小觑的作用，在当今时代仍具有极为重要的现实意义。通过对传统优良品德的宣传、引导，进一步实现其"教化"目的，这也便是"文治"实现的重要途径。在春秋时期，勤劳俭朴的品质与意识在典籍中屡屡出现，《尚书·大禹谟》中记载"克勤于邦，克俭于家"，将克勤克俭作为对邦国和家族的要求。《左传·庄公二十四年》明确记载了"俭，德之共也；侈，恶之大也"，将勤俭作为优良品德的"共德"。《朱子大全·劝农文》也提到"只可过于勤劳，不可失之怠惰"，强调了勤劳对于农业耕作的重要性。除将勤劳俭朴作为对个人道德品质的要求外，更要作为家庭道德的规范。在传统耕读传家的家庭观念中，勤劳俭朴是居家之本，只有勤劳才能保证家族生计，也只有俭朴才能守住家族生计，勤劳与俭朴的结合才能使得家族生计得以长久维系。随着新时代的到来，涌现出很多继承和发扬勤劳俭朴的模范人物，为勤劳俭朴这一高贵品德赋予了新的时代内涵，耕读传家所蕴含的勤劳俭朴的品德，对于培养青少年勤俭的品德，树立正确的世界观、人生观与价值观有着很好的传承意义。

优良传统道德的丰富内涵

扩展阅读

懂农业、爱农村、爱农民
——"世界杂交水稻之父"袁隆平

　　德才是劳动者最重要的两种品质，汉之察举，重德而轻才，然"举秀才，不知书，察孝廉，父别居"，汉末之曹操，主张唯才是举，《敕有司取士毋废偏短令》中说："陈平岂笃行、苏秦岂守信邪。"意思是即使如陈平、苏秦这种私德有亏的人才也要大胆任用，此乃乱世时期的权宜之计，不足后世效法，故魏征说："天下未定，则专取其才，不考其行；丧乱既平，则非才行兼备不可。"我们普遍认为，人才应该德才兼备，二者关系即如司马光所说："才者，德之资也；德者，才之帅也。"

　　"世界杂交水稻之父"袁隆平院士曾说："人就像一粒种子。要做一粒好的种子，身体、精神、情感都要健康。种子健康了，我们每个人的事业才能根深叶茂，枝粗果硕……"袁隆平的事迹正是当今时代劳动者德才兼备的典型。袁隆平是杂交水稻育种专家，"共和国勋章"获得者，中国工程院院士。他出生于1930年，从小跟着家人过着颠沛流离的逃难生活，在重庆求学时，经历了大轰炸，他感到，要想不受别人欺负，国家必须强大起来。袁隆平亲眼见到倒伏在路边的饿殍，十分痛心。选择农业报国，源自袁隆平想让大家"吃饱饭"的强烈愿望。他曾说："我之所以选择学农，与我从小经历的饥荒岁月有关。随着年龄的增长，愿望更加强烈，学农变成了我的人生志向。报考大学时，我的第一志愿就是学农，母亲不赞成我学农，她说学农很辛苦，那是要吃苦的。我说我已经填报过了，我还跟她争辩农业的重要性，说吃饭是第一件大事，没有农民种田，就不能生存。"1953年，从西南农学院遗传育种专业毕业后，袁隆平被分配到湖南安江农校工作。袁隆平立誓："作为新中国培育出来的第一代学农大学生，我下定决心要解决粮食增产问题，不让老百姓挨饿。"1956年，袁隆平带着学生们开始了农学试验。袁隆平发现，水稻中一些杂交组合有优势，认定这是提高水稻产量的重要途径。培育杂交水稻的念头，第一次浮现在他的脑海。1964年，袁隆平在我国率先开展水稻杂种优势利用研究，并提出通过培育雄性不育系、雄性不育保持系和雄性不育恢复系的三系法途径来培育杂交水稻，经过10年奋战，终于攻克了三系法杂交水稻研究中的难题。1966年，袁隆平发表论文《水稻的雄性不孕性》，拉开了中国杂交水稻研究的序幕。此后，他与学生李必湖、尹华奇成立"三人科研小组"，开始了水稻雄性不孕选育计划。1970年，在海南发现的一株花粉败育野生稻，打开了杂交水稻研究突破口，袁隆平给这株宝贝取名为"野败"。10多个省区市的科研人员聚集到海南，他慷慨地将"野败"分送给大家，又在农场支起了小黑板，给全国各地科研工作者讲课。一场轰轰烈烈的全国攻关大会战打响。1972年，袁隆平与同事们一起率先育成我国第一个实用的水稻雄性不育系及其保持系"二九南1号"，并于1973年实现"三系"配套，1974年选育成第一个强优组合"南优2号"，1975年研究出一整套生产杂交种子的制种技术，1976年开始，杂交水稻在全国大面积推广，比常规稻平均增产20%左右。由此，他成为世界上第一个成功地将水稻杂种优势应用于生产的科学家。1980年以来，袁隆平又先后育成"威优64""威优49"等几个大面积推广的早熟、多抗新组合。1987年，两系法杂交水稻研究列入国家"863计划"，袁隆平挂帅开展全国性的协作攻关。历经几年的艰苦攻关，1995年，两系法杂交水稻研究成功，普遍比同熟期的三系杂交稻每亩增产5%~10%。之后，他又提出了中国"超级稻计划"。中国的"超级稻计划"始于1996年。当时袁隆平提议，在"九五"期间育成超高产杂交水稻新品系，高产指标为每公顷日产稻谷100公斤，以生长期为120天计算，也就是12吨/公顷。提议被国家有关部门采纳，作为"超级杂交稻选育"立项，进入了国家"863计划"。2004年3月，我国的"超级稻计划"研究进入了第三期，袁隆平依然是"超级稻计划首席责任专家"。他说："一个品种的研究要经过8个世代，一个世代通常需要5个月的时间。海南岛一年可以搞2个世代。这样，就需要4年的时间。我的目标是2010年前全国的水稻亩产达到900公斤。你想想，全国4.5亿亩的水稻种植面积，如果有50%推广种超级稻，每亩就算增产150公斤，一年就可以增产150亿公斤。这相当于中国一个中等省的全年的粮食产量，可以解决3000万人口粮！"闵宗殿先生曾在其《宋明清时期太湖地区水稻亩产量的探讨》一文中，推算了唐、宋、明、清四个朝代太湖流域的平均亩产，即唐亩产谷138公斤，宋亩产225公斤，明亩产334公斤，清亩产275公斤。但2016年，在袁隆平及其团队指导下，设在山东日照的超级稻百亩高产攻关基地刷新世界纪录：亩产高达980.43公斤。同年10月，袁隆平又整合国内外水稻科研院所，在青岛李沧区成立了青岛海水稻研究发展中心，开始专门从事耐盐碱水稻研究。2018年，袁隆平率领的团队在灌溉水盐度为

0.6%的条件下培育出了单产超过亩产60公斤的品系。

袁隆平的成功书写了农业科学领域的一个不朽神话,为知识经济时代知识的价值和作用做出了新的诠释。中国是稻作文化的发源地,正是由于有像袁隆平这样的杰出的农业科学家的不断创新和艰苦创业,才使中国拥有了一项能持续领先国际水平的农业技术——杂交水稻工程技术。正如世界著名科学家、诺贝尔化学奖获得者、美国科学院院长西瑟罗纳先生所说:"袁隆平先生发明的杂交水稻技术,为世界粮食安全做出了杰出贡献,增产的粮食每年为世界解决了7 000万人的吃饭问题。"

袁隆平立德在先,成才于后,幼时扎根心底家国情怀,支撑他数十年如一日。《周易》有云:"是故才德全尽谓之圣人,才德兼亡谓之愚人,德胜才谓之君子,才胜德谓之小人。""德薄而位尊,知小而谋大,力小而任重,鲜不及也。"一个人有德无才,难以担当重任;有才无德,最终会危害党和人民的事业。只有德才兼备,才能做到想干事、能干事、干成事而又不出事,履行好党和人民赋予的职责。

耕读实践一

创造耕读文化作品

一、实践目的

通过制作视频,使学生加深对耕读教育的认识,同时,也鼓励学生贯通耕读教育与民族复兴的关联,贯通理论和实践,牢记使命,为中华民族的伟大复兴贡献智慧。

二、实践步骤

以"耕读传家"作为视频比赛的主题,同学们自发收集材料、制作一个60秒以内的视频作品。评委团根据视频作品的内容丰富度、播放效果等评分项目来进行评分,确定名次。

(1)任课教师给予学生一定的引导,指导学生在以下三个子主题中任选其一作为视频的核心主题。

①传家两字,曰耕与读;兴家两字,曰俭与勤。

②耕道而得道,猎德而得德。

③耕与读又不可偏废。读而废耕,饥寒交至;耕而废读,礼义遂亡。

(2)每个同学通过邮件提交作品,视频作品按照统一格式的规范:班级+学号+姓名+《视频制作:耕读传家》,邮件附件添加作品视频文件的来源和出处。

(3)全班同学一同在课上观看视频作品,并进行投票。根据决赛中获得票数的多少评选出优秀视频作品:一等奖1名,二等奖2名,三等奖3名,优胜奖4名。

（4）全班同学共同组成大众评委团，每个同学具有 1 张票，可以给自己支持的视频投票。大众评委团共同推选出 10 部视频作品进入决赛。

（5）全班一同观看入围决赛的视频。在班级中通过随机抽签的方式选中 5 名同学，与任课老师一同组成专家评委团。专家评委团在现场进行匿名投票，每名专家评委有 2 张票。

（6）活动后对整个策划与比赛进行总结，凝练精品以存档传承。

三、实践评价

劳动内容：			
	序号	课程评价标准	得分
自我评价	1	讲卫生，勤洗手、勤剪指甲，保持衣服干净整洁；公共场所不乱丢垃圾、果皮纸屑，不随地吐痰，不乱涂乱画（10分）	
	2	上课前做好充分的预习准备，通过各种渠道了解相关的主题内容，仔细阅读背景材料（10分）	
	3	课堂上积极参与小组活动，根据小组的活动要求，制订方案，完成自己的工作（10分）	
	4	积极主动完成教师布置的任务，项目实践操作合乎任务要求（10分）	
	5	根据课程内容举一反三，运用本节课学习的知识为自己和他人的生活服务（10分）	
	6	乐于助人，帮助团队成员，言行举止使团队能很好地合作（10分）	
	7	遵守劳动安全规定和操作要求（10分）	
	8	劳动有创新（10分）	
	序号	课程评价标准	
教师评价	1	学生顺利完成任务，遵守纪律，认真听讲，及时记录课堂笔记（10分）	
	2	学生积极参与劳动实践活动，理解活动意义，学会爱惜道具用品（10分）	
劳动感悟			

续表

教师评价	
填写人： 日期：	

耕读实践二

美丽校园公益劳动

一、实践目的

让学生亲身参与劳动，体验劳动，并切身体会到劳动的辛苦和劳动成果给自己带来的成就感、收获感、喜悦感，树立正确的劳动教育观念，培养吃苦耐劳的良好品质。

二、实践场所

校园公共道路、绿地及走廊、教室等。

三、实践材料与工具

扫帚、簸箕、垃圾夹、垃圾袋、拖把、水桶、抹布等。

四、实践内容

在行动之前，先根据学生数量和要打扫的范围、面积情况进行分组。各小组一起讨论、确定劳动目标，根据小组团队中的个人优势协商团队分工。

五、实践步骤

1. 材料与工具准备

准备扫帚与簸箕等，并检查工具是否齐全，能否正常使用。

2. 划分包干区域

教师根据要打扫的范围、面积情况及学生数量进行包干区域划分与任务分配。

3. 分组
学生根据包干区情况进行分组，以 5~7 人为一组组队，选出组长。

4. 团队分工
各组组长根据学生情况进行工作分配。

5. 打扫、清洁
对包干区域内路面、路边沟及草坪等处的树叶、纸屑、塑料制品等进行清理，做到"四无"，即无垃圾物、无砖石物、无树叶等落物、无坑洼死角；对走廊、室内做到"三净"，即楼梯楼道扫得净、拖得净，楼区内门窗、玻璃、墙裙、楼梯扶手等擦得净。

6. 垃圾分类
对清扫出的垃圾按照可回收垃圾、厨余垃圾、有害垃圾和其他垃圾 4 类进行分类。

7. 垃圾清运
用簸箕将分类后的垃圾集中运送至相应的垃圾箱。

8. 收拾清理
将劳动工具收拾整理，并整齐摆放到指定位置。

六、实践评价

劳动内容：			
	序号	课程评价标准	得分
自我评价	1	讲卫生，勤洗手、勤剪指甲，保持衣服干净整洁；公共场所不乱丢垃圾、果皮纸屑，不随地吐痰，不乱涂乱画（10分）	
	2	上课前做好充分的预习准备，通过各种渠道了解相关的主题内容，仔细阅读背景材料（10分）	
	3	课堂上积极参与小组活动，根据小组的活动要求，制订方案，完成自己的工作（10分）	
	4	积极主动完成教师布置的任务，项目实践操作合乎任务要求（10分）	
	5	根据课程内容举一反三，运用本节课学习的知识为自己和他人的生活服务（10分）	
	6	乐于助人，帮助团队成员，言行举止使团队能很好地合作（10分）	
	7	遵守劳动安全规定和操作要求（10分）	
	8	劳动有创新（10分）	

续表

	序号	课程评价标准	
教师评价	1	学生顺利完成任务，遵守纪律，认真听讲，及时记录课堂笔记（10分）	
	2	学生积极参与劳动实践活动，理解活动意义，学会爱惜道具用品（10分）	
劳动感悟			
教师评价			

填写人： 日期：

耕读小结

中国传统农业是在自然经济条件下，采用人力、畜力、手工工具、铁器等为主的手工劳动方式，靠世代积累下来的传统经验发展，以自给自足的自然经济居主导地位的农业。本项目主要介绍了中国传统农业概述、中国传统农业独特的风格体系、中国传统农业的治理之道。

耕读思考

1. 简述中国传统农业的起源与发展。
2. 中国传统农业标志性成果有哪些？
3. 中国古代农业是如何做到农耕生产因时制宜的？
4. 精耕细作的生产传统内涵是什么？
5. 耕读传家的而文化脉络以何种方式参与社会、家训治理？

项目三　中国农耕习俗及农耕器具

知识目标

1. 了解农耕习俗与衣食住行、祭祀礼仪、宗祠、文庙与信仰的关系。
2. 熟悉传统的农耕器具、农耕经验、农耕知识。
3. 熟悉农民的健康思维、营养学的健康、健康的未来。

能力目标

1. 能够了解丰富多彩的农民习俗。
2. 能够掌握提升农民健康思维。

素养目标

培养新时代劳动素养，养成良好的劳动习惯和品质，能够安全规范地参与劳动，养成安全意识，增强担当精神。

项目导读

农耕习俗不仅曾在民间生产中占据核心地位，还在中华民族的发展中占据着主导地位，影响着中国文化的内在价值观念。以农为本，自古以来都是人们的文化共识。而今天随着经济和科技的发展，我们更要对其还原、记录和研究，让更多的人关注它，保护它。

任务一　农耕习俗

一、农耕习俗与衣食住行

（一）农耕习俗与衣着

俗话说：农民吃的是粗粮淡饭，穿的是粗布衣衫。粗布就是农民用自产的棉花，加工成花绒，纺成线，织成的布。以前，夏天，男人上身穿白色或紫花色的蒜疙瘩扣对门汗褂，下身穿紫花布圆腰裤（图3-1）。女人上身穿条纹或浅蓝色斜大襟衫，下身穿老蓝色或灰黑色圆腰裤，也可以是方格式花样的布做的衣裳。脚上都是穿自己做的鞋袜。

冬天，男人上身穿掩襟对门小棉袄，外套是由紫花棉布做的斜大襟棉袍。下身穿灰黑色的圆腰棉裤。女人上身穿带色的斜大襟小棉袄，下身穿圆腰棉裤，花色是清一色的红色、绿色、蓝色、灰色、黑色，或是各式大小的方格布。

春秋之季，改穿内外两层不同色粗布做成的夹衣服。

现在，走进商场看一看，服饰的款式新颖，名牌显赫。成衣原料繁多，毛、皮、绒、丝、化纤样样都有。今日的服饰注重穿出品位、风格，讲究名牌、时尚，避寒暑、遮体肤的功能反而屈居其次。

图3-1　常见的乡村着装

现在人人穿的几乎都是从市场买到的成衣，家中的缝纫机已失去昔日的风采，放在屋中的角落里成为摆设。谁也不在家中自己做鞋了。因为做一双鞋，不算布料，只是用工，一天也完不成。出去做工，一天也能挣个百元左右，而买双便宜鞋也只需花二三十元。所以，无论大人、小孩都穿买的鞋。

（二）农耕习俗与饮食

1. 农耕环境对居住的影响

从采摘鲜果到逐水草而居再到种植五谷，人类在漫漫历史旅程中不断进步，从处于被动地位的食物攫取者一步步过渡到处于主动地位的食物生产者，但在这过程中人类的活动并不是随心所欲的。生活在大自然中的人类，其生产、生活习俗必然也会烙上当地特定的自然地理环境的印记。南方的烟雨蒙蒙，成就了鱼米之乡；北方的黄土滚滚，育就了旱作之乡。

南北截然不同的自然地理环境，呈现的必定也是迥然不同的农耕文明。南方所处的纬度较低，因此阳光充足；南方大部分位于亚热带气候，湿热多雨；地形以平原丘陵为主，土壤肥沃，耕作面积大。拥有着丰沛水量、肥沃土壤、充足阳光的南方，自然而然成为农作物生长的圣地，形成了"稻粟两熟"的农作物生长模式。相对来说，北方所处的纬度较高，因此阳光相对较少；北方大部分属于温带季风气候，夏季高温多雨，冬季寒冷干燥；北方地形以高原山地为主，土层较薄，耕作面积较小。由于水、肥、热等自然条件的限制，北方主要以小麦、玉米、高粱等旱作物为主，形成了一年一熟的农作物生长模式。由此形成了"南人吃米，北人吃面"的饮食格局。

水稻在 7 000 年前的河姆渡文化遗址中就已经被发现，作为南方水稻产区代表的浙江省（河姆渡文化遗址位于浙江省），主要食物是稻米。那里一日三餐都吃米饭，早晨会吃用大米慢慢熬煮成粥，有的人家也会用隔夜的剩饭加水一起煮成泡饭作为早饭。中餐对于南方生活习俗来说是极为重要的一餐，俗话说"早晨要吃好，中午要吃饱，晚上要吃少"，几乎整个南方中餐都是以米饭作为主食。因为南方稻米一年两熟，产量很大，所以南方在漫长的社会历史发展过程中形成了以米饭为主食的饮食习俗。南方也种植小麦，食用面食，但面食始终只能充当米食的配角。因此，南方人形成了数月不吃面食，但不可一日不吃米食的饮食习俗。

与南方河姆渡文化相对应的要数北方的仰韶文化，陕西是仰韶文化母系氏族公社遗址的所在地。提起作为炎黄故里的陕西，首先映入人们脑中的就是那十三朝建都于此的历史积淀，其次便是闻名遐迩的陕西面食。说到面食，南方人的第一印象就是那细长、无味的面条，其实北方的面食不同于南方的面食。以陕西为例，陕西居民日常饭食主要是小麦面粉制成品，分为面条、蒸馍、锅盔三大类。面条种类很多，有直接用清水加盐煮成的清汤面，有面条煮熟后加入卤汤做成的臊子面、炸酱面、酸汤面等，还有面条煮熟后加入葱花等作料直接用热油泼浇而成的油泼面。蒸馍其实就是南方所称的馒头，只是关中人把它叫作"蒸馍"，陕西的蒸馍还可以做出不同的形状，花样多达 100 多种。锅盔则是用硬面做成的又大又厚的饼。锅盔虽然又厚又硬，但香酥可口，即使牙口不好的老人也十分喜爱。面食是北方的主食，但陕西的特色面食已经作为一种特色小吃流行。例如，肉夹馍、羊肉泡馍和葫芦头（用猪肠和猪肚做成）等已经作为陕西的特色小吃在全国流传。

2. 农耕生产对居住的影响

"民以食为天"，饮食作为人类生存的头等大事自然备受重视。而所食之物大多是生产耕作所得，所以饮食与农耕生产关系深厚。

正所谓"人误地一时，地误人一年"，在农忙时期任何事情都没有农业生产重要，此时饮食要配合农耕生产发生相应转变。在过去，由于农民较为贫困，农闲时基本是以早晚吃粥、中午吃饭为主，而且粥中常常加入较多的水以节省开支。但在农忙时期，每家每户不仅增加了用餐的次数，还将稀粥改为干饭，以保持旺盛的体力，支撑艰辛的劳作。

现在，农民生活条件改善了，但农家依旧习惯在农忙时改善饮食。江西一些农村，在农忙时要在凌晨 3 点多起床干活，到了早上 6 点左右家里的主妇会送来早点，一般是米饭或炒米粉，再配以自制的咸菜或辣酱。中午 11 点左右，劳动者会回家吃午饭，因为午饭是正餐，加之是农忙时期，所以此时的午饭主要是米饭和丰盛的菜肴，但是为了节约时间，中午的菜肴一般是头天晚上准备的。下午 3 点左右，劳动者在劳作休息时会拿出随身携带的点心来充饥，如南昌用干糯米粉、冻米粉和绵白糖做成的白糖糕和用大米、熟芝麻为主料做成的芝麻糖饼。晚上 7 点左右，劳动者开始收拾农具回家吃晚饭。由于一天的辛苦劳作，吃晚饭相对来说就不那么匆忙了，晚上的饭菜也相对更加丰盛，春耕时期江西最有特色的一道菜要数藜蒿炒腊肉，即用鄱阳湖野生的草去根后和腊肉一起炒，另外，还有赣州特色小炒鱼。几道简单易做的家常菜再配以农家用糯米自制的米酒，丰盛的菜肴和醇香的美酒既消减了一日的辛劳，也给农民带来秋收的期盼。由于农耕的繁忙和辛劳，打破了原本"早上要吃好，中午要吃饱，晚上要吃少"的生活习俗，农忙时节人们的晚餐变成了正餐，相应的生活习俗也与农闲时有所不同，可见农耕生产潜移默化了人们的日常饮食。

（三）农耕习俗与居住

1. 农耕环境对居住的影响

人类的祖先最初为了遮蔽风雨、抵抗严寒、预防猛兽侵袭，而选择居住在天然的山洞或树洞中。随着人类不断的进化和发展，远古的祖先们慢慢模仿和学习动物筑巢的技巧，开始建造早期的房屋。后来在慢慢地实践积累中，人们建造房屋的技术越来越高：从挖地为窑的简单穴居房，到用树枝搭建的屋棚，再到后来用砖瓦建造的房屋，每一步的前进，都为后来既实用又美观的现代房屋的出现奠定了基础（图 3-2）。

房屋的建设仅靠设计师的凭空想象是不行的，因为它与自然地理环境密切相关。首先，自然地理条件为房屋的建造提供了充足的材料。南方地区的建筑多以木屋为主，如江南民居中的茅草房。这种茅草房主要是就地取材，用当地的泥土夯实垒筑成墙，再用树木做房梁和房柱支撑屋顶，最后用丰收后的水稻秸秆铺盖在房顶上。这样的房屋虽然简易但冬暖夏凉。北方黄土高原地区则多以窑洞为主。北方深厚、均匀的黄土是天然的建筑材料，因此，山西的建筑基本是在天然形成的山坡或沟壑地带"沿崖而挖，顺沟而建"，这种就地取材的房屋建筑充分显示了人居环境与自然环境的协调。其次，自然地理条件对房屋的功能提出了要求。南方炎热潮湿多雨，要求房屋透气性较好、排水性较高；北方天气寒冷，其房屋多为封闭式的，以阻挡冬日北方的寒流。如山西的合院式民居，整体呈"外封闭、内开敞"的特点。像乔家大院就是以四方住房围成一个封闭的庭院。但这种合院式的民居内部结构却有北方地理环境的印记。如这种院落一般南北纵向偏长，厢房前沿超过正房并部分遮挡正房，这样设计的作用是为了遮挡北方强劲的风沙直接吹向正房。最后，自然地理环境对房屋建筑样式的影响重大。早期人类受到建筑材料和建筑技术的限制，因此只能通过建筑样式来弥补不足，以适应自然地理环境。南方河渠纵横交错且雨量充足，人们为了便于雨水外泄而将南方建筑的屋顶设计成一定的坡面，以利于雨水的疏排。而北方雨量较小，风力较大，于是将建筑的房顶设计成平顶，一方面可以抵抗狂风对建筑的侵蚀；另一方面可以在晴天晾晒谷物。

2. 农耕生产对居住的影响

种植农作物是为了解决温饱、维持生存，进行农业生产一定要付出一定的劳动、消耗一定的体力，而房屋的建筑就是为了给人们提供休息的场所，使人们在农业劳作时消耗的体力得以恢复，以便更好地进行农耕生产。因此，居住和农耕生产就形成了紧密的联系（图3-3）。

（1）房屋建筑的地理位置与农耕生产有关。一般南方的房屋大多建造在水田附近，北方的房屋大多建造在旱地附近。例如，江南水乡的房屋建筑多傍水筑屋，这既是为了方便生活和灌溉用水，又有利于运送肥料和稻米。江南水乡的房屋往往形成"前门通巷，后楼临水"的居住格局，而且每家都有自己的码头，以便于汲水、洗涮、运输粮草。北方如山东农村的房屋一般都会邻近田地，这不仅方便耕作，还有利于照看农作物。

（2）房屋的结构与农耕生产有关。通常，房院建筑都分为一间正屋和两间厢房。正中一间是堂屋，一般都在堂屋会客、吃饭，而在院落的后边或厢房的旁边还会搭建一些简陋的屋棚，用以专门存放农业生产工具。像四川的碉楼，一般为两层或三层石砌的矩形平顶建筑。房屋的第一层主要堆放杂草或用以饲养牲畜，第二层是房屋的主入口，这一层中间一般为起居室。顶层靠山侧通常有两平方米左右的小房间，被称为"照楼"。因为照楼在房屋的顶层，干燥性较好，且照楼前的平顶可以随时晾晒谷物，因此碉楼的顶层一般用以储存大米、玉米、辣椒等食物。

（3）房屋建筑的功用与农耕生产有关。南方的房屋，其前方会留出一大块平坦的空地，以便于打谷和晒粮；而北方的谷物则习惯晾晒在房屋的平顶上，因为此处整洁干净，方便运输。

图3-2　农耕环境与居住　　图3-3　农耕生产与居住

（四）农耕习俗与出行

1949年前后，人们赶集上店、走亲访友都是步行前去。只有极少数人家有自行车，那算是稀有、昂贵的代步工具了，一般是不会外借的，而且多数人也不会骑自行车，汽

车更是稀有的交通工具，客车比现在的客运飞机还少。

现在坐飞机出远门，已是普通人的常态。高铁、高速公路四通八达，外出办事、旅游，方便快捷。小轿车已走入农户，半数以上的农户都有小轿车。年轻人出门不再骑自行车了，至少也是骑电动车，远一点就开轿车去，连摩托车也显得落后了。现在硬面路村村相连，都通向城市，出行非常便利。

二、农耕习俗与祭祀礼仪

传统农耕社会生产力相对落后，主要靠天吃饭，很大程度上是建立在风调雨顺的基础上。农业对于水特别是雨水的过分倚重，使农民对雨水的崇拜之情相当浓烈，由此衍生出了许多对于雨水崇拜的文化现象，甚至不少带有浓厚的神秘色彩，包含着许多光怪陆离、不可思议的成分，并渗透到人们的思维和行动中，深深地影响了农村习俗。

直到今天，这种神秘文化中的某些因子还深深积淀在人们的心灵深处，成为特有的"集体无意识"，祈求丰收的愿望主要表现在向神灵祈雨。祈雨时所崇拜祭祀之神有天神、龙神、雨神、风神、云神、雷神、虹神、闪电神及关公、麻姑等神灵。

（1）攒神。祈雨攒神祭祀活动的根本目的都是求雨。至于它的活动程序，各地的程序方式不尽相同，有的很复杂，有的稍简略，但都是热闹而隆重的。其中，有的攒神活动在每年每村约定俗成的庙会日期间举行，有的时候则是在天旱的时候举行，其中敬献牺牲、桨老爷、打羊皮鼓这些最主要的事项，都是一样或必不可少的。

（2）秋台戏。农历七月中旬左右，麦子归仓，给"土地爷"唱"秋台戏"。由山村能说会道、有威信者牵头，聚集数村焚香拜神的主持，搭台唱牛皮灯影戏（图3-4）或木偶戏数日，同时焚香烧纸，感谢"土地爷"保佑丰收。

图3-4 牛皮灯影戏

（3）烧倒处。甘肃甘谷有一种奇异的求雨风俗，叫作烧倒处，是古代"以性娱神"的遗留。遇到持续干旱时，村里的青年小伙集合起来，选出领头者，挨门逐户索要麦秸之类的禾草，每户要得一小把，集中起来扎成一个男性草人，此草人名曰倒处。祈雨时烧倒处，意味着用焚烧的方式惩戒人间不顺礼法的关系，以求上天原谅。草人扎好后，孩子们扛着它到河滩里引火烧掉。倒处燃烧时，孩子们一边狂喊"烧倒处"，一边往火堆中投掷石块、土块以示惩戒。

三、农耕习俗与宗祠、文庙

1. 宗祠

宗祠（图3-5），即祠堂、宗庙、祖庙、祖祠，是供奉与祭祀祖先或先贤的场所，也是我国儒家传统文化的象征。宗祠制度产生于周代。宗祠其实就是祠堂，是一个宗族的象征。宗庙的制度产生于周代，在上古时期，宗庙一般是天子专用的，当时的士大夫是不能建立宗庙的，而随着魏晋南北朝名门望族的出现，祠堂也变得普遍化了，只是随着科举考试的兴起及士族的消亡，民间的祠堂又开始没落。特别是五代至北宋这个时期，一般祖先祭祀仅限于每家每户的正堂，直到宋代朱熹提倡家族祠堂，也就是每个家族独立建立一个奉祀高、曾、祖、祢四世神主的四龛祠堂，也正是在朱熹的倡导下，使得当时的江西、福建、浙江等地区在民间掀起了宗祠修建之风。

图 3-5 宗祠

农村十分讲究修建祠堂位置的选择，一般要求背山面水、依山傍水、坐北朝南、坐向分明、明堂宽阔等，其环境模式最佳的是四周群峰屏列，前有门户把守，后有背山所倚的地貌。讲究环境格局，山明水秀，地灵人杰，文运亨达，丁财两旺，富贵双全。

宗祠中的主祭又称宗子，管理全族事务，因此称为宗长，还有宗正、宗直等。宗祠体现宗法制家国一体的特征，是凝聚家族团结的场所，它往往是城乡中规模最宏伟、装饰最华丽的建筑群体，不但巍峨壮观，而且还注入中华传统文化的精华。与古塔、古桥、古庙相映，成为地方上一大独特的人文景观，是地方经济发展水平和中华儒家文化的代表。宗祠记录着家族传统与曾经的辉煌，是家族的圣殿，作为中华民族悠久历史和儒家文化的象征与标志，具有巨大的影响力和历史价值。

宗祠文化在封建社会有利于乡村治理的和谐与稳定。在乡村治理过程中，"乡村法律"就是祠规民约。祠规民约是族众在历史变迁中，为了更好地维护生产和生活的需要，将一些宗族观念和习俗逐步固定为祠规族训，成为家族、村落或社区共同遵守的行为规范。以重庆万州杨氏宗祠为例，能够造就万州杨氏宗族四百多年的历史而经久不衰，最终发展成为万州一大宗族的原因：第一，宗族内部秩序是通过宗族祭祀活动进行的，这种宗族祭祀活动能够使宗祠在宗族内的地位更加巩固；第二，通过教化族人、规范宗族族人活动、约束族人的言行，最终达到提高族人基本素质的目的；第三，通过奖惩和救助等方式来维系宗族族人之间的和睦。

农村祠堂是本族人祭祀祖先或先贤的场所，是我国乡土建筑中的礼制性建筑，是家族的象征和中心，是乡土文化的根。祠堂文化既蕴含淳朴的传统内容，也显示出深厚的人文根基，是中国重要的传统文化。当前在美丽乡村建设中，祠堂以其独特的存在形式演绎着现代文明。

在美丽乡村建设中，充分发挥宗祠的文化价值和历史文物价值，以此为载体搭建农村文化礼堂，在保护传统文化、活跃农村公共文化、发展乡村旅游等方面发挥着越来越重要的作用，成为当地美丽乡村建设中的一道亮丽风景。

宗祠是农村文化活动的主要阵地。充分利用祠堂资源，挖掘祠堂文化积淀和传统道德积淀，把一些祠堂发展为农村文化礼堂，成为农村群众性精神文明建设和先进思想文化传播的阵地。古老的祠堂已不是以前那种等级森严、规矩繁多的旧祠堂了，而成为新时期农村文化活动的大平台。利用宗祠开展戏曲表演、科技知识培训、书画创作、群众文艺活动，对兴农服务、社会安定做出了贡献，能使古老的祠堂焕发出新的风采。传统文化与现代文化在这里得到了较好的结合。

祠堂是凝聚族群联系、建设和谐乡村的重要纽带。历史上，宗祠是举行祭礼仪式、加强族人训导、联系族众精神纽带、强化家族内部凝聚力和向心力的重要场所。随着市场化、城镇化进程的推进，传统的乡村邻里关系渐行渐远。如何在新时期重塑良好的乡村人际关系、凝聚乡村人心，成为当下美丽乡村建设中的一道难题。族人们相聚在宗祠，缅怀祖先业绩，颂扬祖先恩德，可以极大提升族人的凝聚力。在节日期间举行宗祠集会，把各地经商务工的族人吸引过来，大家齐聚一堂，沟通信息，弘扬传统文化。一些祠堂还将祖传家训和现代村规民约结合起来，悬挂在祠堂里，使族人内心有了更好的行为准则，为和谐乡村建设提供了重要的基础。

祠堂是开展新时期道德教化的重要场所。为延续祠堂在道德教化方面的功能，一些祠堂通过举办开蒙仪式、重阳尊老、移风易俗教育等宣传教育活动来弘扬传统文化。在七龄学童开蒙仪式上，通过为儿童写人字、发读书用品等活动，加强了对刚刚跨入学校大门的孩子们的启蒙教育，为他们上好人生的第一课。

祠堂是发展乡村旅游的重要载体。祠堂大多具有较高的文物保护价值。例如，浙江萧山联三村赵氏宗祠孝思堂建筑，石柱立地，彩木连宇，结构精美，气势恢宏，为萧山区内少见的古老建筑，很有文物价值。韩氏宗祠有著名金石书画家吴昌硕、萧山籍名人周易藻书写的三副楹联。这些祠堂均为徽派建筑风格，对于研究中国古代建筑美学有相当高的文化价值。对一些年代久远、保存较好、具有一定建筑文化价值、体现地方特色的农村祠堂加以保护和整修，开发成乡村旅游景点。通过发展乡村旅游，不仅让民众加深了对祠堂历史、文化、建筑审美价值的认识，同时，也增强了村民对祠堂的保护意识，拉动了当地农村经济的发展。

在美丽乡村的建设进程中，如何继承、发展农村传统文化是各地普遍遇到的问题。发挥好农村宗祠的作用，可以得到事半功倍的效果。与此同时，祠堂文化也将被赋予新的含义，成为农村公共文化服务体系建设中的重要一环，为农村社会主义精神文明建设做出重要的贡献。

2. 家庙

家庙（图3-6）即家族为祖先立的庙。庙中供奉神位等，依时祭祀。《礼记·王制》："天子七庙，诸侯五庙，大夫三庙，士一庙，庶人祭于寝。"

家庙的产生相对来说较晚，家庙的源头是包括宗祠和宗庙的，只是宗庙在当时是皇权特有的，而这一规定，一直从春秋战国时期延续到了隋唐时期，在这一千多年的历史中，都是要求有爵者才能建家庙，一般居民人家，无论社会地位有多高，还是多富有，都是没有资格建立家庙的。直到宋、元之后，祠堂取代了家庙作为家庭祭祀的场所。所以，到了明、清之后，家庙和祠堂就混用了，意思基本是一样的。

正因为如此，宗祠与家庙的区别就在于，家庙设立之前一定有过高官，但是宗祠不需要，一般就是先有高官才有家庙，先有宗祠才有高官。

图3-6　孔氏家庙

曾经高官比例较高的南方成了家庙的集中地，其他地方就比较容易见到宗祠。当然，无论是宗祠还是家庙，每个地方有自己的独特之处。

四、农耕习俗与信仰

1. 宗教信仰

改革开放以来，我国农村的政治、经济和文化环境及生活方式都发生了深刻的变化，对人们的思想观念、世界观、人生观、价值观都产生了深远的影响，农村地区的宗教活动相比以前更为活跃，甚至成为部分农村地区社会生活中的重要内容。农村宗教的复兴和发展随着改革开放的进程相伴相随。由于不同地区遗留的历史背景、文化传统和经济现状差异，我国各地方宗教发展表现出各自固有的特征。

2. 自然崇拜

（1）祭河。黄河是中华民族的母亲河，自从人类进入文明发展阶段，祖先们就开始了黄河祭祀活动，黄河祭祀是与人类文明发展同步的。随着历史的发展，人类与自然黄河的依存关系也在不断发生变化，相伴而生的是人类对黄河情感的演变。

①"二月二"龙抬头祭拜。河南省濮阳县渠村乡黄河岸边的公西集村和闵城村，过去经常遭受黄河水患，是当地的贫困村。在精准扶贫中，该村通过美丽乡村建设和发展致富产业，打造传统文化品牌，村风、村貌发生了很大的变化，成了远近闻名的非遗村、文旅村。濮阳黄河沿岸乡村，祭祀黄河风俗由来已久。其中，公西集村祭祀黄河已有千年历史。

每到二月初二这一天，祭祀队伍从二贤祠启程，前面有双龙及锣鼓开道，几十个妇女端着花糕供品随行，接着四个精壮男子抬着祭桌，上面摆放着猪头大供、龙王神像，后面是五彩龙旗压阵。当地村民将供桌安放在黄河岸边，供品依次摆好，三拜九叩，祈福黄河保一方平安，最后将祭品沉入黄河。整个祭祀仪式庄严古朴，富含文化韵味，仿佛让人穿越到了上古时代，深深感受到了黄河文化的厚重、魅力。祭祀中的"献玄圭""沉祭品"等是上古祭祀黄河文化的活化石。

②盘子会。山西柳林县地处晋西北高原地带，历史悠久、物产丰富、人杰地灵，是黄河文化之传承与集散地，民俗文化活动独具韵味，最富代表性并享誉三晋的盘子会（图3-7）堪为中国黄河流域祭祀文化之一绝，而祭品馍花则是民以食为天的粮食图腾崇拜的历史见证。盘子会随着元宵节的发展而发展，每年正月十五，彩盘布满大街小巷，各种民俗活动丰富多彩。盘子的绘画主要分布在内装板上，以各种历史故事、神话人物、神话传说为主，如四大金刚、十八罗汉、麒麟送子、观音菩萨等。

柳林盘子源于古代的搭神棚，又称盘子会会、三官会会、天官会会、小子会会。柳林盘子是高度浓缩的庙宇，是一门集雕刻、绘画、建筑、面塑为一体的民间艺术，由精雕柱廊、彩绘木板等组合而成，有铁质、木质、铁木组合之分，古朴苍劲、构思奇巧，饰有梁栋、檐柱、斗拱、屋顶、飞檐、铜铃、铁马、玻璃、纱窗、楹联等，雕工精细，

图 3-7 盘子会

包括二龙戏珠、龙凤呈祥、琴棋书画、麒麟送子等传统故事。

盘子会保留了华北地区特别是黄土高原以民间信仰为特点的民间祭祀文化，盘子内要摆放各种食品祀神，其面塑供品最具特色，面塑种类有枣山、枣洞洞、大供、三牲（面猪、面羊、面鱼）、面雁等，造型生动、制作精巧。

（2）祭山。

①羌族"祭山会"。羌族最隆重的民族节日为"祭山会"（又称转山会）和"羌年节"（又称羌历年），分别于春秋两季举行。春季祈祷风调雨顺，秋后则答谢天神赐予的五谷丰登，实际上是一种春祷秋酬的农事活动，却始终充满浓郁的宗教色彩，更折射出远古神秘文化的光辉。

举行祭山会的时间各地并不统一，有正月、四月、五月之分，也有每年举行1~3次，祭山程序极为复杂，大致可分为"神羊祭山""神牛祭山""吊狗祭山"三种。大典多在神树林一块空坝上举行。一些地方祭山后还要祭路三天，禁止上山砍柴、割草、挖苗、狩猎等。

②布依族"三月三"。每年的农历三月初三，对于贵州省黔西南州贞丰县的布依族同胞来说，是一个盛大的节日。因为这天，全村的村民将聚集在一起，迎接一年一度的祭山仪式，祈盼风调雨顺、五谷丰登，寨内吉祥安定。

"三月三"是贞丰县布依族传统的节日，于2011年入选第三批国家级非物质文化遗产名录。布依族同胞每年在农历的三月初三这天自发组织到山神庙前求雨拜神，一是祈求寨内平安；二是祈求风调雨顺。

提升农民劳动幸福感

任务二　传统的农耕器具

一、农耕器具

碌碡（图3-8）又称碌轴，是中国农业生产用具，是一种用以碾压碾场的畜力农具。碌碡总体类似圆柱体，中间略大，两端略小，宜于绕着一个中心旋转，用来轧谷物、碾平场地等。

梿枷（图3-9）由一个长柄和一组平排的竹条或木条构成，用来拍打谷物、小麦、豆子、芝麻等，使籽粒掉下来。梿枷由梿把和枷扇构成。梿把多用长约2米的竹竿制作，将一端三分之一处用火烤软后劈去一半，再将留下的部分折弯与手杆平即柄；枷扇是将约为1米长、拇指般粗细、质地较硬的木条5～6根平列并排，用牛皮条或其他耐磨的牲畜皮条交叉编织在梿枷拍轴套上。将枷扇套在梿把折弯处，即成完整的梿枷。

图3-8　碌碡 　　　　　　　图3-9　梿枷

使用时，操作者将梿枷把上下甩动，使梿枷拍旋转，拍打敲击晒场上的麦穗，使之脱粒。农村打场时，人们互相帮工，结伙打场，碾场时要"抖场"，就是畜力或拖拉机碾压一阵后要将粮食作物重新翻搅抖落一遍，重新碾压，如果使用梿枷拍打，就是七八个人或十几个人集结在一起，各执梿枷，分成两排，面对面地拍打，纵横移动。双方梿枷举落整齐一致，你上我下，彼起此落，错落有致，响声雷动，节奏分明。打场的时候，东家要请帮忙的人吃饭。

镰刀（图3-10）是农村收割庄稼和割草的重要农具，由刀片和木把构成。

石碾（图3-11）是一种用石头和木材等制作的使谷物等破碎或去皮的工具，由碾台（也称碾盘）、碾砣（也称碾磙子）、碾框、碾管前、碾棍（或碾棍孔）等组成。石碾是我国历史悠久的传统农业生产工具，能以人力、畜力、水力使石质碾盘做圆周运动，依靠碾盘的重力对收获的颗粒状粮食进行破碎、去壳等初步加工，该生产工具是我国劳动人民在几千年的农业生产过程中逐步发展和完善的一种重要生产工具,至今在许多农村地区仍被使用。

图 3-10　镰刀

图 3-11　石碾

锄（图 3-12）是传统的长柄农具。其刀身平薄而横装,收获、挖穴、作垄、耕垦、盖土、筑除草、碎土、中耕、培土作业皆可使用,属于万用农具,是农人最常用的工具之一。使用时以两手握柄,做回转冲击运动。其构造、形状、质量等依地方、土质而异。

二、农耕经验

图 3-12　锄

1. 农时

中国人将"节气"称作"节令",一个"节"字反映了中国人师法自然、心存敬畏的思想领悟;一个"令"字彰显出中国人顺应天意、天时难违、时不我待的文化态度。体悟到这一季节轮转的逻辑,就明白了天地之心的深长意味。

二十四节气的产生,大致反映了早期先民为了适应变化的气候环境,努力追求与大自然达到和谐的艰难历程。早期先民从被动地接受自然的驱使,逐步变为主动认识自然、物候和气候,并与自然和谐共处。可以说,二十四节气的酝酿乃至形成,体现了古人敬畏自然、因循规律的生态主张。

我国自古以农立国,农业的产生不仅早,而且具有早熟早慧的明显特征。先民在辛勤地劳作中,逐渐积累起有关天文、地理、气候、土壤等方面的农业知识。二十四节气的酝酿与产生,不仅反映出中国古代农业生产的发达成熟,也显示出先民充分结合天文学、十二律、阴阳思想等文化因素,在农学思想发展史上所达到的高度和水平。古人遵循中国传统哲学中的宇宙论、自然论和天人感应论,在农业生产乃至整个社会生活中,都会注意与自然界气候变化的节律保持一致。借助二十四节气,先民将一年定格到耕种、施肥、灌溉、收割等农作物生长、收藏的循环体系之中。

二十四节气本应属于传统历法,我们的祖先却在其中暗藏文化意蕴。他们深深懂得,自然万物在春天生发,在夏天成长,在秋天收敛,在冬天宅藏。从表面上看,二十四节气与阳历、阴历似乎互不关联，但在农业生产和社会生活中互为补充、交错使用，形成了协调并用、多元统一的时间体系。这一时间体系构成了中华民族节日体系和民俗活动的文化背景。

一岁四时，春、夏、秋、冬各三个月，每月两个节气，每个节气均有其独特的含义。二十四节气准确地反映了自然节律变化，不仅是指导农耕生产的时节体系，更是包含丰富民俗事象的民俗系统，蕴含着悠久的文化内涵和历史积淀，是中华民族悠久历史文化的重要组成部分。

（1）春季。

①立春：标志着万物闭藏的冬季已过去，开始进入风和日暖、万物生长的春季。

②雨水：标示着降雨开始，适宜的降水对农作物的生长很重要。

③惊蛰：气温回暖、春雷乍动、雨水增多，惊醒蛰伏于地下冬眠的昆虫。

④春分：居春季三个月之中，这一天白天黑夜平分，意味着天气暖和、雨水充沛、阳光明媚。

⑤清明：气清景明，时值阳光明媚、草木萌动、万物皆显，自然界呈现生机勃勃的景象。

⑥谷雨：雨生百谷，降雨量充足而及时，田中的秧苗初插、作物新种能茁壮成长。

（2）夏季。

①立夏：表示盛夏时节的正式开始，逐渐升温、炎暑将临，雷雨增多，是农作物进入旺季生长的一个重要节气。

②小满：意味着进入了大幅降水的雨季，雨水开始增多，往往会出现持续大范围的强降水。

③芒种：气温显著升高，雨量充沛，如稻、黍、稷等有芒的谷类作物可种，过此即失效。

④夏至：此时北半球各地的白昼时间达到全年最长，这天过后阳光直射点开始从北回归线向南移动，北半球白昼将会逐日减短。

⑤小暑：表示盛夏正式开始，天气开始炎热，但还没到最热。

⑥大暑：炎热之极，"湿热交蒸"，阳光猛烈、高温潮湿多雨，虽不免有湿热难熬之苦，却十分有利于农作物成长，农作物在此期间成长最快。

（3）秋季。

①立秋：阳气渐收、阴气渐长，由阳盛逐渐转变为阴盛的节点，意味着降水、湿度等，处于一年中的转折点，趋于下降或减少。在自然界，万物开始从繁茂成长趋向萧索成熟。

②处暑：即"出暑"，是炎热离开的意思。太阳直射点继续南移、太阳辐射减弱，副热带高压也向南撤退，气温逐渐下降，暑气渐消，天气由炎热向凉爽过渡，要注意预防"秋燥"。

③白露：昼夜热冷交替，寒生露凝。由于天气逐渐转凉，白昼有阳光尚热，但太阳一落山气温便很快下降，昼夜温差拉大。

④秋分：太阳光几乎直射地球赤道，全球各地昼夜等长。时至秋分，暑热已消，天气转凉，暑凉相分。

⑤寒露：寒气渐生、气温骤降，昼夜温差较大，并且秋燥明显，气爽风凉，少雨干燥。

⑥霜降：气温骤降，早晚天气较冷、中午则比较热，昼夜温差大。因为"霜"是天冷、昼夜温差变化大的表现，故以"霜降"命名。霜降节气后，深秋景象明显，冷空气南下越来越频繁。

(4) 冬季。

①立冬：意味着生气开始闭蓄，万物进入休养、收藏状态，气候也由秋季少雨干燥渐渐向阴雨寒冻的冬季气候转变。

②小雪：意味着寒流活跃、降水渐增。"雪"是水蒸气遇冷的产物，代表寒冷与降水，这时节寒未深且降水未大，故"小雪"形容的是这个节气，不是表示这个节气下很小量的雪。

③大雪：气温显著下降、降水量增多。

④冬至：是北半球各地白昼最短、黑夜最长的一天。自冬至起，太阳高度回升、白昼逐日增长，冬至标示着太阳新生，太阳往返运动进入新的循环。

⑤小寒：是天气寒冷但还没有到极致的意思。冬至之后，冷空气频繁南下，气温持续降低，温度在一年的小寒、大寒之际降到最低。

⑥大寒：天气寒冷到极致的意思。根据我国长期以来的气象记录，北方地区在小寒节气最冷；但对于南方大部分地区来说，是在大寒节气最冷。大寒以后，立春接着到来，天气渐暖。

遥想古代的乡村生活，居住在田野之中的乡民，日出而作、日落而息。一年四季的气候变化，影响着农耕的条件和劳作的心情。劳作归来，农民沿途和同伴交换着对自然的观察、对生活的体验，交流着节令对农业的影响。

二十四节气在今天依然没有过时，是因为无论今天农业如何发达，本质是不会改变的，即依赖自然而生产，依然要遵循自古以来形成的这套时间体系。这套时间体系对农业生产具有非常重要的指导意义，不仅能指导人民的农事活动，而且可为千家万户的衣食住行提供保障。今天的农业，在传统的基础上加入了工业化的要素，尽管有了很大的进步，但也存在着许多难以回避的问题。这些问题的解决需要遵循"天人合一"的思想，传承二十四节气背后所包含的理念，因时制宜，找到与自然和谐的生产方式。

2. 农谚

农谚（图3-13）是指有关农业生产的谚语，是农民在长期生产实践中总结出来的经验。农谚是广大农民在长期的农业生产实践中，对天时气象与农业生产关系的认识，在不断深化和升华的基础上总结出来的。虽只寥寥几字，却是对农业生产与天时气象关系的深刻总结和高度概括，可谓道理深刻。

它产生于农业生产实践，又指导和服务于农业生产实践。不但在气象科学不发达的过去，对促进农业生产丰产丰收有重要的意义，而且在科学种田较普及的今天，仍有现实意义。

图3-13 农谚 立春落雨到清明，一日落雨一日晴

音乐、舞蹈、歌谣都起源于劳动，农谚则是因农业劳动而从歌谣中分化出来的一支重要分支。歌谣与农谚的不同，在于前者是倾诉劳动人民的思想、感情，即着重社会关系方面的；而农谚则描写劳动人民与自然斗争，即着重生产方面的。这种区分是后来逐渐发展的结果，其实两者之间并没有截然划分的界限，因为农谚本来也可以包括除农业生产外的"立身处世"经验，再说农谚的音律和谐，合辙押韵，形式动人，富有生活气息，也难与歌谣截然划分。古代农业社会更是如此。如《诗经》的"七月""甫田""大田""臣工"等，既是歌唱农事操作的，又是农民抒发感情的。随着农业生产的发展，农谚才从歌谣中逐渐分化出来的。同时，属于纯粹生产经验的农谚，也不断增加、丰富起来，成为指导生产的一个重要部分。

农谚是劳动人民在长期生产实践中积累起来的经验结晶，它对于农业生产必然起着一定的指导作用。特别是在封建社会中，劳动人民严重缺乏读书识字的权利，他们的经验主要靠"父诏其子，兄诏其弟"的口头相传方式流传和继承下来，农谚就是其中的一个方面。例如，在封建社会时期，还没有现代的温度计、湿度计等仪器，农民就拿多年生树木的生长状态作为预告农事季节的依据，因为多年生树木的生长在一定程度上反映了一定的客观气候条件，因此产生了"要知五谷，先看五木"的农谚。在指导播种期方面，有许多反映物候学的谚语，如"梨花白，种大豆""樟树落叶桃花红，白豆种子好出瓮"，以及"青蛙叫，落谷子"等。更多的是根据二十四节气指出各种作物的适宜播种时期，如"白露早，寒露迟，秋分草子正当时""秋分早，霜降迟，寒露种麦正当时""人误地一时，地误人一季"，以及"白露白，正好种荞麦"等。农民有了这些农谚就能适时播种。此外，如"立冬蚕豆小雪麦，一生一世赶勿着""十月种油，不够老婆搽头"等谚语是失败教训的总结，提醒人们要抓紧季节，不误农时。

农民有了这些农谚，就好像现在有了技术指导手册一样，曾经有很大的指导作用。将作物生产的全部过程分成几个环节，几乎每个环节都有一定的农谚。如水稻从播种起，选用良种有"种好稻好，娘好囡好"等；培育壮秧有"秧好半年稻"等；插秧技术有"会插不会插，看你两只脚""早稻水上漂，晚稻插齐腰"等；施肥有"早稻泥下送，晚稻三遍壅""中间轻，两头重"等；田间管理有"处暑根头摸，一把烂泥一把谷"等。

三、农耕知识

1. 耕作方式

中国作为农业生产大国,土地的耕作和农业生产工具的发展历程可以作为一本传承千年的史书。如果以生产工具为依据,可以对不同时期的耕作方式进行划分,无论是远古时期的刀耕火种,石器时代的石器锄耕,还是战国时期的铁犁牛耕……这些传统而又厚重的耕作方式都在不知不觉间影响着华夏民族。

在漫长的人类成长过程中,我们的祖先也在不断探索更加便利的生活条件,可以说人类对于美好生活的追求永不止步。百姓对于耕作方式的探索和生产工具的革新从未停歇,我们作为农业生产技术的受益者和传承人有责任与义务去传承发扬它们。

(1)刀耕火种。提到刀耕火种(图3-14),人们可能会觉得比较陌生,但从中国农业发展史来看,刀耕火种是一段重要的历史时期。"面朝黄土背朝天"的土地耕作模式作为农业生产的主要手段,其耕作方式也在不断变化。刀耕火种作为新石器时代主流的农业经营方式,直到现在依然很有研究价值。具体来说,刀耕火种又被称为迁移农业,主要是对原始的荒地进行耕作的一种手段。

耕作时,人们会先用石斧或者铁斧砍伐地面上树木的枯枝,然后将这些草木聚集在地面,把它们晒干后用火焚烧。焚烧后下面的土地会变得松软,再将焚烧后的草木灰作为肥料进行施肥,经过人工不断地打理,这片荒地一般一年以后就可以进行耕作。但这种劳累而又烦琐的耕作方式导致了土地农作物产量较低,随着科学的进步,刀耕火种的耕作方式也逐渐被淘汰。

图3-14 刀耕火种

虽然这种耕作方式产量较低,但是在几千年前的黄河中游仰韶文化区,这种刀耕火种的耕作方式还是非常普遍的。另外,一些少数民族也曾广泛采用这种耕作方式来种植粟、黍等农作物。刀耕火种这种原始农业的耕作方式,采用了较为简单的器具,凭借大众协作劳动为主流完成农作物的种植。但随着后来社会的发展,人们的生产工具发生了改进,种植的农作物种类也逐渐繁多,这一耕作方式就在不知不觉之间发生着改变。

(2)石器锄耕。距今约几千年的新石器时代,是中国农业史上的一个过渡时段,土地的耕作技术在这一时期发生了改变,但是对此人们的看法颇有不同。其中,耒耜的发明是他们的主要争议,有一些历史学家认为,耒耜的发明将人类带入了石器锄耕(图3-15)时代,并且一直延续到夏商西周时期。耒耜的种类很多,其中使用范围较广的当属骨耜了。骨耜顾名思义,是使用一些常见动物的肩胛骨制成的器物,也是河姆渡文化中颇具代表性的农具。

图 3-15 石器锄耕

耒耜主要可分为柄、刃两部分。从骨耜来说,柄部位于器物的上端,外形上看又厚又窄,凿有一个横孔;骨耜的下端属于刃部,刃部薄而宽,凿有两个竖孔。横孔、竖孔分别插上不同的物件,将骨耜进一步固定完善。从使用体验上看,耒耜比之前的其他工具更加轻巧简便,而且耒耜表面非常光滑,便于人们清洁的同时也提高了使用效率。在那个生产力低下的年代,人们都是采用手工劳作,用纯人力的方式来完成土地的耕种。所以,使用骨耜来挖土,极大地提高了劳动效率,减轻了人们的劳动负担,轻便灵巧的耒耜也成为河姆渡人智慧的象征(图3-16)。

图 3-16 耒耜

(3)铁犁牛耕。相比历史悠久的刀耕火种,铁犁牛耕(图3-17)的耕作手段似乎影响更为重大一些。春秋战国时期,人们的生活水平逐渐提高,也因此产生了更加顺应时代的耕作方式。铁犁牛耕作为应运而生的产物成为我国古代劳动人民的主要农业生产方式,而且因其简单、便捷的操作方式推动了我国生产力的发展,并间接加快了井田制的瓦解。随着铁犁牛耕技术的推广,其应用范围越来越广泛,以黄河流域为主,一直到现在的甘肃、新疆，这些地区的农业生产方式主要以铁犁牛耕为主。

图 3-17 铁犁牛耕

汉唐时期作为铁犁牛耕的主要发展时期，产生了许多相关的播种工具，主要包括西汉犁壁、直辕犁、耦犁及东汉耧车。但铁犁牛耕这一技术的发展与传播还是十分坎坷的，随着铁农具的出现及牛耕技术的发达，战国时期，人们开始将这两种农业发展技术结合起来，铁犁牛耕初步诞生。到了秦汉时期，铁犁牛耕技术得到了很大的推广与发展，并产生了许多播种工具。一直到隋唐时期，人们改造出传承至今的曲辕犁，而且为了加快土地的灌溉效率，还发明了更加便捷的灌溉工具——筒车（图3-18）。

图 3-18 《天工开物》中的"筒车"

扩展阅读

唐代成熟的曲辕犁

农具的改进和广泛使用，对唐代农业生产的发展起了重要作用。唐以前笨重的长直辕犁，回转困难，耕地费力。江南农民在长期生产实践中，改进前人的发明，创造出了曲辕犁（图3-19）。

曲辕犁的发明是我国农业最大的成就之一。它的出现是我国耕作农具成熟的标志。唐代曲辕犁的广泛推广，大大提高了劳动生产率和耕地的质量，使我国在耕地农具方面达到了鼎盛时期。

犁是人类早期耕地的农具，我国人类大约自商代起使用耕牛拉犁，木身石铧（图3-20）。随着冶铁技术的广泛运用，唐代出现了曲辕犁，使我国农业发展进入了一个新的阶段。

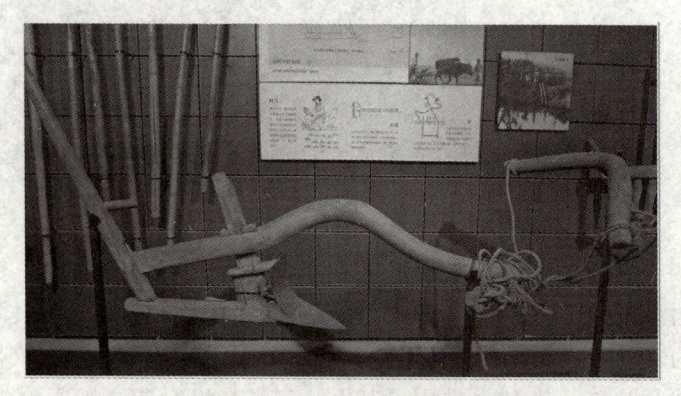

图3-19　曲辕犁　　　　　　　图3-20　木身石铧的耕牛拉犁

曲辕犁的设计思想来源于耒和耜，它们本是两种原始的翻土农具，传说最早是神农氏"断木为耜，揉木为耒"。实际上最初的耒只是一根尖头木棒，后来又在尖头木棒的下端安装了一个短棒，用于踏脚，这便是耜。

秦汉时，犁已具备犁铧、犁壁、犁辕、犁梢、犁底、犁横等零部件，但多为直的长辕犁，回转不灵便，尤其不适合南方水田使用。

到唐代时，直的犁辕改进为曲的犁辕，既调节了耕地的深浅，也省了不少的力气，大大提高了耕作效率，被称为"曲辕犁"。曲辕犁在江东一带被广泛使用，因此又称为"江东犁"。

唐代曲辕犁的主要功能是翻土、耕地，提高土地的利用率和农作物的产量。

曲辕犁主要分为犁架和犁铧两部分。犁架主要由木材来制作，犁铧由铁做成。制作工艺较简单：犁架多采用榫、梢、榫等连接固定，这样不仅轻便灵活，更坚固耐用。犁铧采用铁冶炼、捶打来制作，犁铧锋利，有利于耕作。

据陆龟蒙的《耒耜经》记载，唐代曲辕犁为铁木结构，由犁铧、犁壁、犁底、压镵、策额、犁箭、犁辕、犁评、犁建、犁梢、犁盘11个零部件组成。

犁铧用以起土，犁壁用于翻土，犁底和压镵用以固定犁头，策额保护犁壁，犁箭和犁评用以调节耕地深浅，犁梢控制宽窄，犁辕短而弯曲，犁盘可以转动。

整个犁具有结构合理、使用轻便、回转灵活等特点，它的出现标志着我国传统的犁已基本定型。《耒耜经》对曲辕犁各种零部件的形状、大小、尺寸有详细记述，十分便于仿制和流传。

后来曲辕犁的犁盘被进一步改进，出现了二牛抬杠，直至现在仍在一些地方被运用。

唐代曲辕犁功能性突出，它的应用和发展，得力于其精巧设计。

与直辕犁相比，唐代曲辕犁的设计具有良好的使用功能，不仅可以通过扶犁人用力的大小控制耕地的深浅，还大大节省了劳动力，有很高的劳动效率。

曲辕犁的犁盘上可以架两头或更多的牛，这样既保护了牛，又大大提高了耕作效率。

曲辕犁的效率来自牛，按古人计算，"一牛可抵七至十人之力""中等之牛，日可犁田十亩"。犁架加大就更加稳定，便于在耕地时的控制。

犁铧多为"V"形（图3-21），尖头更加锋利，便于入土。曲辕犁的功能相当完善，实用性强。

从经济性来说，唐代曲辕犁的设计，更经济实用，适合普通老百姓的购买和使用。

曲辕犁的用材主要是木材和铁，木材价格低廉，随处可取。当时铁已广泛用于各种器物上，冶炼的技术被人普遍掌握。从结构上看，既简单又连接牢固。整体经济性好，便于普遍推广利用。

图3-21 "V"形犁铧

曲辕犁犁铧的犁口锋利，角度缩小到90度以下，锐利适用。犁因不同需要而有大、中、小型之分，规格定型化，种类繁多，形制也因需要而有差异。

曲辕犁的犁头实现了犁冠化，使用于多沙石地区的犁头，多加装铁犁冠，其形制类似战国时期的"V"形犁，对犁铧刃部起保护作用，可随时更换。

曲辕犁的犁铧实现了犁壁化，犁上装有犁壁，便于翻土、起垄，用力少而见效多。当时人们对铁的冶炼技术的掌握已相当纯熟，对木材结构连接的设计也相当完善。

唐代曲辕犁的设计较以前的直辕犁更加人性化，符合人机工程学要求。曲辕犁材料选用自然的木材，农民对木材特有的感情会使其在使用时有亲切感。

曲辕犁设计上符合人机工程学的要求，主要体现在通过犁梢的加长，使扶犁的人不必过于弯身，同时加大犁架的体积，便于控制曲辕犁的平衡，使其稳定。

唐代曲辕犁不仅有精巧的设计，并且还符合一定的美学规律，有一定的审美价值。犁辕有优美的曲线，犁铧有菱形的、"V"形的，唐代曲辕犁，在满足使用功能的同时，还有良好的审美情趣，曲辕犁的美学价值也体现出来了。

均衡与稳定是美学规律中重要的一条。均衡是指造型物各部分前后左右间构成的平衡关系，是依支点表现出来的。稳定是指造型物上下之间构成的轻重关系，给人以安定、平稳的感觉；反之则给人以不安定或轻飘的感觉。

在唐代曲辕犁造型中，以策额为中线，左右两边保持等量不等形的均衡。从色彩上来看，木材的颜色是冷色，而铁也是冷色，可以达到视觉上的均衡。犁铧为"V"形，是一种对称，可以给人以舒适、庄重、严肃的感觉，对称本身也是一种很好的均衡（图3-22）。

图 3-22 曲辕犁的造型

　　稳定主要表现在实际稳定和视觉稳定两个方面。从造型上看，下面的犁壁、犁底、压镢，体积质量较大，重心偏下，有极强的稳定性，这就是实际稳定。

　　从视觉平衡上看，犁架为木材，下面的犁铧为铁质，由于铁的密度比木材的密度大，从而给人以重心下移的感觉，有很强的视觉稳定感。虽有直线的犁底、压镢、策额、犁箭和曲线的犁辕、犁梢，但它们的连接方式是相同的，大多用楔、梢、榫来连接固定，且主体以直线为主，这就是在变化中求统一。以直线型为主，给人以硬朗稳定的感觉，但犁辕和犁梢的曲线又使造型富有变化，给人以动态的感觉，起对比和烘托作用。

　　曲辕犁以木材为主，而铁质的犁铧与木质的犁架形成了对比，这就是在统一中求变化。

　　犁铧本身也有一定的长宽比例，并与犁架的比例相统一、相和谐，这既满足了局部之间的比例关系，也照顾到了局部与整体的比例关系。

　　尺度是在满足基本功能的同时，以人的身高尺寸作为量度标准的，其选择应符合人机关系，以人为本。

　　犁铧的尺度由耕地的深度宽度来确定，满足了基本的功能需求，犁梢的长度符合人机尺寸，减少了农民耕地时的疲劳。

　　唐代曲辕犁在我国古代农具发展史上有着重要的意义，影响深远。它不仅技术上在当时处于领先地位，而且设计精巧，造型优美。

　　在设计上，曲辕犁经济实用。从美学上看，曲辕犁有着独特的造型，优美的线条和恰到好处的比例与尺度，符合审美需求。历经宋、元、明、清各代，曲辕犁的结构没有明显的变化。

　　曲辕犁在华南推广以后，逐渐传播到东南亚种稻的各国。17世纪，荷兰人在印度尼西亚的爪哇等处看到当时移居印度尼西亚的我国农民使用这种犁，很快将其引入荷兰，对欧洲近代犁的改进有重要影响。

　　唐代曲辕犁的发明，在我国传统农具史掀开了新的一页，它标志着我国耕犁的发展进入了成熟的阶段。此后，曲辕犁就成为我国耕犁的主流犁型。

2. 农耕劳作

（1）打场。打场（图3-23）是指把收割下来带壳的粮食平摊在场院里，用畜力或用小型拖拉机拉着碌碡，碾压这些粮食，或用人力使用梿枷击打，使其脱去外壳。打场中使用碌碡碾压的又可以称作碾场，就是特指把小麦和其他庄稼用石碾碾压取得籽粒的生产活动。碾场的时候把谷物放在一块平地上，用碌碡碾压使谷物分离，一般是用石碾在平坦的空地即场上碾压。场即指农家翻晒粮食及脱粒的地方，一般多家或几家共用一块场。

图3-23 打场

（2）把式。传统农业是靠世代积累下来的传统经验发展，以自给自足的自然经济居主导地位的农业，是一种生计农业，农产品有限。家庭成员参加生产劳动并进行家庭内部分工，农业生产多靠经验积累，生产方式较为稳定。精耕细作是传统农业的生产模式，这种模式可以在一定面积的土地上，投入较多的生产资料、劳动和技术，进行细致的土地耕作，最大限度地提高单位面积产量。

传统农业的经验积累是以家庭成员和师徒形式传授的，人们称那些精于某种技艺的老手、行家为把式。有些农活，也要请擅长这一种技艺的人做，如撒种籽。擅长撒籽的人撒的籽均匀，出苗齐，浮籽少。若撒籽不均匀，叫作"跑校了""过校"或"歇校"。在播种小麦时，有些农户要以丰盛饭菜款待把式。人民公社化以后，农村的把式称呼仍然存在，在农业社社员中有较高的地位。20世纪80年代初包产到户后，随着农业科学技术的不断提高，小麦播种机逐渐普及，各家均有会撒籽或操作小型播种机的技术员，从而改变了过去请把式的风气。

（3）帮工。传统农业生产力低下，生产效率低，有些农活需要众多人力才能完成，如碾场、修房子等都需要互相帮工。村里的帮工是互相之间的义务，不要报酬，但是管饭款待。

> 扩展阅读

17世纪的中国工艺百科全书
——匠心独运的《天工开物》

中国自古就是一个具有工匠精神的国度。古代各类手工匠人以精湛的技艺为社会创造了价值，其中还不乏很多重要的发明，为中华文明的繁荣做出了卓越贡献。中国工匠们往往以打造精品为追求，宋代著名的理学家朱熹对"如琢如磨"的注解——"治玉石者，既琢之而复磨之；治之已精，而益求其精也"，就是中国思想家对工匠精神的精彩解说。正是由于这些工匠们"精益求精"的精神，中国历朝历代才能不断产出名扬四海的精品，如玉器、青铜器、瓷器、丝绸等，铸就东方文明古国的灿烂文化。明末宋应星撰写的《天工开物》，记载了明朝中叶以前我国古代的各项技术。这部书对各项技术进行了系统的总结，构成了一个完整的科学技术体系，是世界上第一部关于农业和手工业生产的综合性著作，也是保留我国科技史料最为丰富的一部专著，被外国学者誉为"中国17世纪的工艺百科全书"。

宋应星（1587—约1666），字长庚，江西奉新县人，明末清初科学家，万历十五年出生于江西省南昌府奉新县北乡的一个士大夫家庭。宋应星自幼就展现出了超强的记忆力，传闻他有过目不忘的本领。除了学习诸子百家，他更喜欢涉猎天文、水利、医学、农业、手工制造等专业的书籍，尤其是当时最新出版的巨作《本草纲目》，给宋应星的内心带来了强烈的震撼。宋应星28岁时考中举人，参加这一年乡试的江西考生有一万多人，但中举的却只有109人，宋应星名列第三，他的哥哥宋应昇名列第六，奉新县考生中只有宋应星兄弟二人及第，又名列前茅，在当时被称为"奉新二宋"。但以后五次进京会试宋应星都没有成功。在这几次进京会试途中，宋应星亲眼看见了明末社会的许多腐朽的社会现实情况，也切身体会到只埋头书本而不联系实际，是真正的不足为道。于是他下决心放弃科举，转向实学，钻研与国计民生有切实关系的科学技术，开启了他人生中的重要转折。

在大哥宋应昇任桐乡县令的那几年，宋应星经常去探望，他发现当地水稻的产量远比家乡的要高，经过深入探究才明白，桐乡的农民在育种、移栽、除草等环节都实行了精细化操作。为了让更多人受益，他将这种秧苗移栽方法记录下来。如他写道："凡秧田一亩所生秧，供移栽二十五亩"，意指1亩秧苗，可以移栽25亩田，如此可以实现收益达最大化。时至今日，江西的一些农村里，还在沿袭这个比例。实践出真知，宋应星虚心向广大劳动者请教，及时缜密地记录下有关工农业生产的知识和技术。他前后用了八年时间，终于写成了《天工开物》这部宏伟的科学巨著。

《天工开物》的书名取自《周易·系辞》中的"天工人其代之"及"开物成务"。"天工"本指上天的创造、手艺，被引用来称赞劳动者的技艺高超，是"巧夺天工"的意思。

"开物"，引证解释通晓万物的道理。"天工开物"的意思就是"自然和人工共同开创万物"。全书约6.2万字，阐述了劳动者"巧夺天工"的技艺，分为上中下三篇18卷，依次为：乃粒（五谷）、乃服（纺织）、彰施（染色）、粹精（粮食加工）、作咸（制盐）、甘嗜（制糖）、陶埏（陶瓷）、冶铸（铸造）、舟车（车船）、锤锻（锻造）、燔石（烧造）、膏液（油脂）、杀青（造纸）、五金（冶金）、佳兵（兵器）、丹青（朱墨）、曲蘖（制曲）、珠玉。附有121幅插图，描绘了130多项生产技术和工具的名称、形状、工序，从盐、糖、油、酒、朱墨等日用生活品的生产，到交通工具的制造，以及冶炼、生产器具的创制、农业机械工具的制造与使用等都有记述，可谓包罗万象，堪称内容丰富的技术百科全书。宋应星强调人类要与自然相协调、人力要与自然力相配合，他对宋元以来中国古代劳动人民丰富的生产实践经验和科技成就进行了系统的总结，在中国乃至世界的科学史上均占有重要地位。

《天工开物》一书中记述的许多生产技术均为作者直接观察和研究所得。在生物学方面，他记录了农民培育水稻、大麦新品种的事例，研究了土壤、气候、栽培方法对作物品种变化的影响，在述及蚕种的培育时指出："若将白雄配黄雌，则其用变成褐茧。""今寒家有将早雄配晚雌者，幻出嘉种，一异也"。说明通过人为的努力，可以改变动植物的品种特性，得出了"土脉历时代而异，种性随水土而分"的科学见解，把我国古代科学家关于生态变异的认识推进了一步，为人工培育新品种提出了理论根据。

在古代农业生产工具和机械方面，《天工开物》首次记载了锌的冶炼方法，书中明确指出，锌是一种新金属，并且首次记载了它的冶炼方法，即用锌代替锌化合物（炉甘石）炼制黄铜的方法。这是人类历史上用铜和锌两种金属直接熔融而得黄铜的最早记录，是我国古代金属冶炼史上的重要成就之一，中国在很长一段时间里是世界上唯一能大规模炼锌的国家。宋应星还记载了利用银的活性提高金子的纯度的工艺：先将金块打成薄片剪短，每片用泥土包裹，将其置于火中熔化；随后用银汁浇在泥壳上，金汁立刻就流出来。因为金银密度不同，提炼后金子纯度很高。而那些渗入泥里的银汁也没有被浪费，用铅汁浇在泥上，高纯度的银子又出来了。

《天工开物》有关丝绸制作的技巧介绍既全面又详细，代表着当时手工生产的巅峰之作，很多内容还极富思想性，体现了作者较高的思想水平。他提到人之所以穿衣服是为了御寒遮羞，因身份贵贱、经济基础有别，而有穿棉、麻、葛、丝等不同材质衣服的区别；因气候温度，产生了夏服、冬裘等不同功效的服装；又因爱美的天性，发明了缫丝、扎染、刺绣等工艺，形成产业链。同时，还指出许多治国的道理如"治乱""经纶"，也源自织布、治丝的工艺，可是人们却对纺织视而不见，从而也难以真正理解其中深奥的道理。谈到"治丝"，作者绘图并佐以说明文字："凡治丝先制丝车，其尺寸、器具开载后图。"然后详述缫丝的过程与技巧："凡茧滚沸时，以竹签拨动水面，丝绪自见。提绪入手，引入竹针眼，先绕星丁头（以竹棍做成，如香筒样），然后由送丝竿勾挂，以登大关车。断绝之时，寻绪丢上，不必绕接。其丝排匀不堆积者，全在送丝竿与磨木之上。"让人一目了然。

宋应星把明代以前的许多科技完整地记录保存下来，这在世界古代农业科技史上也是少见的。由于宋应星在《天工开物》里将清朝斥为"北虏",这部奇书从顺治时期开始就被封禁,到了乾隆编修《四库全书》时,这部书被视作"忤逆之作",不予收录。然而,是金子终究会发光,《天工开物》问世之时正是全球"现代化"的起步阶段,随着大航海而来的全球交流的热潮,有不少版本流传海外,先后被译成日、英、法、德等国文本。著名的日本科学史家三枝博音认为,《天工开物》不只是中国,而且是整个东亚的一部代表性技术书,其包罗技术门类之广是同时期欧洲技术书无法比拟的。宋应星如果被请到产业革命前后的英国传授技术,他一下子就可拿到多项专利。著名生物学家达尔文亦阅读了译著,并称之为权威性著作,还把我国养蚕技术中的有关内容作为人工选择、生物进化的一个重要例证。英国科学史家李约瑟认为《天工开物》足可与狄德罗主编的18世纪《法国百科全书》匹敌。

任务三 农民的健康思维

一、从"传统农业"到"稳定的食物"

大约330万年前,人类祖先为了能更好地采集和分割食物,学会了使用石器,而石器的使用对于手的锻炼也促进了脑的进化。人类学会了聚集生活、制作工具、共同狩猎等,学会使用火之后,人类驶入了进化的快车道。火不仅驱赶野兽、带来温暖,更重要的是人类品尝到了熟肉的味道,最初的熟食由此诞生。熟食不仅有利于减少病菌感染,而且热能对食物分子的分解,能使人类吸收更多的营养物质,节约用于消化生食的能量,从而推进人类的脑发育,使人类变得更有创造力,继而不断地创造工具、提升猎食能力,这无疑加快了人类的进化历程。

大约9 500年前,人类的祖先发现了相对高产的谷物。谷物的种植改变了以狩猎采集为主的生存模式,人类从此得以定居,并获得了可靠又稳定的糖类来源,加快了繁衍生息的速度,也催生了最原始的农业。人类享受到种植业带来的馈赠,又尝试通过对一些野生动物品种进行筛选、驯养和繁育来满足肉食需求,同时降低狩猎的劳动成本。人类逐渐驯服了牛、羊、鸡等畜禽。驯养的动物一方面辅助种植,节约劳动力;另一方面可以满足人类的肉食需求,从而获得更多动物蛋白质。这期间,人类主导了很多植物和动物的进化和驯化,大大丰富了可食用动植物的物种多样性。

先秦时期生产力低下,粟作为中国原产的粮食作物,由于适应性强、耐旱力强、生长期短、易储存等特点,成为主食。粟米富含淀粉等糖类,可以提供充足的能量,同时,还含有蛋白质、氨基酸、脂肪、维生素及矿物质等,营养价值很高且营养成分比例十分均衡,但最大的缺点就是产量跟不上人口发展的需求。秦汉之后,农业水利设施的发展、耕作技术的提高及冬麦品种的出现，使小麦的高产特性得以发挥，从而成为北方人的主粮。两宋时期，南方的水稻异军突起，迅速成为中国第一大粮食来源，农业和食物结构也随之更替。在人口压力之下，中国人总是在寻求更高产更稳定的谷物，它们是糖类、纤维、蛋白质、B族维生素的良好来源，提供了当时人们所摄入热量的一半以上。

在我国早期的农业和食物发展过程中，外来作物的引进起到了十分重要的补充作用。两汉至隋唐时期，陆上丝绸之路为中国带来了一批西亚、北非、欧洲特有的水果、蔬菜、香料等作物，如葡萄、石榴、西瓜、胡萝卜、菠菜、黄瓜、大蒜等，极大丰富了国人的饮食内容。

明清时期，世界范围内的海上贸易发展开来，番薯、玉米等一大批美洲高产作物得以引入我国，并迅速成为我国传统农业的重要组成部分。当时社会相对安定，人口激增，幸而得益于高产的美洲作物，极大缓解了粮食危机，从营养层面为历史的繁荣奠定了基础。同时，美洲的辣椒、番茄、南瓜、莴笋、西葫芦、菜豆等蔬菜陆续引进，既解决了古代夏季蔬菜较少的问题，丰富了维生素、矿物质、膳食纤维的摄入，也丰富了国人的口味选择，对平衡膳食具有重要的意义。

伴随农业发展的，还有食物品种和供给不断富足之下，人们对烹饪和食物加工手段的大胆创新与经验积累。毕竟人类的本能总是驱使着我们不断追求品种更多样、口感更美味、营养更丰富的食物。以小麦为例，秦代石磨的发明、东汉面食加工技术的发展、魏晋南北朝时期面粉发酵技术的不断成熟，使小麦中丰富的面筋蛋白得以发挥，不仅提升了口感，还使之更容易消化吸收，同时，也大大激发了人们对面食制作的想象力。还有大豆，汉代水磨的发明解决了豆腐制作过程中最重要的磨浆工序，而豆腐可将大豆的蛋白质吸收率从60%提升到90%以上，这对缺少蛋白质摄入的古人而言，其重要性不亚于一场营养革命。

人类主动获得营养食物的能力已经远远超过了地球上的其他生物，使机体的营养需求得到了保障。同时，伴随着食物器具的发明创造、社会习俗与礼仪制度的渗透，丰富而厚重的饮食文化初见雏形，并随着中华文明的历史进程不断演进与发展。食物，不再仅仅是生存繁衍的需要，也逐渐与政治经济、精神文化、社会发展紧密联系起来。

扩展阅读

《黄帝内经》最早明确提出了平衡饮食的观点："五谷为养、五果为助、五畜为益、五菜为充，气味合而服之，以补精益气。""五谷"是大米、小麦、谷子、黄黏米、豆类，泛指可以被人类食用的各种谷物；"五果"是李子、杏、枣、桃、板栗，泛指水果和干果；"五畜"是指牛、犬、羊、猪、鸡，泛指各种畜禽；"五菜"是葵、韭、藿、薤、葱，泛指各类蔬菜。以谷物为主要能量来源，以肉、蛋、奶等食品补充蛋白质和脂类摄入，以蔬菜、水果为辅助，提供机体所需的各种维生素、矿物质和膳食纤维等，这与现代营养学的膳食金字塔的指导思想是不谋而合的。

《黄帝内经》中还提出"谷肉果菜，食养尽之，无使过之，伤其正也"，是说饮食要有节制有规律，暴饮暴食会伤身。同时，还应尽量按照不同食物的寒、热、温、凉"四气"和辛、甘、酸、苦、咸"五味"，与人的不同体质相对应的调和相宜之道进行食用，方能补精益气，健康长寿。可以说，"药食同源"的理念一直贯穿在中医理论基础中。至东汉时期，"医圣"张仲景著《伤寒杂病论》，其中更是提出许多具体的"药食同源"的名方，例如，当归生姜羊肉汤，可温中补虚、祛寒止痛；甘麦大枣汤，可养心安神、和中缓急；百合鸡子黄汤，可清滋心肺、益阴养血等。在没有现代分析技术，不知道食物营养元素组成及含量的情况下，我们的祖先根据"神农尝百草"式的经验积累，总结出这样一套"古代营养健康指南"，实属不易。许多学者认为，中国古典营养学理论体系浩瀚繁杂，对现代营养学的发展仍具有深远的指导意义，确是民族文化之瑰宝。

二、营养学的健康

形形色色的食品加工技术发展在保障食物安全性的同时，使食物的营养价值得到时间维度上的延长和空间维度上的扩展。例如，我国劳动人民在实践中所总结的蔬菜保鲜方法——泡菜。从人类有了农耕历史开始，为了使自己在食用谷物的时候营养更为均衡，人们就已经开始食用富含膳食纤维的蔬菜，但由于蔬菜的生产受到季节的影响，泡菜成为人民在寒冷的冬季也能吃到蔬菜的妙招。据北魏农学家贾思勰在《齐民要术》中的记载，我国在至少1 500年前就能够制作泡菜。泡菜的制作使得新鲜蔬菜的保质期得到延长，因而，人们可以更长时间享受到蔬菜的爽口，以及膳食纤维这一重要营养成分，同时，保质期的延长使得不同种类的蔬菜在不同区域得以传播，促进了另一种形式的蔬菜贸易的发展。

19世纪，自然科学取得了巨大进步。细胞学的提出、细菌学的建立、药理学和检验学的发展为生命科学的进步提供了基础条件；而试验生理学的兴起、外科学的进步更促使医学进入了大发展时期，人们对疾病的了解更加深入，对消化系统等的运转机制也更加明确。在生命健康相关的诸多领域，研究方法更加多元、更加系统。早在1806年，法国化学家就从芦笋里分离出了天冬酰胺，而后陆续通过水解不同的蛋白质，获得了更多氨基酸，也是在这期间发现有的蛋白质营养价值高，有的则营养价值不完全。维生素B1的发现，揭开了营养素与健康或疾病之间关系的研究篇章。1897年荷兰医生艾克曼发现食用糙米可以防止脚气病的发生。受到他研究结果的启发，人类开始通过食用粗粮来防止脚气病的发生，并一直努力探求糙米中防治脚气病的重要物质。

进入20世纪后，依托生理学、解剖学、化学等学科技术的进步，营养学作为一门研究机体代谢与食物营养素之间关系的学科，从现代医学的分支中萌芽并得以发展。维生素的概念是由卡西米尔·冯克于1911年前后提出来的，他从糠皮中提炼出一种物质，并发现这种物质对于治疗脚气病有很好的疗效，并将其命名为维生素B，即现在我们所称的维生素B1。他还从半糖中提取出尼克酸。1913年，美国科学家麦科勒姆等通过干眼病发现了维生素 A。1914 年，美国科学家肯德尔证实碘与甲状腺功能的关系。1918 年，美国科学家奥斯伯恩等证实了元素钠的必需性。1928 年，美国科学家哈特及其同事研究发现铜和铁对血红蛋白的合成均是必需的。而后科学家们陆续分析出了更多的食物营养成分，探究出它们与健康之间的关系，并开始用于指导膳食。

到 20 世纪中叶，所有主要维生素都被分离和合成。20 世纪后半叶，人们又逐渐确认了大部分微量元素的重要作用。科学家们在营养元素方面的分析和研究，不仅让人们更加了解自己的身体，也更加了解人类赖以生存的食物本质。在我国，早在 1938 年，中华医学会发行的特刊第 10 号就曾发表《中国民众最低限度之营养需要》。1952 年，我国出版了《食物成分表》，1959 年进行首次全国营养调查，1989 年发表第一版《中国居民膳食指南》。后来伴随着食物营养学、卫生学的发展及国民健康状况的变化，以上文件不断更新，用于指导预防和治疗疾病，指导农业生产和食物加工，同时，指导居民日常膳食选择。

近现代，农业逐渐走上区域化和专业化的道路，也充分显示出技术密集型的特点。通过把大量物质和能量投入农业生产中，换取更多的农产品，这一时期，人们食物供给的富足程度达到了前所未有的水平，蛋白质、维生素、矿物质元素的膳食摄入量得到提高。

与此同时，我国居民膳食营养状况得到改善，特别是供能营养素（糖类、脂肪、蛋白质）及能量摄入随食用农产品消费量的增长而增长。2017 年人均粮食（原粮）消费量 130 kg，其中谷物 119.6 kg、薯类 2.5 kg、豆类 8.0 kg；食用油 10.4 kg；蔬菜及食用菌 99.2 kg；肉类 32.2 kg，其中猪肉 20.1 kg、牛肉 1.9 kg、羊肉 1.3 kg；禽类 8.9 kg；水产品 11.5 kg；蛋类 8.2 kg；奶类 11.7 kg；干鲜瓜果类 50.1 kg；食糖 1.3 kg。与 2007 年消费结构相比，除粮食有所下降外，其他食物都有不同程度的提高，城乡居民膳食结构更加多样化。2007—2017 年，城镇、农村居民家庭恩格尔系数分别下降了 7.66 个百分点和 11.97 个百分点。我国居民营养状况显著改善，人均能量、蛋白质、脂类得到显著提高，居民营养水平已居发展中国家前列。

扩展阅读

我国居民营养供给存在不均衡问题，营养过量和营养不良问题同在。从食物消费提供的营养素与居民营养需要来看，我国能量供给总体过剩，但优质蛋白质和维生素、矿物质等微量营养素不足现象突出。

长时间的营养不良不仅会引发贫血、肺结核和肝炎等疾病，长期的营养不良状态还会造成人体免疫系统的破坏，使人体抵抗力出现一定程度的降低。营养不良会导致多种疾病的发生，损害人体各组织器官的正常生理功能。相关研究表明，严重的营养不良患者会出现智力下降、各种认知能力下降、发育迟缓、沟通能力下降、精力下降、肌肉力量下降等情况。

随着人民生活水平的不断提高，营养过剩逐步成为威胁现代人身体健康的"头号元凶"。当人体摄入营养量远超自身所需总量时，就会导致营养过剩的发生。对于生长发育期的青少年而言，营养过剩会直接导致青少年体重超标，引发各种疾病。有研究表明，营养过剩与动脉硬化、脂肪肝、糖尿病、高血压、冠心病、痛风等疾病的关系十分密切。因此，营养过剩引发的健康问题不容忽视。

伴随着在世界范围内人类活动半径的扩大、生产生活节奏的加快，快捷食品、深加工食品越来越受欢迎。人类进化过程中留下的追求高能量的本能，使我们很容易迷失在这样五彩纷呈的"食物丛林"中。随着快餐的风靡，超市包装食品货架的不断扩张，人们不仅越来越习惯于唾手可得的食物，沉迷于咀嚼起来更加"过瘾"的口感。譬如很多人会理所当然地认为好的面粉理应是细腻雪白的，却不知道过度加工后，小麦中维生素含量会大打折扣。出粉率60%的深加工面粉与出粉率80%的相对粗糙的面粉相比，维生素E破坏率从10%增加到90%，B族维生素破坏率也增加5%～30%。可以说，加工食品不仅丰富了人们的膳食选择，不断扩大着市场规模，也逐渐改变了人们的营养结构和饮食潮流。高脂肪、高盐、高糖的饮食倾向越来越低龄化，由此带来的健康隐患也越来越严重。

三、健康的未来

为了促进人类的健康，预防各种慢性疾病，人们需要更注重食物的营养质量，需要更多的保健成分和更好的膳食模式，而我们的农业和食品工业也开始适应这个潮流。食物生产的目标正在向以营养为导向的高产、优质、高效、生态、安全转变；关于食品生产与消费的理念由过去"生产什么吃什么"逐步向"需要什么生产什么"转变，由"加工什么吃什么"逐步向"需要什么加工什么"转变。

在农业生产方面，伴随着高新技术的发展，电子、原子能、激光、遥感技术、人造卫星开始运用于农业生产，性能优良的拖拉机、农用飞机等各种机械成为主要农业作业工具，太空育种、基因工程、克隆技术充分运用到农业品种改良过程中，栽培技术、肥水管理、植保综合防治等环节均进入信息化管理阶段。在科技创新的加持下，农产品供给开始往绿色、高质量方向发展。科学家们不断培育出环境适应性强、抗虫抗病力强的作物品种，从而节约环境资源；无土栽培、空气种植法等新型栽培技术正在尝试解决空间和水资源的利用问题；人造肉（培养皿中获得肉）、可食用昆虫等有望解决肉类带来的资源消耗和碳排放问题。高附加值营养导向作物逐渐成为重要发展趋势。从育种选择到栽培管理，再到收储运各个环节，科学家和生产者都在着力开展营养价值的挖掘与保护。营养导向型农业技术创新和营养标准的建设已提上日程。伴随着移动互联网、物流网、云计算和人工智能的发展，智慧农业方兴未艾，使精准化种养殖、可视化管理、智能化决策成为现实。同时农产品电子商务蓬勃发展，中央厨房和智慧营养配餐概念逐渐打开市场，食品追溯鉴定系统也越来越便捷高效。新业态的兴起为农业和食品的未来拨开迷雾，带来了巨大的希望。

在食品加工方面，现代营养、生物、机械、程控、材料等领域的高新技术不断涌现，结合到食品分离、加工、贮藏保鲜、灭菌、检测各个环节中。加工技术不断创新，新型食品加工技术如超高压技术、超微粉碎技术、微胶囊技术、食品挤压加工技术、纳米技术、微波技术处理等精益求精；食品用途不断拓展，以功能食品为主的特殊食品越来越向日常膳食的领域渗透；食品加工与营养品质之间的关系逐渐明确，使加工技术更有导向性。生鲜农产品全程冷链技术革新，使得食物流通量不断提高；农产品梯次加工综合利用技术也不断发展，利用率大大增加；绿色智能化加工减少了人工耗能；大数据与信息技术的应用，使得供应体系更有针对性、更加主动……可以说，针对全产业链的新型农业正逐渐打开局面。

新型食品材料和加工技术的大胆创新，为未来食物提供新的可能。譬如 3D 食物打印机，这是一种可以把食物"打印"出来的机器。它使用的不是墨盒，而是油、蛋白质粉和糖类等食物原料，输入食谱，按下制作键，余下的烹制程序它就会自己完成，输出来的不是一张又一张的文件，而是真正可以吃下肚的食物。3D 食物打印机有助于利用全新的食品原料，便捷地制作非传统食品。例如，可以从藻类、昆虫中提取蛋白质，而后"打印"成高蛋白的功能食品。再如，细胞工厂、生物制造等技术也在不断尝试新的产品。

食品用途不断拓展。特殊用途食品如功能食品、医学辅助食品、军事和航天食品等领域蓬勃发展。随着消费者营养意识的增强和对自身健康管理的重视，以功能食品为主的特殊食品，如高纤维食品、美容食品、抗疲劳食品等越来越向日常膳食的领域渗透。

总而言之，无论是农业供给层面，还是食品加工层面，新时代新科技的广泛渗透使我国营养供给体系更加科学与职能。新时代，我国营养与健康领域的发展依旧闪耀着中华民族对生命的敬畏之光，积极主动的探索和创新精神也将一直引领我们走向更平衡、更充分、更持续的营养健康之路。

扩展阅读

唐代孙思邈可将疾病分为"未病""欲病""已病"三个层次。《千金要方·论诊候第四》曰："古人善为医者，上医医未病之病，中医医欲病之病，下医医已病之病，若不加心用意，于事混淆，即病者难以救矣。"意思是说从事医生职业的人，最好的医生善于在人们身体健康之时预防疾病，注重养生，保持健康。中等水平的医生善于抓住将要生病而还没有发生疾病之时，预防疾病的发生和注重欲病早调，避免疾病的发生。一般水平的医生治疗已经发生的疾病，然而待疾病发生了诊治就会很困难。

未病之病，是指身体健康，没有疾病，同时还包括心理健康。人体要维持健康的状态，达到延年益寿的境界，除躯体的完整和健全外，还包括心理及社会的适应能力的正常。这种状态，中医称为"阴阳平和"，属于未病的范畴。

欲病之病，孙思邈曰："凡人有不少苦似不如平常，即须早道，若隐忍不治，希望自差，须臾之间，以成痼疾。"意思是说很多人的痛苦在于身体不适，精神和体力今不如昔，一定要及早了解养生的方法，尽快调理，避免疾病的困扰。如果勉强忍受不进行调理，自认为可以自愈，过不了很久，就发展为顽固之疾。这种侥幸心理在实际生活中屡见不鲜。欲病之病，在外表上虽然有不适的症状表现，仅仅是"苦似不如平常"，又不足以诊断为某一种疾病，即属现代所说的亚健康阶段，全身不适，勉强坚持工作，到医院检查各项指标又都未见异常，是人体处于未病与已病之间的一种状态。

孙思邈告诫我们要："消未起之患，治未病之疾，医之于无事之前"。欲病预防在先，"五脏未虚，六腑未竭，血脉未乱，精神未散，服药必活"。即在五脏没有虚损，六腑尚未衰败，气血运行还未紊乱，神气犹未涣散，病势处于轻浅阶段时，及时服药调理，每能痊愈。欲病先防，强调顺应自然的整体观念，重视调动体内正气的作用，《素问·遗篇法论》曰"正气存内，邪不可干"。如果错过了对未病的预防，就必须重视对欲病的预防治疗良机，不能再错过。发展到"五脏已虚，六腑已竭，血脉已乱，精神已散"时，疾病已成，五脏六腑功能衰败，气血运行紊乱，精神气耗散，服药救治也不一定都有效，即使保住了生命，其生命的质量也就难保证，没有希望恢复到健康的状态。

预防的含义，应该是天人合一，主动适应和顺应大自然的规律，增强体质，在未病的情况下积极防御，避免发展到欲病状态，而且这一阶段至关重要，对生命质量的影响主要在此。预防的时机，可以在未病之前，也可以在欲病之前，但最好别在已病之时或之后，以免木已成舟，为时太晚！

中医认为，疾病的发生固然与外在的邪气侵袭人体有关，但必须是在人体气血脏腑失和时，才会发病。即疾病的发生是外因（邪气）作用于内因（正气）的结果。所以临床上十分强调顾护正气，防患于未然。

治未病主要是养生防病和欲病早治，属养生延年的范畴。包括未病先防和既病防变。清代叶天士《温热论》曰："务在先安未受邪之地"。温病属热证，热偏盛而易出汗，极易伤津耗液，故保津护阴属未雨绸缪、防微杜渐之举，对于温病是控制其发展的积极措施。吴鞠通《温病条辨》的保津液和防伤阴，亦为治未病。

《内经·素问·四气调神论》曰："是故圣人不治已病治未病，不治已乱治未乱，此之谓也。夫病已成而后药之，乱已成而后治之，譬犹渴而穿井，斗而铸锥，不亦晚乎！"从正反两方面强调治未病的重要性。《素问·刺热篇》曰："病虽未发，见赤色者刺之，名曰治未病"。此所谓"未发"，实际上是已经有先兆小疾存在，即疾病时期症状较少且又较轻的阶段，类似于孙思邈所说的"欲病"，在这种情况下，及时发现，早期诊断治疗无疑起着决定性作用。《灵枢经·逆顺篇》曰："上工刺其未生者也；其次，刺其未盛者也，……上工治未病，不治已病，此之谓也"。强调在疾病发作之先，把握时机，予以治疗，从而达到"治未病"的目的。元代医学家朱震亨在《丹溪心法》中进一步解释道："与其救治于有病之后，不若摄养于无疾之先；盖疾成而药者，徒劳而已。是故已病而不治，所以为医家之法；未病而先治，所以明摄生之理。夫如是，则思患而损防之者，何患之有哉？此圣人不治已病治未病之意也。"

汉代张仲景对于治未病有独到的研究。据《针灸甲乙经·序》记载，一天，张仲景与侍中王仲宣相遇。张仲景说他已患病了，40岁时眉毛要脱落，然后过半年就要死去，并告诉他服五石汤可免除。王仲宣觉得张仲景的话逆耳，就没服药。后果如仲景所言，先是眉落，继则死去。由此可见，张仲景诊察未病的造诣很深，对治未病理论也有独到的阐发，如《金匮要略》曰"见肝之病，知肝传脾，当先实脾"。《伤寒论》中治阳明腑实证创三承气汤，实为急下存阴之法。

明末清初，医家喻嘉言《医门法律》以未病先防，已病早治的精神贯穿始终。中风门中的人参补气汤便是御外入之风的绸缪之计；血痹虚劳篇中对于男子平人谆谆致戒，是望其有病早治，不要等虚劳病成，强调于虚劳将成未成之时，调荣卫，节嗜欲，积贮渐富，使虚劳难成。

表面上看似健康的人，突发重病，而且难以回生，这绝不是偶然的，潜伏在体内的变化，往往被人们忽视了，对医生而言即是误诊。

已病之病，就是已经发生了疾病。正如众所周知，很多老百姓：十年辛苦创小康，一朝患病变穷光。众多的病人面对着高昂的医疗费用痛心欲绝，很多病人为生命的最后几小时，动辄花费数十万甚至数百万的抢救费用，只是无数患者在花尽了毕生的积蓄之后，却不得不面对着束手无策的医生，怀着对生命的无限眷恋，遗憾地与世长辞！而此前，对预防不以为然，嗤之以鼻，更不愿花万分之一的金钱或时间于此。现在，越来越多的人已经开始意识到预防的重要性。

耕读实践一

认识农耕器具

一、实践目的

了解常见农具的基本特征和作用，初步了解种植工具的一些基本知识，学会简单种植工具的使用，从而懂得农具对于农业发展的重要性，引导学生热爱劳动，培养劳动技能，引导学生细心观察生活之美。

二、实践步骤

1. 确定主题

农业是人类的"母亲产业"，远在石器时代，农业就已经是人类抵御自然威胁和赖以生存的根本，农业养活并发展了人类，没有农业就不会有人类的现代文明。社会生产的发展首先开始于农业，在农业发展的基础上才有工业的产生和发展，只有在农业和工业发展的基础上，才会有第三产业的发展。可见，农业是当之无愧的"母亲产业"。农业的地位和作用可以概括为"国民经济的基础"。从事农业生产，需要各种各样的农具。

2. 小组讨论交流

4人为一小组。以小组为单位进行交流：你知道哪些农具？它们的用途是什么？请写出其中的几种。

3. 认识传统农具

（1）板车。所谓板车（图3-24），就是一根轴上两边各有一个轮子，然后用几块木板组装而成的。使用这样的车子，因为有了轮子来助力，一个成年人能轻易拉起数百斤的重物。在北方地区，人们一般都使用马车、牛车，而在一些山区则较多使用独轮车。

（2）石磨。石磨（图3-25）由两块尺寸相同的磨盘构成，两层的接合处都有排列整齐的磨齿，使用时将粮食从磨盘上方小孔倒入，然后转动磨盘即可。石磨常用来把米、麦、豆等粮食加工成粉或浆。

图3-24 板车

图3-25 石磨

（3）簸箕。簸箕（图3-26）是农村里家家户户都有的，有圆形的大簸箕，也有方形的小簸箕。这也是一种简易的给稻谷除杂的工具，基本都是采用竹片编织而成的。

以前的碾米机除杂效果不好，里面会有很多的碎米，还有一些谷、小石头等。此时就会使用簸箕来给稻谷除杂，通过簸箕上下颠簸而将谷物、壳子，以及一些灰尘和轻的脏东西分离。看似很简单，但如果掌握不好，很容易就掉到地上。

图3-26 簸箕

（4）扁担。扁担（图3-27）是放在肩上挑东西或抬东西的工具，用竹子或木头制成，扁而长。扁担的外形一般都是简朴自然：直挺挺的，不枝不蔓，酷似一个简简单单的"一"字。

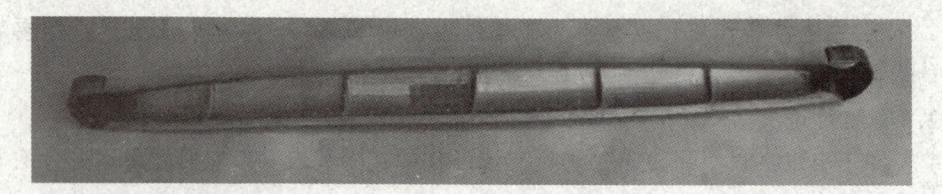

扁担是生产生活中的用具之一，尤其在山区交通不便的地方，它依旧是搬运货物便捷有效的工具。

图3-27 扁担

(5) 箩筐。箩筐（图 3-28）是用来担重物的，一般都是成对出现，然后用一根扁担挑起来。现在这种农具在农村不少家庭中还能看到，如采摘水果、稻谷收获，就会用它挑回去。还有些集市上，也有人用它装东西来售卖。

(6) 竹筛。竹筛（图 3-29）由竹篾编制而成。与箩筐不同，其呈扁平状，底部有小孔，常用于筛选不同直径的物质颗粒。

(7) 犁耙。犁耙（图 3-30）是用来翻耕土地的工具，非常笨重，一般都是套在牛脖子上，依靠牛来拉动。也有一些小型的，则是依靠人力来拉。

图 3-28　箩筐

图 3-29　竹筛

图 3-30　犁耙

(8) 耙子。耙子（图 3-31）是指归拢或散开谷物、柴草或平整土地用的一种农具，柄长，装有木、竹或铁制的齿。翻耕土地的农具，一般有二指耙、三指耙和四指耙。挖红薯的时候常用二指耙，而翻耕稻田多用四指耙。

(9) 锄头。锄头（图 3-32）是一种我国传统的长柄农具，其刀身平薄而横装，收获、挖穴、作垄、耕垦、盖土、筑除草、碎土、中耕、培土作业皆可使用，属于万用农具，是农民常用的工具。使用时以两手握柄，做回转冲击运动。其构造、形状、质量等依地方、依土质而异。

(10) 铁锹。铁锹（图 3-33）是一种农具，可以用于耕地、铲土。其长柄多为木质，头是铁的，可军用。常用的铁锹有尖头铁锹、方头铁锹。

(11) 耧。耧（图 3-34）是一种原始的播种机。前方由人牵引，后面有人把扶，可以同时完成开沟和下种两项工作。中空开沟和下种配件犁具可成组装配，常为 3 只，这时因阻力较大，常需用牲畜引耧。引耧常用牛，优点是缓而稳。这种农具是现代播种机的前身。

图 3-31 耙子

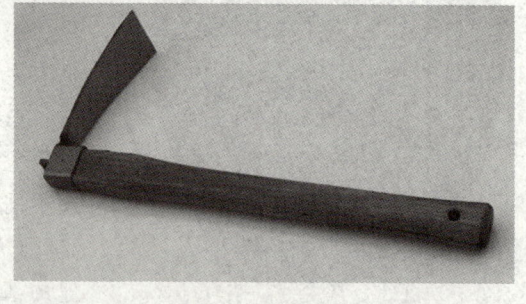

图 3-32 锄头

图 3-33 铁锹

图 3-34 耧

耧的主要功能就是为播种而开沟,是整个播种机的开路先锋,没有这种专用的耧铧,开的沟可能过宽、过深,不利于保墒。若土壤中水分散尽,种子就不容易发芽。

(12) 镰刀。镰刀(图 3-35)俗称割刀,是农村收割庄稼和割草的农具。镰刀由刀片和木把构成,刀片呈月牙状,刀口有斜细锯齿,尾端装有木柄,用以收割稻麦。有的刀片上带有小锯齿,一般用来收割小麦、稻谷等。

(13) 铡刀。铡刀(图 3-36)是切草、树枝、根茎等的五金刀具。在底槽上安装有刀身,刀的一头栓杆固定在底槽上,可活动,一头有把,可以上下提压。

图 3-35 镰刀

图 3-36 铡刀

三、实践评价

劳动内容：				
	序号		课程评价标准	得分
自我评价	1		讲卫生，勤洗手、勤剪指甲，保持衣服干净整洁；公共场所不乱丢垃圾、果皮纸屑，不随地吐痰，不乱涂乱画（10分）	
	2		上课前做好充分的预习准备，通过各种渠道了解相关的主题内容，仔细阅读背景材料（10分）	
	3		课堂上积极参与小组活动，根据小组的活动要求，制订方案，完成自己的工作（10分）	
	4		积极主动完成教师布置的任务，项目实践操作合乎任务要求（10分）	
	5		根据课程内容举一反三，运用本节课学习的知识为自己和他人的生活服务（10分）	
	6		乐于助人，帮助团队成员，言行举止使团队能很好地合作（10分）	
	7		遵守劳动安全规定和操作要求（10分）	
	8		劳动有创新（10分）	
教师评价	序号		课程评价标准	
	1		学生顺利完成任务，遵守纪律，认真听讲，及时记录课堂笔记（10分）	
	2		学生积极参与劳动实践活动，理解活动意义，学会爱惜道具用品（10分）	
劳动感悟				
教师评价				
填写人：		日期：		

耕读实践二

感受农具的发展与进步

一、实践目的

了解常见农具的基本特征和作用,引导学生热爱劳动,培养劳动技能,引导学生细心观察生活之美。

二、实践步骤

传统种植工具大多适用于小面积土地的精耕细作。为了提升大面积土地耕作的效率,智慧的劳动人民不断地探索研究,发明了许多新型的农具,提高了劳动效率,降低了劳动强度。

以小组为单位交流认识现代农业机械,然后展示讨论结果。

(1)拖拉机。拖拉机(图3-37)是用于牵引和驱动作业机械完成各项移动式作业的自走式动力机,也可作为固定作业动力。拖拉机虽是一种比较复杂的机器,其形式和大小各不相同,但它们都是由发动机、底盘和电器设备三大部分组成的,每一项都是不可或缺的。

(2)播种机。播种机(图3-38)是以作物种子为播种对象的种植机械。用于某类或某种作物的播种机,常冠以作物种类名称,如谷物条播机、玉米穴播机、棉花播种机、牧草撒播机等。播种机种植的对象是作物的种子或制成丸粒状的包衣种子。

图3-37 拖拉机 　　　　　　　　图3-38 播种机

(3)联合收割机。谷物联合收割机统称联合收割机(图3-39),就是收割农作物的联合机。它在20世纪50年代初被称作康拜因,是能够一次完成谷类作物的收割、脱粒、分离茎秆、清除杂余物等工序,从田间直接获取谷粒的收获机械。

在联合收割机出现以前,脱粒机和机械收割机等器械,大大提高了19世纪时的农业生产率,这使用比以前少的工人去收割更多的谷物成为可能。19世纪后期发明的联合收割机,更进一步地提高了这一效率。联合收割机使收割与脱粒机结合在一个整件中,使农民能以单一的操作去完成收割和脱粒,从而节省了人力、物力,大大减轻了农民的负担。

(4)脱粒机。脱粒机(图3-40)为收割机械,是能够将农作物籽粒与茎秆分离的机械,主要是指粮食作物的收获机械。根据作物的不同,脱粒机的种类也不同,如打稻机适用于水稻脱粒,用于玉米脱粒的称为玉米脱粒机等。

图 3-39　联合收割机　　　　　　　　图 3-40　脱粒机

三、实践评价

劳动内容:			
	序号	课程评价标准	得分
自我评价	1	讲卫生,勤洗手、勤剪指甲,保持衣服干净整洁;公共场所不乱丢垃圾、果皮纸屑,不随地吐痰,不乱涂乱画(10分)	
	2	上课前做好充分的预习准备,通过各种渠道了解相关的主题内容,仔细阅读背景材料(10分)	
	3	课堂上积极参与小组活动,根据小组的活动要求,制订方案,完成自己的工作(10分)	
	4	积极主动完成教师布置的任务,项目实践操作合乎任务要求(10分)	
	5	根据课程内容举一反三,运用本节课学习的知识为自己和他人的生活服务(10分)	
	6	乐于助人,帮助团队成员,言行举止使团队能很好地合作(10分)	
	7	遵守劳动安全规定和操作要求(10分)	
	8	劳动有创新(10分)	

续表

教师评价	序号	课程评价标准	
	1	学生顺利完成任务，遵守纪律，认真听讲，及时记录课堂笔记（10分）	
	2	学生积极参与劳动实践活动，理解活动意义，学会爱惜道具用品（10分）	
劳动感悟			
教师评价			
填写人：		日期：	

耕读小结

农民对日常生活习俗的现时态度和未来指向，是保持农民文化自信的有效途径。农民日常生活习俗、农耕器具的复兴应从"重物轻人"的观念中解放出来，注重农村价值秩序的保护，建立乡土秩序与法律、法规共同发挥作用的社会秩序。本项目主要介绍农耕习俗、传统的农耕器具、农民的健康思维。

耕读思考

1. 农耕环境对居住影响有哪些？农耕生产对居住影响有哪些？
2. 农耕习俗与宗祠、文庙有什么关系？
3. 百姓耕作方式的探索和生产工具的革新是如何传承下来的？
4. 从"传统农业"到"稳定的食物"经历了哪些时期？

项目四 中国农业现代化与农业科技发展探索

知识目标

1. 了解农业现代化内涵认识的演变过程、农业现代化的特征；熟悉农业现代化的指标体系、现代生产方式和绿色发展方式。
2. 了解农业与农业生产，熟悉科技是推动农业生产的动力，熟悉创新是农业科技进步的必然选择。
3. 了解新中国农业科技探索。

能力目标

1. 能够对农业农村现代化有一个初步的认识与了解。
2. 能够与同学分享农业农村现代化建设与劳动教育的融合途径。

素养目标

树立新时代劳动价值观，提升诚实劳动意识的自觉性与坚定性，积极投身实现中国梦的伟大实践。

项目导读

党和政府历来高度重视农业农村现代化的发展，把农业农村现代化摆在国家现代化建设推进工作的突出位置，注重对实践经验的总结，不断深化对农业农村发展规律的认识。中国式现代化是庞大人口规模的现代化，是全体人民共同富裕的现代化，是物质文明与精神文明相协调的现代化，是人与自然和谐共生的现代化。

任务一 中国农业现代化

如何实现农业现代化是当前一个非常重要的理论问题和实践问题，必须对国内外农业发展的方式进行系统分析和概括，结合我国现实的国情、农情，在科学认识和把握农业现代化的内涵、特征及未来发展趋势的基础上，采取切实有效的措施，全面推进农业现代化建设。

一、农业现代化内涵认识的演变过程

农业现代化是指从传统农业向现代农业转化的过程和手段。世界各国农业发展各异，对农业现代化的概念及内涵的认识也不尽相同。其演变过程可归纳为以下三个阶段：

第一阶段：以现代工业为主的农业现代化。在较早时期，人们对农业现代化的认识局限于传统农业与现代工业的结合，以现代工业的成果广泛应用于农业生产过程为主要代表，形成了以机械化、化学化、水利化、电气化为主体标志的农业现代化。

第二阶段：以现代科技为核心的农业现代化。农业生产既要采用现代工业先进物质技术，又要广泛应用现代科学技术，使整个农业生产的各个环节实现科学化、社会化、专业化。同时，农业生产成为社会生产的有机组成部分，农业产业化是农业生产纵向社会化的主要代表，农民组织化是农业横向社会化的主要标志。

第三阶段：以农业可持续发展为核心的现代化。在农业现代化概念中增加了农业可持续发展的概念，着眼于农业生态平衡与环境保护以及自然资源可持续利用。

在这三个阶段中，农业科技推广与应用是农业现代化内涵的应有之义。第一阶段更加看重现代工业发展的成果在农业生产领域的推广与应用，当然，科技进步也是现代工业发展的重要表现之一；第二阶段更加强调了科学技术特别是农业科技在农业现代化中的作用，并说明农业科技是实现农业生产科学化的前提和基础；第三阶段更进一步说明了农业科技在推进农业生产产量和质量持续提高的基础上，还要兼顾农业可持续发展。

二、农业现代化的特征

从当前农业发达的国家和地区发展上看，农业现代化具有以下几个方面的基本特征：

（1）农业生产机械化。农业生产机械化在农业现代化中处于基础地位，主要是指在农业生产过程中普遍实现机械化，运用先进设备代替人的手工劳动，极大地改善劳动工具，特别是在产前、产中、产后各个环节广泛采用机械化作业，大大降低劳动者的体力强度，改善劳动者的劳动条件与环境，提高劳动生产率。

（2）农业生产技术科学化。科技是推动社会经济发展的核心，更是农业现代化进程的核心。现代科技是农业生产发展的动力源泉和主要推动力。农业生产技术科学化，就是要把先进的科学技术广泛应用于农业，提高农业生产的科技水平和农产品的科技含量，提升农产品的质量和产量，降低生产成本，保证食品安全。

（3）农业基础设施现代化。因农业的弱质性，农业生产必须具有良好的基础设施，农业发展才有根基，因此农业基础设施现代化是农业现代化发展的前提。农业基础设施主要包含农村道路、水利、电力和通信等基础设施。只有贯通了城乡道路，建立了农村电力网络和通信网络，提升了农田水利工程抗灾减灾的能力，才能逐渐缩小城乡差距，为农业科技在农业领域的大量推广应用奠定基础。这样既有利于增强农业抵御自然灾害的能力，又有利于农业资源的高效利用。

（4）农业生产劳动者素质现代化。劳动者是农业生产的最基本生产要素，在所有参与农业生产的要素资源中具有主导地位。提高农业生产劳动者素质是实现农业现代化的关键，提高农业劳动者的思想道德素质和科技文化素质，使农业劳动者熟悉农业生产的相关政策和法律知识。农业生产劳动者综合素质高，才能充分理解和认识农业科技的重要性，才能增强农业科技应用的主动性，在农业生产的各个环节中科技应用率才高，农业产品的科技含量才高、市场竞争力才强。

（5）农业经营方式现代化。农业现代化的过程，也是传统粗放型农业逐步向现代集约型农业转变的过程，改变粗放的、落后的传统农业就是要把农产品粗加工转变成现代精加工、深加工；把单一的经营格局转变成产供销一体化的经营格局，使农产品生产、加工、流通各环节相结合。经营方式现代化，还体现在农业现代化要与工业化、城市化协调发展，大力发展产业化经营，提高农业经营效益，增强农业抵御自然风险和市场风险的能力。

（6）生态环境可持续发展。自然环境是人类社会赖以生产和发展的基础，保护生态环境是实现社会经济可持续发展的重要物质条件。农业现代化进程必须用现代化的手段保护环境，不但不能在农业生产过程中破坏生态环境，而且还要大力保护生态环境，使农业生态环境更加美好，促进农业可持续发展。

农业生产科技不仅是农业现代化的一个重要特征，而且还会更广泛地渗透农业生产的各个方面、各个环节。如在经营方式中，不仅要体现农业生产工具的机械化、现代化，而且还要实现管理工具的现代化，特别是互联网的推广应用，加速了农产品销售的信息化。这些都离不开科技在各个领域的推广、应用和渗透。

三、农业现代化的指标体系

农业现代化指标是认识农业现代化发展水平、发展程度的重要依据，不同国家和地区因资源禀赋条件差异，其标准体系也略有差异。

1. 国外农业现代化的指标体系

许多发达国家以本国农业实际出发，依托发达的工业和先进的科学技术，走上了自己的农业现代化道路。下面简要介绍具有代表性的美国、日本和法国的农业现代化指标体系。

（1）美国。美国地域辽阔，人口只有3.33亿人，农业自然资源丰富多样，农田面积占国土面积的21%，人均耕地面积为11公顷。人少地多，劳动力供给短缺，导致了劳动力的价格相对较高，农业现代化进程主要依靠农业机械化。因此，衡量美国农业现代化进程的主要指标就是美国的农业机械化水平。美国先后经过了半机械化阶段、田间作业机械化阶段和全盘机械化阶段，最后到注重农机具的数量和质量，注重对精细作业使用的农业机械。

（2）日本。日本国土面积较小，但人口却有1.26亿人，农业资源比较匮乏，耕地面积508.3万公顷，占国土面积的13.5%，人均耕地面积只有0.04公顷，人地矛盾比较还严重，导致了日本农业现代化进程主要依靠农业科学技术。因此，衡量日本农业现代化进程的指标就是看农业科学技术水平。日本人多地少，现代化进程却走出了以生物技术为主的农业科学技术道路，缓解了土地资源不足，提高了农产品产量，增加了农产品供给。

（3）法国。法国国土为55.1万平方千米，人口为6 804万人。同时，法国还有一个非常重要的特征，就是农业有效用地占国土面积比重较高，达到85%。法国既不同于美国地多人少，又不同于日本人多地少。因此，法国的农业现代化进程是由农业机械化和农业科学技术相结合，实现了农业生产技术现代化和农业生产手段现代化，实现了农业机械化、电气化、园林化，提高了土地生产率和劳动生产率。

由以上可见，各国农业现代化指标体系设计因其农业资源状况不同，其内涵标准也各不相同。因此，每个国家、地区都要从自身的实际出发，制定适合自身农业发展的农业现代化指标体系。

2. 我国农业现代化的指标体系

我国是地域广阔、人口众多的国家，农业生产的资源不仅分布极不平衡，而且利用率也比较低。如对天然降水的有效利用率不到10%，对灌溉水的有效利用率不到40%。伴随着社会经济的发展、人口的持续增长、资源的短缺，人口与资源的矛盾将不断扩大，农业现代化建设依然严峻。因此，从实际出发，制定符合国情的指标体系，将会更加有利于农业现代化的发展。在长期的农业现代化建设和探索过程中，在不同时期，我国结合当时的农业发展状况，形成了反映农业现代化的指标体系。中华人民共和国成立初期，我国形成了以农业生产总值、农业设施投资、粮食产量、劳动生产率、农民消费水平指数等为指标的指标体系。改革开放后，衡量农业现代化的指标体系主要包括农业生产总值、农业设施建设、农业生态环境质量、农业经济结构和农民人均纯收入5个一级指标。目前，关于农业现代化指标体系的研究较多，比较公认的指标体系主要包括农业机械化水平、农业生态环境质量、农业科学技术、农业基础设施、农业经济结构、劳动者素质6个一级指标。其中，农业机械化水平包括水稻、小麦、玉米、大豆、棉花等主要农作物的生产全程机械化（60%）、畜牧机械化水平2个二级指标；农业生态环境质量包括农作物秸秆利用率（60%）、畜牧养殖废弃物利用率（60%）2个二级指标；农业科学技术包括自主知识产权量、农作物新品种、农业科技进步贡献率（55%）3个二级指标；农业设施建设包括科研仪器基础设施建设、重点实验室建设2个二级指标。

四、现代生产方式和绿色发展方式

1. 现代生产方式

70多年来，从"人扛牛拉"传统生产方式，发展成了机械化、自动化、智能化的现代生产方式，我国农业生产方式实现了从人力、畜力为主向机械作业为主的历史性跨越。目前，全国农作物耕种收综合机械化率超过67%，在部分领域、部分环节逐步实现"机器换人"，显著增强了农业综合生产能力。

（1）在农机装备研制方面，"东方红"200马力拖拉机填补了国内大马力拖拉机空白，先后研制了4 000多种耕整地、种植机械、田间管理、收获、产后处理和加工等机械装备。

（2）在主要作物主要环节全程全面机械化方面，小麦生产基本实现全程机械化，水稻、玉米耕种收机械化率超过80%，油菜、花生、大豆、棉花机械化作业水平大幅提高，畜禽水产养殖、果菜茶、设施园艺等设施化、机械化取得长足发展。

（3）在农业生产信息化、精准化、智能化方面，经过近40年的引进消化和创新发展，2021年，我国智能农机与机器人、无人机植保服务、农业物联网、植物工厂和农业大数据等板块占全球农业科技市场比例，分别达到34%、45%、34%、30%和30%。

2. 绿色发展方式

70多年来，从"大水、大肥、大药"的粗放生产方式，转变为资源节约环境友好的绿色发展方式。我国的基本国情、资源禀赋和发展的阶段性特征决定了必须走"一控两减三基本"的绿色发展道路。

（1）在农业节约用水上，20世纪50年代以来，我国先后建成了400多个灌溉试验站，在旱作节水、滴灌喷灌等科技领域的理论方法、关键技术、重要装备及管理规范等方面涌现出一大批优秀成果，节水灌溉面积达到4.66亿亩。

（2）在化肥农药科学施用上，从二十世纪七八十年代增产导向的过量施用向目前提质导向的科学施用转变，实现了化肥农药从过量施用到现在的零增长、负增长转变，全效低毒农药和生物农药，使农作物生物防控技术得到迅猛发展。

（3）在农业废弃物资源化利用上，农作物秸秆从单纯的燃料化向燃料化、原料化、饲料化、肥料化、基料化等多用途综合利用转变。畜禽养殖废弃物由直接排放向集中处理、循环利用转变，农膜使用带来的耕地"白色污染"，正在通过机械捡拾、统一回收处理、生物降解等方式逐步得到控制和解决。

> 扩展阅读

世界发达国家的农业现代化模式

1. 美国农业现代化模式

美国是世界上经济最发达、科技最发达的国家之一，也是世界农业强国。美国农业科技贡献率在80%以上，农业科技成果的转化率也在80%以上。由于幅员辽阔、土地资源丰富，农业生产建立在农场的基础上。农场制的存在充分发挥了农业现代化的规模化生产和机械化生产，以及高效率管理的优势。因此，美国的农业现代化主要是以农业生产的机械化为主而实现的。在美国农业现代化模式中，农业科技创新扮演着重要的角色。

（1）劳动力短缺，刺激了农业机械的发展。人少地多、劳动力短缺、劳动力要素相对昂贵，再加上实施农场制生产方式，大大刺激了农业技术，特别是农业机械的发展。农场主在农业生产中大量使用现代化的机械设备和发达的科学技术，不仅弥补了劳动力的短缺，而且极大地提高了农业剩余的供给能力。

（2）土地规模经营为现代化机械设备推广应用提供了基础。农场是美国农业生产的基础组织，也是最适合于人少地多的国情需要的生产组织形式。美国农场分为家庭农场、合股农场和公司农场三大类，其中，家庭农场占全部农场总数的90%以上，其农产品销售量占美国的70%以上。土地经营规模大，有利于大型现代化农业机械设备的应用，弥补了劳动力短缺的缺陷，提高了农业劳动生产率。

（3）政府的农业政策加速了农业科技的推广应用。美国政府制定了完善的政策制度，极其重视农业科技的研发和推广，为农业科技发展营造了良好的科研创新环境，构建了完备的知识产权保护体系。美国政府还通过农业资源的保护政策、农产品价格补贴政策、农业信贷政策等保护农场在农业生产经营中的利益，特别是大量使用农业新技术的利益。

（4）建立了完善的农业科技应用服务体系。政府不但加大对农业科研资金的投入，还非常重视提高科研经费的使用效率，同时，还建立完善的农业科技的推广服务体系。农资市场、农资使用、农产品销售等各个环节都有完善的服务体系。服务的主体是合作社，完全由农民自发联办，主要解决农业生产者在使用新技术过程中出现的问题。

2. 日本农业现代化模式

日本地少人多，资源贫乏。日本对实现农业现代化进行了有益探讨。19世纪70年代，日本希望通过使用先进技术和现代化工具，提高农业建设水平，期望通过全盘照搬，在短期内使农业赶上发达国家，实现农业现代化。日本开始通过提高农业科学技术水平，加强农业人才培训，提高农业储备人才的知识层次和水平，但是都以失败而告终。随后，日本在总结失败经验教训的基础上，结合自身自然资源特点，努力探索出适应自己国情的农业现代化之路，改变了西方发达国家高效省力的开发模式，创造出以多投入劳动力使多余人口充分就业和多投入肥料于贫瘠土地的集约型土地经营方法。

（1）政府对农业发展的强力主导和干预。结合国情，慢慢普及农业机械、农用设备，顺利完成农田排灌系统的建设。到20世纪50年代，日本基本完成了农业的机械化进程，为进一步完成农业现代化奠定良好的基础。

（2）奠定科技大国和农业技术大国的地位。日本通过自发研制和引进高产粮食品种，提高单位面积粮食产量，满足国内市场对农业产量的需求。另外，随着生物化学技术的发展，化肥等化学物品成为提高土地肥效的捷径，日本利用农膜、农药和除草剂等，以及现代化的养殖方法提高单位土地生产力。

（3）充分利用财政、金融等手段，对农业实行高资本投入。二十世纪六七十年代，日本政府充分利用财政金融手段，不仅直接对农业实行国家补贴，以保护和促进农业发展，还通过发放低息政策贷款，调动农民积极性，诱导农民贯彻国家农业政策。

（4）大力发展现代"MIDORI"（美多丽）绿色生态技术。日本成为农业科技大国并实现农业现代化，但是，日本农业现代化进程也面临来自两个方面的威胁，一方面，农业劳动人口快速下降，且人口老龄化问题日趋严重，这些都使日本土地改良变得更为艰难；另一方面，20世纪70年代后，日本农业的调整发展和工业化的普及，工业废水和农业化学污染水大量的排放导致生态环境受到严重破坏，高额的环境成本也给日本农业现代化发展带来沉重的负担。这些都要求日本必须选择一种新的发展模式，便于形成环境保护和农业发展和谐的局面，于是，发展"MIDORI"现代都市农业发展模式成为新的选择。具体实施从以下四个方面进行：科学的方法保护和整治土地资源；有效管理和精细利用水利资源；促进城乡互动，实现工业反哺农业，农业绿化城市；建立生态农业。"MIDORI"绿色生态农业的发展是技术集约型的重要表现。在保护和整治土地资源过程中需要现代土地管理和技术维护，有效管理、利用水利资源需要先进的水利技术，在工业反哺农业过程中促进了现代农业技术的发展，建立生态农业更需要先进的生物技术。例如，通过发展农作物良种化、农产品高附加值化，缩短农作物的生命周期，提高菌株抗病能力等生物技术，提高土地利用效率，促进绿色生态农业的发展。

3. 法国农业现代化模式

法国是欧洲农业现代化模式的代表，走出了既不同于美国那样劳动力短缺，发展节约劳动型的技术进步模式；又不像日本那样耕地短缺，探索出节约土地型的生物化学的技术进步模式。法国在农业现代化过程中，选择了一条适合本国国情的农业生产模式——传统"集约+技术"复合型农业发展，即以机械技术为主要特征，以先进技术为基础，辅以集约化、专业化和一体化生产的集约化生产方式来实现农业现代化。

（1）调整土地政策，使高科技融入农业生产过程中。为了实现土地规模化经营，法国政府通过土地制度改革，推动"土地集中"。一是政府采用多种办法减少农村剩余劳动力，规定年龄在55岁以上的农民，国家负责养起来，一次性发放"离农终身补贴";同时,鼓励农村年轻人离土离乡,到国有企业工作。1954—1962年短短的8年时间,约150万农民退出农业生产领域。农业劳动力占总人口的比例,20世纪50年代初近40%,2008年只有2.2%,农民平均占有农场达10公顷以上。二是政府推行土地规模经营的大农业政策。规定农场主的土地继承人只能有一个子女,其他子女只能继承货币资产,防止了土地再次分割。三是国家给大农场提供低息贷款,对农民自发的土地合并减负税费,促进农场规模不断扩大。1955年,法国10公顷以下的小农场有127万个,20年后减少到53万个,规模在50公顷以上的大农场增加了4万多个,使全国农用土地总量1/4实现集中化经营。法国政府通过一系列政策措施和制度改革为现代化打下较好的基础。扩大农场规模,实现土地集中经营有利于政府对农业耕种的集中管理,也有利于实现农业机械化,提高农业生产效率,形成规模小于美国但远大于日本的适度规模化经营局面。同时,法国政府对中等规模以上的农场实行补贴,促进土地的集中。在此基础上,法国直接介入农业的生产和销售环节,通过补贴和低息贷款等手段加速法国农业和现代科技的融合,使机械化、电气化和科学化等技术手段融入农业现代化生产过程中。

(2)促进农业生产实现专业化和一体化,形成集约化的农业生产方式。农业生产的专业化可划分为三种形式:地区专业化、农场专业化和工业专业化。地区专业化就是要依据不同地区的客观地理条件、生产经验和区域经济特点等发掘具有特色且收益较高的主导产品,充分发挥区域优势,提高产品产出效率。农场专业化主要体现为农场生产单一农产品或以某一农产品生产为主,辅以两三种有联系的农产品,便于农场实现规模化经营并促进农业生产部门由最终消费品生产者向原料提供者的转变。工业专业化就是指农产品加工过程分为若干可独立操作但相互联系的流程,由不同的农业企业生产并专门完成。法国实施专业化有利于提高法国农业生产效率,增强法国农业与上下游产业之间的关联,使其成为农工商综合体的一部分。这种发展模式有利于实现农业生产的集约化发展,充分提高农业产效。根据各地不同的自然条件、传统习俗和技术水平,对全国农业分布进行统一规划,合理布局。把全国分成22个大农业区,其下细分为470个小区,因地制宜地发展区域特色农业。到20世纪70年代,法国半数以上农场搞起了专业化经营。农业生产分工越细,效率就越高,收益就越好。专业化生产使法国农民人均收入达到城市中等工资水平。

(3)重视科研与教育,加强农业科技推广。为了提高农业技术研发水平和推广应用转化率,法国政府建立包含国家、地方和农场的三级科研体系,加强农村教育力度和人才培养,并且,在此基础上,鼓励个体农户自愿成立农业互助合作组织。为了鼓励合作社的发展,法国出台了有关政策,合作社可免交33.3%的公司税。经过几十年的发展,目前,法国农户基本上都成了合作社社员,农业合作社占据了农产品市场绝大多数的份额,生产资料和饲料基本上由供销合作社销售,90%以上的农业贷款业务由信贷合作社提供。从国家层面上讲,法国农业实现了从宏观由政府调控到微观由农民自由合作的农业生产方式,农民从事农业生产积极性高。经过几十年发展,法国农业生产水平顺利得到提高并达到世界强国的水平。

任务二　农业生产与农业科技

一、农业与农业生产

农业是利用动植物等生物的生长发育规律，通过人工培育来获得生活和工业上生产所需要的动植物产品的各部分。农业的本质特征是自然再生产与经济在生产的彼此结合、相互交织。农业的自然再生产是利用生物的生活技能不断进行物质循环与能量转换的过程，具体表现为农业生物的生长、发育和繁殖的过程；自然再生产是自然界的自发运动过程，受自然规律的制约。同时，农业生产是人类有组织、有目的的经济活动，还要受到人类生产活动的控制、调节和干预。因此，农业的经济再生产是在人类生产劳动的干预下促进生物的自然再生产的过程，以期为人类生活提供所需要的产品。该过程要求人们合乎规律地采用一系列制度、技术或经济等手段，科学合理地配置自然资源。

二、科技是推动农业生产的动力

科学技术已经成为实现农业现代化的关键性因素。科学技术运用于农业，使生产工具、设备更加先进；由科技进步带来的各种新工艺、新流程被广泛应用于农业生产，扩大了农业劳动对象的来源和范围；科技进步带来了农业劳动者科学文化水平和素质的不断提高。另外，科技进步的作用还极大地改善了资源的配置效率，节约了生产成本，扩大了资源的利用范围和生产领域等。可见，现代科学技术已经渗透到农业生产力的基本要素中，转化为推动农业发展的直接生产力。

（1）科技进步为农业现代化提供了新知识和新技术。科学研究和实践证明，科技进步是知识创新的基本形式，知识创新和知识积累可不断地为研究、认识农业发展提供新的原理、新的理论、新的视角、新的逻辑，从而准确把握我国农业现代化的方向。科技进步是农业技术创新的主要途径，农业技术创新可不断地为农业现代化进程提供高新技术和先进实用技术，从而为拓展新的生产领域和延长产业链、提升农业及其相关产业的技术装备水平、提高农业的综合生产能力和农产品的有效供给能力、改进农产品及其相关产品的质量和市场竞争力，提供技术支持。农业领域的重要科技成果由2000年的4 147项增长到2010年的5 683项。

（2）科技进步为农业现代化提供了现代装备和新的生产要素。科技进步可以对现有的生产要素进行改进，提高质量，产生适应农业现代化的新生产要素。如低产土壤改良技术和农地整治技术等可以使大面积盐碱地和红黄土壤得到改造，大大提高土地的生产率。科技进步可以创造新的投入要素，如播种机、施肥机、除草机、收割机、脱粒机等新型农机具的研制和应用，减少了农民个体劳动的强度，使农业生产率成倍增长；化肥、农药和农膜等农资商品和其他新兴投入要素的推广与应用，大幅度提高了土地生产率和农业劳动生产率。科技进步可以为农业现代化提供先进的技术装备和模块化的配套集成技术模式，有效改善农业生产条件和运行环境，如设施农业技术、集约种养技术的应用，打破了自然条件的限制，使农产品、畜产品、水产品的周年生产成为可能。另外，农业科技进步又带动了农业科研投入的增加，我国的农业科研总量由1985年的11.04亿元增加到2002年的69.33亿元，由2003年的70.91亿元增加到2010年的140.59亿元。由于国家加大了农业科研投入，农林牧渔业的总产值由2003年的17 914.6亿元增加到2010年的43 038亿元。

（3）科技进步可以改善农业的管理方式、产业组织方式和营销方式。系统科学、管理学、计算机和信息技术的发展为农业管理的现代化奠定了理论和方法基础。如运筹学及其相关技术的发展，促进了管理的科学化进程。再如，以信息与网络技术的发展为主导推动形成的"三S"技术的出现和应用，使农业生产、投资决策向精确化、科学化方向迈进了一大步，也为资源的高效合理利用和管理创造了条件。同时，利用现代模拟集成技术，农业生产和管理者可以较容易地模拟各种变量和要素之间的互动关系，对农业生产、市场需求、价格变化趋势进行预测、预警和预报，极大地提高了农业生产、管理和经营的科学化水平。

（4）科技进步可培养和造就现代知识型农民与企业家。农业科技创新、推广和培训之间的有机结合，造就了满足农业现代化需要的现代知识型农民和农业企业家，现代物质资本和人力资本投资相结合为现代农业创造了数量巨大的人力资本。随着农业科技的发展，科学探索和技术研究与开发的领域大大拓宽，农业科技知识和科技成果大量涌现，这些科技成果的推广和应用，既造就了大量的知识型农民，也培养了大量的农业企业家。例如，动植育种技术、栽培与养殖技术的发展与进步，使农民掌握了大量的种植和养殖技术知识，提高了农民种植和养殖的技术水平。农产品加工、储运、保鲜和营销技术的推广与普及，不仅提高了农产品的附加值，也造就了一大批懂技术、会管理、善经营的现代农民和农业企业家。

三、创新是农业科技进步的必然选择

农业科学研究是指研究农业科学的一种活动，是促进农业科技进步的原动力，具有以下特征。

1. 农业科学研究的实践性、复杂性、探索性、创新性和艰巨性

只有投入农业生产实践中，才能认识和探索农业生产的客观规律。气候、土壤等生态环境的不可控性，使农业科学研究区别于一般实验室的科学探索，不可能完全按照计划进行，以达到预期的目标，偶然的因素往往造成研究的失败，且周期一般比较长。科学技术的重大突破，或一种萌芽状态的设想，都需要连续几年、十几年、几十年，需要

经过上百次、上千次、上万次的失败和考验。只有置身生产实践中的研究，才能更加符合农业生产实际。

2. 农业科学技术发展的积累、渐进性和有序性

在对前人的科学成就还没掌握的情况下，在对前一个层次的物质运动规律还不清楚的情况下，就忙于攻克尖端，攀登科学高峰，其结果必然是"欲速则不达"。区域农业发展只有在完成综合治理研究与实践的基础上，转向综合农业发展研究才更具现实性。农业生产过程的复杂性和周期长的特点，要求农业科学研究必须经过长期的积累和循序渐进的过程。一点一滴积累，逐步发展，绝不能把这些统斥为"爬行"。

3. 科学技术的发展同社会、经济发展相适应的规律

科学的发生与发展一开始是由生产决定的，但随着科学的发展，生产力水平的提高，作为科学发展的动力，就不仅是生产实践了。除此之外，社会发展的需要，环境保护及科学自身的发展等，都是科学发展的动力。科学在生产实践和社会需要的基础上发展，又受到生产、经济水平的制约，也受到科学自身内部因素相互作用的影响。因此，农业科学研究还必须把农业、农村、农民统一考虑。

4. 科学与技术紧密结合、相互促进的规律

人们在长期的生产劳动中，通过不断总结经验，逐步形成了各种专业生产技术。为了提高生产效率，人们不断地对生产技术从理论上加以总结提高，于是形成了科学理论。自然科学遵循着"生产—技术—科学"的发展规律。反过来，科学理论又指导着技术的进步、改进和提高，并且在一定条件下，形成一些新的技术。生产、技术和科学三者存在着可逆的辩证关系"科学—技术—生产"，即科学可以是在技术和生产前面，科学可以推动生产的发展。

5. 科学技术的渗透规律

科学技术的渗透表现为科学技术领域的相互渗透和科学技术广泛地向经济、社会各方面渗透。不同学科的这种互相渗透，促进自然科学的学科越分越细。反过来，又促使不同学科向综合化发展。科学技术向经济、社会的广泛渗透，推进经济、社会活动形成一支举足轻重的力量。农业生产和农业—农村发展需要多学科的交叉融合、相互渗透，才能实现农业科学技术的整体发展。科学研究带有个人钻研、个人奋斗的成分，现代科学研究又带有极大的群体综合性，一项研究往往需要多学科、多门类的研究力量的共同攻关、通力合作才能奏效。

6. 农业科学研究的公益性

农业生产活动总是承担着来自自然界的与农业生产相关的灾害性风险，其产出和成本受自然因素的影响较大，因而农业比较效益相对偏低。因此，农业生产不仅需要政府部门采取农业补贴等政策加以支持和保护，还需要农业科研活动不断提供公益性的科技成果，以支撑农业产业高效、可持续发展。同时，由于农业动植物体具有生命特征难以控制的特点，农业知识产权的保障尤为困难，农业科研成果推广及转化风险性较高，且相关企业和人员可能很难从中获得较大利益，因而，农业科研工作者必须具备"解民生之多艰"的伟大家国情怀，想农民之所想、急农民之所急、办农民之所需。

> 扩展阅读

开启农业科技创新的征程

"国以民为本，民以食为天"，解决人民吃饭问题是中华人民共和国成立后面临的首要挑战。这一阶段农业科技发展顺应国家所需、人民所呼，致力于提高农产品产量，争取于短时期内提高粮食、工业原料和外销物资的产量。中华人民共和国成立伊始，周恩来总理便指出"没有饭吃，其他一切就都没有办法"，农业科技发展受到了党和政府的重视。1949年，中国人民政治协商会议颁布的具有临时宪法性质的《共同纲领》中明确规定，要努力发展自然科学，以服务于农业建设。农业科技发展的帷幕由此拉开。农业重大问题研究试验、农业院校与科研机构建设、农业科技推广普及、农科队伍建设等工作开始陆续展开。

1949—1956年，在党和政府的领导下，我国农业科技力量组织逐渐壮大，农业科技发展取得显著成效。1949年9月，华北高等教育委员会决定由北京大学、清华大学及华北大学三校农学院，合并组成北京农业大学；建立了中国科学院与中国农业科学院，并且设立了区域性的一级综合性农业科研机构；还设立了一批中央一级的农业专业研究机构，包括水产研究所、林业研究所、兽医生物药品监察所、西北农具研究所等。与此同时，全国自上而下在省、市、县建立了一批农业科研与技术推广机构。

这一时期，无数支持新中国农业科技建设的农业科研工作者情系乡土，忧患苍生，承担起"解民生之多艰"的时代责任。在三院合并成立北京农业大学后，中国农业学科迅速成形，中国科学院学部委员、中国第一代植物病理学家、农业微生物学家俞大绂院士居功甚伟。1948年年末，北平解放前夕，城外炮火轰鸣，国民党教育部派人鼓动各高校教授离开北平，但俞大绂不愿意走，后来，南京政府又派专机接他去南京，俞大绂再次拒绝。此时，英国、美国也有研究机构聘请他出国工作，也均被他拒绝。1949年三院合并为北京农业大学时，俞大绂被任命为校务委员会副主任委员，受命组建北京农业大学，致力于中国农业科学。他亲自整地、播种、记载、考种，先后培育并推广抗黑粉病小麦、大麦良种，以及具有抗荚斑病含油量高的大豆良种、抗稻瘟病水稻品种，提出了小米病害的防治措施，首创中国禾本科作物黑粉病菌生理小种的研究。老一辈科学家"危难之际显担当""鞠躬尽瘁，死而后已"的奉献精神，人们永远不会忘记。

同期，为促进农业增产，1956年中共中央提出了《1956年到1967年全国农业发展纲要（草案）》。该文件指出："从1956年开始，在12年内，粮食每亩平均年产量，在黄河、秦岭、白龙江、黄河（青海境内）以北地区，由1955年的150多斤增加到400斤；黄河以南、淮河以北地区，由1955年的208斤增加到500斤；淮河、秦岭、白龙江以南地区，由1955年的400斤增加到800斤。"这就是所谓的粮食产量"达纲要""过黄河""跨长江"的宏伟指标。同时注重兴修水利，防洪防旱；恢复和发展畜力，增加肥料并改良农具和种子，防止病虫害，救济灾荒，并有计划地移民开垦；保护森林，并有计划地发展林业；保护沿海渔场，发展水产业；保护和发展畜牧业，防止兽疫。农业科技工作者满怀豪情地投身于孕育金色希望的伟大事业中，留下了可歌可泣的动人故事。

20世纪50年代，我国北方冬麦区条锈病大流行，仅仅在黄河流域，当时小麦条锈病就让小麦减产超过100亿斤，相当于2500万人口一年的口粮，其中受危害最大的地区，就是小麦的高产地陕西。在这一背景下，25岁的李振声响应国家支援大西北的号召，从中国科学院遗传研究室奔赴西部小镇——陕西杨陵，开始了在大西北31年的科研生涯。有着长久牧草研究经验的李振声产生了一种想法：农民精心栽培的小麦体弱多病，而野草没人管却长得很好，是否可以把杂草基因转入小麦中来？本着这一目的，李振声系统搜集鉴定了800多种牧草，发现野生的长穗偃麦草等对条锈病有很好的抗性。经过20多年坚持不懈的科研实践，育成了小偃4号、5号、6号等高产、抗病、优质小麦品种，全国累计推广3亿多亩，增产小麦逾150亿斤，开创了小麦远缘杂交品种在生产上大面积推广的先例，用科技造福了亿万农民。

20世纪50年代的黄淮海地区，土地贫瘠，农业技术落后，盐碱地等中低产田大面积存在，农业产量低下，旱涝灾害时有发生。从1955年开始，国家组织了中国科学院、水电部和农业部的600余名技术人员，在知名土壤专家熊毅等的带领下，对黄淮海平原的水土状况进行了大规模考察，调查面积达27.6万平方千米，编制了1:20万《华北平原土壤图集》，出版了《华北平原土壤》专著，为华北平原土壤改良和大规模区域开发提供了基础科学资料。

从20世纪50年代末到60年代初，各地掀起了兴修农田水利和发展灌溉的高潮。1950年淮河流域发生大水灾，毛泽东主席号召"一定要把淮河修好"。1952年毛主席在视察黄河时又指示"要把黄河的事情办好"。首先，国家大力开展水利设施建设、疏浚河道，改善排水条件，开展了治淮和治黄工程。上游修建水库，中游整修河道，并利用湖泊、洼地蓄洪，进行引水灌溉等，这些措施对中低产田的治理和改良起到了重要作用。但由于在平原区盲目推行以蓄为主的治水方针，在没有有效排水条件的情况下，大搞引黄灌溉和坑塘、河网、平原水库等蓄水工程，平原蓄水之风盛行，引起了灌区土壤次生盐碱化和沼泽化灾害的迅速发展，同时也加重了内涝，粮食大幅度减产，情况十分严重。1963年，海河发生特大洪水，并在这一流域造成严重洪涝，土壤盐渍化进一步扩大。毛主席及时提出"一定要根治海河"，国家采取蓄泄兼顾措施，疏通河道、增辟入海尾闾等措施，起到了一定的防洪除涝作用。1973年，国务院召开北方十七省市抗旱工作会议，并部署了在河北黑龙港地区（43个县），由当时国家科学技术委员会组织的"合理开发利用地下水"的科技大会战。在此期间，国家为增加粮食产量，广泛开展建立"样板田"活动。此外，中国科学院、中国农业科学院、中国水利科学院、北京农业大学等科研单位，在山东、河南、河北等地建立了盐碱地改良试验点，探索以井灌、井排等为主要内容的盐碱土改良技术，积累了科学治碱经验。农业科技工作者在黄淮海平原各省、市、县建立了大批试验点。20世纪70年代的黑龙港科技大会战，以及各家的科研和治理实践均取得了许多重要的科研成果和经验，为国家在20世纪80年代初开始设立农业区域治理科技攻关项目奠定了基础。

这一阶段广大农业科技工作者靠着一颗拳拳爱国心、靠着不怕苦不怕累的热情，排除各种各样的干扰，在祖国的田野上、农业生产的第一线，行知相合，为国家的农业发展、科技发展奠定了基础，也为我们后来人树立了光辉的榜样。

任务三　新中国农业科技探索

一、独特资源打造特色农村

城市拥有高科技设备、先进教育、先进技术等优势资源，但随着城市人口的不断增多和城市化建设的不断推进，城市的自然风光却越来越少，越来越多的人开始向往农村的生活。

农村的基础设施建设虽不如城市的齐全，但农村地区有自己的独特优势。农村地区拥有丰富的自然资源、广阔的土地资源及优美的生态环境，却得不到开发，对农村地区丰富自然资源的合理利用将是农村地区发展的一大机遇。

推动农村地区发展应立足于区域资源优势和市场需求，结合当地风土人情，避免盲目跟风，因地制宜选择优势产业，加快发展特色农业，以乡村特色产业为载体，推动农业农村载体面貌的改造。许多农村地区虽然处于偏僻的地方，但往往也拥有优美的自然风光，这些地区可以利用这个独特的优势发展旅游项目，不仅能促进该地经济的不断发展，而且对该地生态环境的保护也有积极作用。推进农业农村现代化，要充分利用农村地区的独特优势，发展特色产业。

二、优化生态环境建设

生态环境建设不仅能体现出一个地区的整体风貌，而且对人们的身体有着重要的影响，生态环境恶劣将对人们的身体产生很大的危害。

优化农村地区的生态环境，首先，可以通过多种植树木稳固生态环境，树木不仅具有防风、固土、遮阴、降噪的作用，还可以美化环境；其次，不焚烧秸秆、减少化肥农药的施用也是一个有效方法，但只能产生预防作用而起不到根本作用，应从根本上加强农村地区的生态文明建设。

当然，具体措施应结合当地的实际情况制定、实施。开展相关宣传活动，不断提高农民群众关于保护环境的意识，不仅要让成年人养成保护环境意识，而且要在学校进行宣传，从小就培养孩子保护环境的意识。环境对人们的生产生活有着重要的作用，应从根本上不断进行乡村生态文明建设工作。

三、加强教育引导

无论在哪个时期,教育都是重要的文化传播手段。教育可以增强人们明辨是非的能力,有助于建立一个遵守法律的社会。因此,对于那些铺张浪费、聚众赌博等陋习,要加以正确引导,使人们逐渐认识到这些陋习的弊端。

党员干部可通过开展"文明家庭"等评议活动、完善村规民约、组织关于教育的宣传活动、开展关于教育的小课堂等各种有效方式,加强对农民群众的教育。另外,党员干部也要注意营造一种积极向上的氛围,使农民群众在潜移默化中接受教育的熏陶。党员干部可以通过定期开会、拉横幅、广播宣传、建立微信公众号、组织各种与教育相关的文化活动的方式,对农民群众进行教育,以此提高农民群众的知识文化水平,农民群众也可以通过此方式了解最近的政策、时事政治等。党员干部要起带头作用,不断加强对于乡风文明建设方针、政策的宣传教育,使人们认识到教育的重要性,更加坚定建设农业农村现代化的决心。

四、坚持因地制宜,尊重农民群众

每个地区都有每个地区的乡风习俗,在农业农村现代化建设的过程中,要结合当地的实际情况,根据不同情况采取不同措施。要不断转变不适宜的落伍理念、不断完善制度,既要尊重当地的文化习俗,也要尊重当地农民群众的意愿。

要不断增强农民群众的主人翁意识,让农民群众成为农业农村现代化建设的维护者和受益者,让农民群众打心里理解并有所受益。只有这样,农民群众才能真正理解农业农村现代化建设的好处,农业农村现代化建设才能得到农民群众的拥护。

> **耕读实践一**

农业产业调研

一、实践目的

通过调研掌握现代农业发展的现状,分析现代农业发展区位优势和资源潜力,查找现代农业发展中存在的问题,探索特色化、规模化、产业化发展途径。

以产业兴旺为突破口,认真细致地对农业发展、农业产业化龙头企业、专业合作社、规模化种养殖基地、设施农业等进行调查,总结和整理农业发展的成功经验,深入分析当前和今后一段时期的发展方向,充分结合实际,提出具有针对性、操作性的对策建议。

二、实践内容

（1）基本情况：主要包括优势主产业类型，主要农作物播种面积、产量、产值，养殖业规模、产量、产值。生产总值、农业总产值及其在三次产业中的比重；财政总收入、年度农业投入、农民人均纯收入等情况。

（2）农业发展主要成效：重点总结主导产业发展、设施装备和条件建设、科技推广运用、体制机制创新、发展建设投入等方面的情况。

（3）总结农业发展的成功经验：包括规划引领、争取投入、强化领导、体制机制、落实责任、加强管理、宣传交流等方面的内容，突出在推进农业建设方面的亮点和经验做法。

（4）查找农业发展中存在的主要问题：认真分析当前制约农区发展建设的主要因素，以及在推进农业发展中遇到的突出问题。

三、实践步骤

1. 农业发展基础调查

（1）种植业：可利用耕地面积及区域分布、主要农作物播种面积及产量、耕地亩产及效益、主要农产品品种及销售、农业机械拥有量及使用、农业基础设施建设及循环农业发展等情况。

（2）畜牧业：可利用草场面积、牲畜养殖规模及区域分布、主要畜禽养殖种类及各肉类产量、牲畜存出栏、牲畜粪便再利用等情况。

（3）林业：农民在造林、育苗、林下经济发展等方面的做法和直接受益等情况。

（4）农村劳动力：劳动力规模及年龄、性别构成、劳动力素质、劳务输出情况、劳动力转移收入在农村居民人均总收入中的占比。

2. 农业产业化龙头企业的摸底调查

（1）基本情况：龙头企业数量、规模，特色农畜产品品牌建设，农畜产品生产加工能力及加工量，生产工艺及技术水平，科技及创新，相关政策的享受等情况。

（2）带动发展：带动农户的形式及规模、与农户的利益联结方式、发展中风险承担方式、农畜产品精深加工程度、所生产产品的销售市场及竞争力、吸纳劳动力就业等。

（3）问题与建议：龙头企业自身发展面临的问题、外部环境带来的困难，以及相关诉求与建议等。

3. 专业合作社的摸底调查

（1）基本情况：专业合作社数量及注册资金、出资成员及构成、合作社主营产业、生产经营和资产收益等情况。

（2）带动发展：专业合作社模式、农户参与程度、生产基地规模、产销衔接、相关制度建设、政府扶持政策等情况。

(3) 问题及建议：自身发展存在的困难问题，以及相关的政策诉求与建议等。

4. 规模化种养殖基地的摸底调查

(1) 基本情况：规模化种养基地区域分布及特色、种养殖规模、产品的产销情况、相关政策的享受、经济社会和生态效益等情况。

(2) 发展能力：标准化种养、与市场的对接、种养技术的引用及创新、带动当地发展等情况。

(3) 问题及建议：发展中存在的问题及诉求。

5. 设施农业发展情况评估

(1) 基本情况：设施农业数量、种养规模、发展布局、品种结构及经营主体等情况。

(2) 发展潜力：设施农业产业链构建、农畜产品加工转化、农业园区发展、设施农业效益、科技引用创新及推广、带动农户和当地经济发展等情况。

(3) 问题及建议：设施农业发展面临的资金、技术、人才、土地等要素制约及困难，相关的对策建议等。

6. 农业社会化服务体系调查

农业技术推广体系、动植物疫病防控体系、农产品质量监管体系、农产品市场体系、农业信息收集和发布体系、农业金融和保险服务体系建设等情况，以及存在的问题和困难。

7. 相关农业政策落实及涉农改革情况调查

土地流转、农业补贴资金落实、农村基本经营制度落实等情况；农村集体产权制度改革、农业供给侧结构性改革，以及存在的问题和困难。

8. 农村新兴产业发展摸底调查

乡村旅游业发展、农村文化创意、农村养老服务、农村电商发展等。

四、实践评价

劳动内容：			
	序号	课程评价标准	得分
自我评价	1	讲卫生，勤洗手、勤剪指甲，保持衣服干净整洁；公共场所不乱丢垃圾、果皮纸屑，不随地吐痰，不乱涂乱画（10分）	
	2	上课前做好充分的预习准备，通过各种渠道了解相关的主题内容，仔细阅读背景材料（10分）	
	3	课堂上积极参与小组活动，根据小组的活动要求，制订方案，完成自己的工作（10分）	

续表

	序号	课程评价标准	
自我评价	4	积极主动完成教师布置的任务，项目实践操作合乎任务要求（10分）	
	5	根据课程内容举一反三，运用本节课学习的知识为自己和他人的生活服务（10分）	
	6	乐于助人，帮助团队成员，言行举止使团队能很好地合作（10分）	
	7	遵守劳动安全规定和操作要求（10分）	
	8	劳动有创新（10分）	
	序号	课程评价标准	
教师评价	1	学生顺利完成任务，遵守纪律，认真听讲，及时记录课堂笔记（10分）	
	2	学生积极参与劳动实践活动，理解活动意义，学会爱惜道具用品（10分）	
劳动感悟			
教师评价			
填写人：		日期：	

耕读实践二

纸上种菜

一、实践目的

学习并掌握种子发芽的条件，掌握芽苗菜种植的步骤和管理方法，学会芽苗菜种植的方法并举一反三，培养学生分析、归纳和总结的能力。

二、实践材料

植物种子（大豆、豌豆、小麦、大麦等种子）、盒子、筛网、盖子、纸和小喷壶。

三、实践步骤

（1）挑选饱满、完整的种子。种子的饱满意味着胚中储存的营养物质较多，有利于发芽；种子完整是指种皮没有受到破坏，种子的胚是完整的。如果种子因为在采收、储存过程中出现损伤，导致种子不完整，特别是胚受到破坏，很可能不具备出芽的能力。

教师实物讲解选择饱满、完整的种子，将杂质（小石子）、不完整的种子、种皮和胚受损的种子及时挑出来，保留饱满、完整的种子。

（2）清洗、浸泡种子。种子在采收、储运过程中，不可避免地混有尘土，应先将种子清洗干净，保证食用级的卫生条件。

种子发芽必需的条件是水，将种子充分地浸泡到水中，给种子创造一个良好的出芽条件。

教师讲解种子清洗的过程，并使用自来水浸泡 30 min。如果在家里自行制作，可以将种子浸泡过夜，第二天早上将种子拿出来即可。

（3）平铺种子。纸的主要作用是保持水分，如果没有水的话，种子是不可能发芽的；同时将纸铺在筛网上，还可以防止小粒种子（如生菜、小白菜、青菜等）的种子透过筛网，掉到水中。

教师边示范边讲解，先将纸平铺在筛网上，再将种子平铺在纸上，纸上种菜即由此而来。最后在种子上盖上纸，保持纸张的湿润。

强调注意事项：不同种子的出芽时间不一致，每盘仅放置一种种子，不要将多类种子放在一起种植。如果是种植苗菜，一定要在胚根长到 2～3 cm 时，及时将盖纸揭开。

四、讲解管理措施

纸上种菜不只是种植，后期管理同样重要。如果管理不好，将直接导致种植失败，不能达到预期结果；管理好的话，各位学生可以在 7～10 d 之后，吃到自己种植的芽苗菜。其主要管理措施如下：

（1）温度管理。绝大多数种子发芽温度控制在 20～28 ℃，可以放置在厨房、桌子、暖气片等位置，不要放置在阳台上。

（2）湿度管理。每天检查盖纸，保持湿润状态。

（3）氧气管理。检查绿盒子，可保持少部分水，但不要淹没筛网。

（4）防止腐烂。及时清除腐烂的种子及脱落的种皮。

五、实践评价

劳动内容：			
	序号	课程评价标准	得分
自我评价	1	讲卫生，勤洗手、勤剪指甲，保持衣服干净整洁；公共场所不乱丢垃圾、果皮纸屑，不随地吐痰，不乱涂乱画（10分）	
	2	上课前做好充分的预习准备，通过各种渠道了解相关的主题内容，仔细阅读背景材料（10分）	
	3	课堂上积极参与小组活动，根据小组的活动要求，制订方案，完成自己的工作（10分）	
	4	积极主动完成教师布置的任务，项目实践操作合乎任务要求（10分）	
	5	根据课程内容举一反三，运用本节课学习的知识为自己和他人的生活服务（10分）	
	6	乐于助人，帮助团队成员，言行举止使团队能很好地合作（10分）	
	7	遵守劳动安全规定和操作要求（10分）	
	8	劳动有创新（10分）	
	序号	课程评价标准	
教师评价	1	学生顺利完成任务，遵守纪律，认真听讲，及时记录课堂笔记（10分）	
	2	学生积极参与劳动实践活动，理解活动意义，学会爱惜道具用品（10分）	
劳动感悟			
教师评价			
填写人：		日期：	

项目四　中国农业现代化与农业科技发展探索

耕读小结

　　农村现代化建设进行不断推进，实际上就是有效解决了农村的生态环境问题，显著提高了整体公共服务水平，美丽乡村的建设直接关系到每个农户自身的生活及幸福感。本项目主要介绍了中国农业现代化、农业生产与农业科技、新中国农业科技探索。

耕读思考

1. 简述现代化内涵认识的演变过程。
2. 不同国家和地区农业现代化的指标体系差异有哪些？
3. 创新是农业科技进步的必然选择具有哪些特征？
4. 新中国农业科技探索具有哪些特色？

项目五　中国农业的绿色发展

知识目标

1. 了解人与自然关系回顾、人与自然之间的主要问题、人与自然关系的反思。
2. 熟悉农业绿色发展的经济内涵及特征，农业绿色知识经济发展方式的选择，新型农业经营主体培育与绿色知识经济的发展，农业绿色发展的路径策略。
3. 了解国际发展现代农业的经验、中国农业绿色发展。

能力目标

1. 能够对农业农村现代化有一个初步的认识与了解。
2. 能够与同学分享农业农村现代化建设与劳动教育的融合途径。

素养目标

树立中国农业绿色发展的劳动价值观，提升创造性劳动的自觉性与坚定性。

项目导读

农业绿色发展是针对农业全产业链，以"提质增效、产业融合""资源节约、环境友好"谋绿色发展。推进农业绿色发展就是要加快推进生态农业建设，培育可持续、可循环的发展模式，将农业建设成为美丽中国的生态支撑。因此，农业绿色发展是推动美丽乡村和生态文明建设，守住绿水青山、建设美丽中国、实现中华民族伟大复兴中国梦的时代担当。

任务一　人与自然关系

大自然是万物赖以生存的基础，人的生命活动一时一刻也离不开它，它们构成矛盾的统一体，相互影响、相互作用、相互发展，由此构成千变万化、丰富多彩的人类社会。正如马克思所说："社会是人同自然界的完成了的本质的统一。"生态环境则是大自然的有机整体，是人类生存和发展的基本条件。伴随着文明的演进，人与自然环境的伦理关系也在不断演进和发展：在渔猎文明阶段，人与自然交往的特点主要表现为人对自然朴素的敬畏与顺从；在农业文明阶段，人与自然的关系主要表现为人对于自然的有限开发及初步利用，人与自然处于低水平的平衡关系之中；在工业文明时期，人们对自然不再采取尊重与敬畏的态度，而是由顺从者变为改造者和征服者，形成了主宰自然、奴役自然、支配自然的行为哲学，但是人类在征服自然、利用自然取得巨大成果的同时，也出现了许多生态环境问题，并严重影响了人类的生存和发展。

一、人与自然关系回顾

人类自身的发展历史是一部与自然关系不断演化推进的历史。这里所谓的自然指的是地球上除人类外所有物种和山川地理组成的体系。从发展轨迹上来看包括古代的自然统一时期，近现代发展与危机并存的时期和当代社会倡导的协调发展的新时期。

自然统一时期包括原始时代和农业时代。原始时代是人类利用环境的蒙昧阶段，在这个时代，人与环境的关系特点是人类对自然的依赖，自然对人类的主宰；农业时代是人类改造环境的初级阶段，这个时代的特点是人类与环境的关系产生了初步的对抗，这个时代的特点是人类与环境的关系产生了初步的对抗，出现了相互竞争和相互制约的局面。应该说人类对自然的对立起源于这一时期过程中，人类在自然强大的力量面前所表现的无能为力。这时人类对自然的对立只是一种萌芽并产生在一个很小的范围中，但这种对自然对立的萌芽却对人类文化发展的多样性极具影响力。在这个阶段，尽管人力的手段和技术限制，但由于人为原因造成的环境问题也已经出现，主要表现在森林、草原的大面积破坏；气候变坏，部分土地沙漠化；土地盐渍化；农业的发展、人口的增长和聚集，城镇的增多和增大，超量的生活废弃物也造成了一定的环境污染。总之，在以自然经济为基础的整个古代社会，人对环境的改变大多数情况下尚未超出环境的容量，环境可以不同程度地得到相对的恢复，自然因素仍较多地限制着人类的活动，在强大的自然力的约束下，人类与环境的关系处在一个自然的统一和相对平衡的时代。但这只是一种在落后的经济水平上的生态平衡，是和人类能动性发挥不足与对自然开发能力薄弱相联系的生态平衡，因而不是人们应当赞美和追求的理想境界。

到了近现代，由于经济社会的发展和资产阶级政治革命的成功，生产力水平得到了空前提高，科学技术和文化观念也发生了翻天覆地的变化，农业文明开始向工业文明转化。征服自然、统治自然、支配自然的机械自然观念颠覆了万物有灵和敬畏自然的有机论自然观。由于工业生产同农业生产相比与自然界的距离较远，与自然条件的关系较间接，如果在农业文明中人们力求顺从自然、适应自然，人和自然是相互协作的关系，那么在工业文明中人们就认为自己是自然的征服者，人和自然只是利用与被利用的关系。人类以自然的"征服者"自居，对自然的超限度开发造成深刻的环境危机。此时，生态、资源、人口等问题也出现了前所未有的危机。

二、人与自然之间的主要问题

目前，全球存在的人与自然之间的问题中，人口问题（人类自身问题）、资源问题（自然问题）、环境问题、生态问题（人与自然的关系问题）相当突出。环境污染、生态失衡已成为世界性公害。因此，必须建立人与自然和谐共处、协调发展的关系，实现人类与自然界关系的全面、协调发展。

1. 人口问题

人口的数量、结构和空间分布，以及生产和消费方式等都对自然资源的利用和保护发挥着重要的影响。据2021年第七次全国人口普查统计，我国人口数量近14.12亿，位居全球首位。就我国现有资源和人口数量而言，虽然我国的资源丰富且种类繁多，但人口数量的增长势必增加资源的消耗，且减少人均资源占有量，造成资源紧缺。环境容纳量随着资源减少而逐渐降低，最终导致生态环境脆弱。随着社会进步和经济发展，人民生活水平和质量的提高及教育、经济、文化、生态发展的不平衡，人口出现大规模的迁移，总体表现为"农村向城市迁移、西部向东部迁移"。人口空间分布变化对自然环境有利有弊，例如，人口迁出在一定程度上缓减迁出地的环境压力，对生态环境恢复产生积极的作用，但是农村人口的过度迁出也会

导致耕地资源荒废，降低耕地质量；而对迁入地来说，大量人口迁入必然会增加垃圾排放、加剧资源紧缺、环境破坏等问题。同时，人口增加推动我国制造业等行业的快速发展，加速日常生活用品的消耗。在生产和消耗过程中，不仅消耗资源，还会排放大量的污水和废气，对环境造成严重危害。其中在消费过程中产生的白色污染进入环境后，难以被降解，造成长期且深层次的环境问题。

2. 资源问题

全球面临的资源问题，包括森林资源锐减、淡水资源短缺、耕地减少和退化、能源和矿藏枯竭及其他资源的变化，都是近几个世纪以来工业化和现代化发展的结果。

（1）森林资源。森林具有水土保持、固定二氧化碳、涵养水源等多种生态服务功能。其生态环境价值远大于木材的经济价值。森林资源被破坏，会导致地表水蒸发量增加，地面气温上升，降水时空分布发生变化，由此产生局部地区气候恶化，如降水减少、土壤荒漠化。森林每年可固定1/4的全球工业排放的二氧化碳，而现在由于森林砍

伐及野火等气候灾害，森林每年向大气层释放的二氧化碳含量不断增加。森林为数千种动植物提供栖息地，森林破坏会导致生物多样性和丰富度下降，打破森林生态平衡。我国森林覆盖率为18.21%，为世界平均值的一半，在世界上排名在100位之后。我国森林分布在东北和西南地区居多，其他地区较少。其中黑龙江、吉林、内蒙古、四川、云南、西藏6省（区）的森林面积占全国森林面积的51.4%，蓄积量占67%。而华北、西北地区的森林资源较少，尤其是新疆，森林覆盖率仅2.94%。青海森林覆盖率不足5%。

我国是世界上荒漠化和沙化面积危害较严重的几个国家之一。全国荒漠化土地面积为263.98万平方千米，占全国土地总面积的27.46%。荒漠化分布于新疆、内蒙古、西藏、甘肃、青海、北京、河北、天津、山西等18个省市自治区。其中，新疆、内蒙古、西藏、甘肃、青海、陕西、宁夏8个省区的荒漠化总面积为259.53万平方千米，占全国荒漠化总面积的98.45%。在如此情况下，我国森林砍伐速度却没有因此而减缓。乱砍滥伐、毁林等，正日益使我国仅有的一点森林遭受着前所未有的破坏。水土流失、生态恶化，使我国多种以森林为栖息地的动物也遭受灭顶之灾。

（2）水资源。根据有关部门测算，我国水资源总量为每年28 000亿立方米，其中河川径流量27 000亿立方米，在世界上排名第6位。地下水资源量8 200亿立方米，占水资源量的30%左右。我国人均水资源不到世界人均水平的1/8。现阶段，我国人民的生活水平提高，用水量增加，且大量未经过处理的生活污水和工业废水直接排放，加剧了水资源紧缺的状况。我国水资源分布的不平衡性也导致了洪涝和干旱等灾害天气的频繁发生。

（3）土地资源。我国土地资源的特点是"一多三少"，即总量多，人均耕地少，高质量的耕地少，可开发后备资源少。虽然我国现有土地面积居世界第3位，但人均占有量仅有世界人均量的1/3。耕地面积列居世界第2位，但人均排列在世界第67位。土地资源是人民粮食安全的根本保障。但是，由于土地的过度开垦、掠夺性使用土地、污染灌溉、化学肥料和农药的大量使用等不合理利用方式，土地资源面临着诸多生态环境问题，如水土流失、土地沙化和盐渍化、地力衰竭和污染等棘手问题。

（4）化石能源。化石能源作为世界能源的主体，为世界经济提供发展动力的同时，也面临着枯竭危机和环境污染等问题。虽然现在大力提倡从化石能源向清洁能源转型，但是仍然需要很长的过渡时间。

3. 环境问题

环境问题已经升级为我们不得不面对的挑战，在未来的发展道路上环境问题主要包括两大类：原生环境问题和次生环境问题。原生环境问题主要包括一些极端天气的发生，例如洪涝、干旱和台风等问题。次生环境问题主要有环境污染（大气污染、水环境污染及土壤污染）和生态破坏（土地荒漠化及生物多样性破坏）。次生环境问题绝大多数由人为因素导致。例如，二氧化碳等温室气体排放导致全球变暖；氯氟烃和氮氧化物排放破坏臭氧层，地面将受到过量的紫外线辐射，影响植物生长、生态平衡并危害人类健康；二氧化硫等酸性气体排放形成酸雨，使地表水酸化，影响农作物生存，森林土壤退化，酸雨还会渗入地下水，动物和人饮用后影响机体健康。江河和海洋等水环境的污染源最多，持续性强，易扩散，难以控制。尤其以海洋污染最为严重，全球海域是一个连通的整体，当一个海域被污染后，经过一定时间污染源会扩散到邻近海域，甚至全球海域，难以被治理。重金属、酸类、碱类、农药、放射性物质等在水体中累积，通过水体生物富集作用，对高营养级生物造成毒害，导致生物病变或死亡，进而破坏水生生态平衡，如日本20世纪50年代发生的水俣病和痛痛病。土壤污染直接导致土地耕地质量下降、农作物污染和减产。一些毒性大的农产品，其中，汞、镉等重金属会诱发动物和人类疾病。重金属浓度较高的污染表土容易在风力和水力的作用下分别进入大气与水体中形成酸雨、毒水等。次生环境问题加剧全球气候变化，使极端天气发生更加频繁。据统计，在近30年中，四级、五级的强烈飓风发生的频率几乎增加了一倍。

4. 生态问题

良好的生态环境是人类生存和发展的基本前提。自然提供给人类生活、生产和发展的最基本的资源。人与自然是相互联系、相互依存、相互渗透的关系。但是随着人类的发展，人类从敬畏自然、顺应自然逐渐到征服自然。当人类改造自然的行为超出自然的承载力和调节能力时，就会导致人与自然关系的失衡、对立，甚至异化。恩格斯在《自然辩证法》中强调，不能把自然与人对立起来，人不能破坏自然、为所欲为，否则就会对自然界产生破坏而使人类自食苦果，如多种自然灾害的发生，就是其结果。例如，历史上实施的全面放垦等政策，使得内蒙古草原生态环境的破坏极为严重，当地生态的脆弱性加剧，导致近代内蒙古中西部地区土地的荒漠化，降低当地人民的生活质量。因此，坚持人与自然和谐共生，扭转生态环境恶化，进一步提高生活质量，成为人民群众对过上美好生活的热切期盼。

扩展阅读

对于环境问题的防治措施

环境问题看似不起眼，却与我们的日常生活、与国家的长期发展息息相关，现今的种种生态环境的不协调将会是国家发展道路上的绊脚石，是我们必须致力解决的问题。

1. 预防措施

（1）大力建设城市环境基础设施。城市环境污染严重的一个重要原因就是城市环境基础设施落后，跟不上城市发展的步伐。因此，要按照环境建设城市环境与城市建设同步发展的原则，积极建设城市环境基础设施，大力推行污染集中控制设措施。大力植树种草，提高绿化覆盖率，改善城市生态环境，提高自然净化能力。

（2）加强宣传，提高公民环保意识。全民发动，提高公民环境意识，养成环保生活行为和经营行为。从我做起，规劝他人，养成环保生活行为和经营行为。真正形成全社会讲卫生光荣、破坏环境可耻的风气。

（3）工业布局合理。工厂不宜过分集中，以减少一个地区内污染物的排放量。重工业工厂应设立在远离市区的偏远地带,同时要远离水源,以免对人们平时的生活起居或水资源造成危害。

(4) 在生产和生活中大力提倡节约用水。首先是厂矿企业要不断提高节水意识,积极采用先进的节水工艺设备,提高水的重复利用率。其次是广大居民和社会各界都要增强节水观念。

2. 治理措施

(1) 提高废水处理技术水平。工业废水处理正向设备化、自动化的方向发展。传统的处理方法,包括用以进行沉淀和曝气的大型混凝系统也在不断地更新。

近年来,广泛发展起来的气浮、高梯度电磁过滤、臭氧氧化、离子交换等技术,都为工业废水处理提供了新的方法。

(2) 针对相应的污染性质,制订合理的治理措施。加快城市生活垃圾处理及综合利用、危险废物安全处置等城市环保基础设施建设。建立垃圾分类收集、储运和处理系统,在优先实施垃圾、固体废物的减量化和资源化的基础上,推行垃圾无害化与危险废弃物集中安全处置。建立废旧电池回收处理体系。一般城市的医疗废物必须全部实现安全处置,鼓励医疗废物集中处置。

(3) 减少交通废气的污染。改进发动机的燃烧设计和提高汽油的燃烧质量,使油得到充分的燃烧。

(4) 改变燃料构成。实行燃煤向燃气的转化,同时加紧研究和开辟其他新的能源,如太阳能、氢燃料、地热资源等。

(5) 绿化造林。茂密的丛林能降低风速,使空气中携带的大粒灰尘下降,树叶表面粗糙不平,能吸附大量飘尘。

总之,城市环境是人们赖以生存的基本条件,是城市经济得以依托发展的物质基础,也是城市社会文明的发展的象征和标志。在进行城市规划时,要有针对性地对城市污染中的大气污染、水资源污染、固体污染、噪声污染等进行有效的治理和解决。目前,我们面临并亟待解决的问题就是:运用科学的现代环境理论和方法,在充分利用自然资源的前提下,寻找污染和破坏环境的根源与危害,真正做到保护好环境,扼制污染,真正做到有效控制环境污染,促进人类社会与环境的统一、协调和持续发展。

三、人与自然关系的反思

1972 年,联合国召开了第一次世界性环境会议,即"斯德哥尔摩人类环境会议",并发表了《联合国人类环境会议宣言》,明确了人类对环境的权利和义务。1987 年受联合国秘书长委托,以挪威首相布伦特兰夫人为首的世界环境与发展委员会向联合国提交了《我们共同的未来》报告,指出"全球正面临人口、资源、食物和环境的严重挑战"。1992 年 6 月在里约热内卢召开的联合国环境与发展会议,使资源、环境与可持续发展的关注范围开始由学界走向全人类社会。2002 年在南非约翰内斯堡召开的第一届可持续发展世界首脑会议,以及 2012 年在里约热内卢召开的联合国可持续发展大会,进一步明

确了全球可持续发展的行动纲领和目标。

中华人民共和国成立70多年来，党中央一直关注环境保护，特别是近十几年来高度重视，明确提出要大力推进生态文明建设。党的十七大首次将生态文明建设写入党的报告，作为全面建设小康社会的新要求之一。党的十八大报告首次单篇论述生态文明，首次把"美丽中国"作为未来生态文明建设的宏伟目标，并明确提出"把生态文明建设放在突出地位，融入经济建设、政治建设、文化建设、社会建设各方面和全过程，努力建设美丽中国，实现中华民族永续发展"。党的十九大报告则为我国全面实现现代化勾勒了清晰的蓝图。打造天蓝、地绿、山青、水秀的优美自然生态环境是我国未来发展愿景，其实质是把生态文明建设提升到全局发展的高度，强调生态文明建设和政治、经济、文化及社会建设的相互融合与协调，将绿色发展作为未来发展的宏伟目标和发展理念。党的二十大报告指出，中国式现代化是人与自然和谐相处的现代化。尊重自然、顺应自然、保护自然是全面建设社会主义现代化国家的内在要求。

绿色与繁荣昌盛相连，荒芜与衰落贫穷搭伴。"十三五"以来，中共中央、国务院陆续出台了一系列关于生态文明建设与农业绿色发展的指导性文件，大力推动农业绿色发展体制机制的完善。党的十八大以来，以习近平总书记为核心的党中央领导全党全国人民大力推动生态文明建设的理论创新、实践创新和制度创新，开创了社会主义生态文明建设的新时代，形成了习近平生态文明思想，集中体现为"生态兴则文明兴"的深邃历史观、"人与自然和谐共生"的科学自然观、"绿水青山就是金山银山"的绿色发展观、"良好生态环境是最普惠的民生福祉"的基本民生观、"山水林田湖草是生命共同体"的整体系统观、"实行最严格生态环境保护制度"的严密法治观、"共同建设美丽中国"的全民行动观、"共谋全球生态文明建设之路"的共赢全球观。

2015年4月25日，中共中央、国务院印发《关于加快推进生态文明建设的意见》，要求协同推进"农业现代化和绿色化"。2016年中央一号文件首次出现"农业绿色发展"，明确提出"加强资源保护和生态修复，推动农业绿色发展"。2017年，中共中央办公厅、国务院办公厅印发《关于创新体制机制推进农业绿色发展的意见》，指出要"构建支撑农业绿色发展的科技创新体系""开展以农业绿色生产为重点的科技联合攻关"，从而正式确立了"农业绿色发展"在国家政治话语中的地位。2020年3月30日下午习近平总书记在浙江省安吉县余村考察时指出："生态本身就是经济，保护生态，生态就会回馈你。全面建设社会主义现代化国家，既包括城市现代化，也包括农业农村现代化。实现全面小康之后，要全面推进乡村振兴，建设更加美丽的乡村。"推进农业绿色发展，是贯彻落实新发展理念、推进农业供给侧结构性改革的必然要求，是加强资源环境保护与生态安全、实现可持续发展的必然选择，是发展优质、高效、生态、安全农业，全面提高农产品质量安全水平的有效途径，也是切实增加农民收入、加快建设现代农业的重大举措，是实施国家生态文明和乡村振兴战略的"主抓手"，对保障国家食物安全、资源安全和生态安全，维系当代人福祉和保障子孙后代永续发展具有重大的意义。

任务二　农业绿色发展概述

一、农业绿色发展的经济内涵及特征

农业绿色发展并不是要完全杜绝化肥、农药的使用，而是以生态保护为基础、以"绿色环境""绿色技术""绿色产品"为主体，促使农业生产从高投入高产出的集约化模式向低投入高效率的可持续农业模式转变，依靠科技进步和制度创新，将经济效益、社会效益和生态效益统一起来，走出农业现代化道路。

1. 生态农业绿色发展经济的内涵

生态农业绿色发展经济具有绿色的基本含义：新时代生态农业现代化经济体系是作为一个连续的状态而发展的。当代的社会成员作为一个整体共同拥有地球的自然资源，共同享有适宜的生存环境，这种环境符合绿色要求，符合人类的生存需要。在特定时期，当代人已是未来地球环境的管理人和委托人，同时，也是世代遗留的资源和成果的受益人。这赋予了当代人发展绿色经济的义务，同时，也给予了当代人享用地球资源与环境的权利。它的基本含义为：既要满足当代人的需要又不对后代人满足需要的能力构成危害的发展。健康的经济发展应建立在生态可持续能力、社会公正和人民积极参与自身发展决策的基础上。它追求的目标是既要使人类的各种需要得到满足、个人得到充分发展，又要保护资源和生态环境，不对后代人的生存发展构成威胁。

2. 生态农业绿色发展的特征

生态农业绿色知识经济具有市场结构性特征、企业行为特征，以及制度性和技术性特征，对此做出以下具体分析。

（1）生态农业市场结构性特征。中国的市场化改革促进了全国统一市场的建立和逐步完善，从而促进了绿色产业和绿色产品的发展，为形成市场有效竞争创造了基础性和决定性的条件。那么，生态农业如何适应这种市场结构的变化，是否能促进绿色知识经济的发展呢？绿色知识如何引导生态农业绿色发展呢？

①生态农业绿色产业化的市场结构特性。绿色知识引导生态农业绿色产业的发展，包含特色农产品、原生态农产品，也就需要特色农产品技术知识和原生态农产品技术知识引导其发展。这类绿色产业市场化程度高、市场需求前景好，也都需要运用市场法则，遵循价值规律和市场运行规律，优胜劣汰，淘汰落后产能和落后产业。发展具有绿色内涵的产业和产能，为产业提供绿色能源和绿色原材料，为现代产业体系形成奠定绿色原材料和能源基础。

②生态农业绿色农产品的市场结构特性。绿色知识引导生态农业绿色农产品发展，

也就是运用绿色知识和绿色技术来改造传统农产品,改变农产品的非绿色性能,使其转变为绿色性能,从有公害农产品向有机产品转变,这些都需要运用市场的法则和手段,引进和发展绿色先进技术,采用高效绿色投入,引导高效绿色农业产业,为绿色农产品的创新提供技术基础,为绿色农业生产和绿色消费提供产品基础。

(2)生态农业企业行为特征。生态农业企业行为表现为,企业运用政策法规和市场法则发展绿色产业,而不是排挤绿色产业,我们要发展绿色产品,淘汰传统的高耗能产品,创造绿色发展的宽松环境。

①低价格竞争的行为。我国的农产品常常采用低价格占有市场,但都以低质量为先决条件。我们倡导的是运用市场法则,不是以低价格排挤高价格的优质农产品。这种低价格竞争策略在农产品市场的初级和中级发展阶段有很大的作用,而当市场进入高级阶段,也就是人们对绿色高质量农产品的需求欲望很强的时候,这种低价格的竞争行为就与之不相适应了。

②低成本策略行为。农业企业低成本包括运用廉价的劳动力、低质原材料,其结果是低技术水平只能开发低质量和低层次的农产品,低技术构成低质量产品结构,这种结构是一种低质量技术导致的结构,从而排挤高质量产品。

③急功近利的短期行为。当前企业急功近利的短期行为非常普遍,开发一个绿色农产品,一年半载就要见效,着重于短期投资,而对于周期长、长远利益大的绿色农产品开发缺乏投入,或者是缺乏技术,或者是缺乏理念,或者是缺乏长远设想。这类行为构成了生态农业绿色发展的障碍。

(3)生态农业制度性特征。绿色制度包括生态农业绿色企业和绿色农产品的认证制度、相应生态农业企业评估制度、绿色企业考核的绩效制度、绿色 GDP 制度等,这一系列的制度是绿色制度的集中体现,主要有非正式制度和正式制度,就有可能成为非均衡的制度。例如,中国的绿色 GDP 的统计和计算制度,对国民经济总量计算纠偏发挥了重要作用,其中包括绿色产值指标、绿色企业评价指标,对绿色资源、环境、社会经济作了多层次细分,将生态财富生产纳入了政府的公共投入范畴,将政府的生态支付纳入政府购买的范畴。尽管如此,GDP 产值未能有效实现,依然对绿色经济的发展和绿色知识的运用产生了实际的影响,因此仍然是一种非均衡的制度。

非正式制度包括人们绿色价值观念、绿色社会意识、绿色理念的倡导,从而使该项绿色制度从开始的非均衡的制度最终转变为均衡的绿色制度。例如,鉴于绿色 GDP 的核算面临资源和环境定价的难题,以及资源产权不明、绿色核算制度不完备等问题,有学者提出了绿色 GDP 的非货币计算方法,以及绿色 GDP 的实物核算方法。绿色 GDP 逐渐成为社会普遍的共识,已经被越来越多的人所接受。

(4)生态农业技术性特征。生态农业产业化发展的技术性特征表现:

一是农业化学化转向使用农业生物制品,借助生物技术、计算机信息技术,在保护农业生态环境的原则下,减少化肥、农药、除草剂等化工制品使用量,大力发展生物性肥料、生物性农兽药、生物性生长调节剂等物制品,并采用 3S 技术进行精确施肥、施药;

二是作物和畜禽品种向更优质、高产、高抗逆性、广泛适应性方向发展。以基因工程为核心的生物技术，突破了动物、植物、微生物之间的界限，改变了常规育种技术只能利用有限种内杂交的做法，大大拓宽了生物界种质优势利用的范围，导致大批转基因动植物新品种的诞生。

二、农业绿色知识经济发展方式的选择

1. 农业绿色知识经济增长的几个原则

从现实国情看，中国生态农业目前仍处于经济增长的投资推动阶段，投资是推动农业生态经济增长的主要动力，投资对生态农业绿色发展具有决定性的作用，资本密集型产业是主导产业，经济增长仍然是以农业生态资本投入和农业生态资本运作为主要推动元素，农业生态效益和经济效益仍然低下。中国生态农业绿色经济增长的另一个重要背景，是当前正处于生态农业经济转型期，生产要素数量投入型增长的传统经济体制安排还在发生作用，其效应非常明显，客观上加大了生态农业绿色经济发展的难度，加大了生态效益提升的难度。因此，要改变这种现状，中国生态农业绿色经济增长方式的选择和定位，理论和实践上应遵守的原则：一是不仅要着眼于生态农业绿色技术因素对经济效益和农业生态效益的决定作用，也要强调生态农业绿色知识经济发展制度的创新作用；二是着力强调生态农业绿色知识经济发展方式内涵的研究，既要分析生态农业绿色知识经济生产要素的数量和质量，也要研究绿色知识经济及绿色技术生产要素的质量和效率的提高对经济效益和农业生态效益的影响；三是要具体联系中国生态农业所处的绿色知识经济阶段，把握好生态农业绿色知识经济发展方式转变的时机和环境，把握好农业生态效益提升的有利时机；四是要改变生态农业绿色知识经济个别因素的一元决定论，优先进行生态农业绿色知识经济和农业绿色技术的多元化系统性的博弈分析。

2. 优化农业资源和环境必须选择绿色知识经济的增长

我们在分析资源和环境问题时，也就是在论述资源与环境的隐性障碍和显性障碍时，引入了嵌入性资源与环境问题分析方法。嵌入性这一概念早期的阐述出现在波兰尼的论著中，他借此来批评主流经济学中的个人主义方法论。他认为，无论处于经济社会发展的哪个阶段和哪个时期，生态农业经济都不是孤立存在的系统，也就离不开农业生态环境系统和自然资源系统，在工业革命之前的农业经济是嵌入社会和政治系统之中的。这说明，如交换、货币和市场等经济问题与经济现象不仅仅由农业经济利益所驱使，它们的产生、发展及变迁都是以具体的社会背景和政治背景为基础，与经济发展和社会发展结合在一起的。工业革命前农业社会中的经济生活主要以利益互惠或再分配的方式进行，市场交换只是零星发生，形不成规模效应，也就谈不上生态农业绿色知识的运用和生态农业绿色技术的创新，但是工业革命和环境革命使这一状况发生了根本性逆转，为生态农业绿色知识的运用提供了广阔的舞台，市场和价格机制成为决定经济过程的主要力量，科技创新成为生态农业经济发展的主要杠杆，资源和环境问题也就成为生态农业经济的隐性发展和显性发展的重要主题。但是无论在前工业社会和工业社会，还是在经济高度发达的后工业化社会，资源与环境的嵌入性始终存在，只是在不同生态农

业发展阶段嵌入的程度和具体模式有所不同。嵌入性分析的要点在于，无论从哪种角度出发来研究生态农业资源与环境问题，都必须考虑资源与环境对生态农业经济发展的影响，都必须考虑生态农业环境效应与资源生态效益问题，都必须考虑生态农业绿色知识的运用和绿色技术的创新。嵌入性分析为生态农业资源与环境问题的研究，特别是生态农业资源的隐性因素和环境显性因素问题的研究提供了一把钥匙，研究者可以从嵌入性这个概念推导出一系列的嵌入方式。生态农业资源可以嵌入社会，也可以嵌入生态农业产业，嵌入生态农产品，嵌入生态环境，生态农业资源嵌入性主张具有非常普遍的适用性。由此可见，嵌入性的资源与环境隐性问题和显性问题在本质上是对经济学的思维方式特别是绿色知识的运用方式的直接挑战，同时也为生态农业资源与环境问题的解决提供了强有力的理论支撑。这样会引导出两个主要命题：一是生态农业资源总是社会性定位的，它不可能离开社会关系而独立存在，而是为利益所驱动；二是生态农业资源不可避免地会对环境产生影响。

新时代生态农业现代化经济体系的建立和发展，也就是生态农业资源与环境融合的农业新兴经济体综合了生态学、经济学、政治学、社会学、法学，特别是生态学和经济学等多个学科研究进展的结果。这是由生态农业资源与环境的隐性特性及显性特性决定的，多学科综合研究突破了经济学与其他相邻社会科学之间的界限和壁垒。就生态学而言，用生态思维方法分析生态农业效益问题不仅仅改变了其相对于经济学这一显学而言的"剩余学科"的尴尬地位，而且为其研究生态农业资源与环境问题提供了理论武器。经济学和生态学应当突破边界一起发展，以促进我们对生态农业绿色知识的运用。生态农业效益是经济学、社会学、生态学等多学科融合的结果。对生态农业资源与环境隐性生态效益与显性经济效益的研究已经形成了一些相对稳定的主题和思维方法，这是经济学、生态学、社会学更为深入、更为广泛的融合。这将更有助于提高人们对生态农业绿色知识经济发展的认识水平。

三、新型农业经营主体培育与绿色知识经济的发展

农业绿色知识的运用和经济的发展对新型农业经营主体的培育有着极其重要的指导作用。

1. 有利于农业生态经济可持续发展

绿色知识经济是一种有益于环境保护和生态农业可持续发展的新型经济，它是农业现代化经济体系建设的必然选择，是经济发展方式从粗放向集约式发展转变的必然要求，是污染控制技术发展的必然要求，是生态农业经济领域和技术领域中的深刻革命。

（1）生态农业生产过程更加清洁化，绿色知识经济本身要求清洁的环境。绿色知识的应用能使污染降到最低，使环境得到保护。资料显示，到2020年，有益于环境的高新技术占到环境产业的80%，一些传统的污染问题得到较好的解决。某些行业可实现废物的"零排放"。这些都是绿色知识经济所创造的成果、所创造的生态效益。如在农业

中，生物工程的应用，无公害农药等的使用，使农药中的污染大大减少。为了减少环境污染，工业发达的国家都十分重视"绿色设计""绿色产品"，整个经济体系正走向可持续发展。

（2）绿色商品销售过程不会造成污染。在生态农业绿色知识经济时代，商品的销售方式在发生根本的变化，它不会像工业经济时代那样，要人们到厂家去订货、到商店去采购。绿色知识经济时代，人们可以通过网上预订和购买物品满足自己的需要，消费者可以通过网络参与产品的设计、修改，能加入自己的意愿，选购自己所需要的包装，产品完全可能根据消费者的需要进行生产、包装，并送到用户的家中。这样可以节省采购费用，减少商品堆积与保管所需要的降温、除湿设备，以及喷药等所造成的费用和污染。在生态农业绿色知识

经济时代，包装也会发生根本性的变化，有的包装可以成为用户的装饰品，有的将成为产品的组成部分，有的则是可降解的，这样，包装也不会成为垃圾，以实现包装与产品的绿色化，达到包装与产品的合作，从而取得生态经济效益。

（3）生态农业绿色产品消费过程不会污染环境。在生态农业绿色知识经济时代，产品的设计促使生产把防止污染作为重要内容，因此，人们在消费过程中，不会对环境造成污染，从法规上提供了实现绿色知识经济的保障。

（4）生态农业绿色产业将占主导地位。随着生态农业绿色知识经济时代的到来，传统的农业产业结构将发生深刻的变革，不仅第三产业所占的比重大幅上升，而且以信息产业为龙头的高科技产业将得到蓬勃发展，生态农业经济规模将明显地超过传统农业产业。高科技生态农业产业以消耗人的智力资源为主，人的智力资源不仅在量上具有无限性，而且在质上具有无形性，它只需要少量的物质载体就能为人所用。人的智力资源的这一特性使它不会像工业经济社会以消耗自然资源和资本为主一样，对环境造成严重的污染。因此，以信息产业为龙头的高科技产业占主导地位，将会大幅度降低单位GDP中的资源消耗比例和污染排放比例，这对生态农业环境保护是十分有利的。同时，由于高科技在传统农业产业中得到快速渗透和应用，传统农业产业的技术水平也将得到全面提高，以利于建设农业现代化经济体系。

2. 有利于新型农业经营主体合理利用自然资源

任何经济增长都会面临着绿色资源约束，缓解绿色资源约束当然需要提高绿色技术利用效率，但也需要提高绿色资源的社会利用效率。

（1）生态农业绿色知识经济可以使已有的自然资源得到合理充分的利用。在农业经济时代，人们急功近利，一般采用粗放型经济增长方式，一棵树从采伐、造材、锯材，最后加工成家具等用品，仅能利用四分之一。这些都造成了巨大的浪费，造成这种结果有体制方面的原因，但更重要的还是科学技术落后，不能使生态资源得到充分利用。在生态农业绿色知识经济时代，知识是经济增长最主要的动力。知识在生态农业生产中的应用，会使人们充分利用资源。这样就能够实现资源生态效益的合作博弈。

（2）生态农业绿色知识经济创造新的资源。在绿色知识经济时代，随着科学技术的发展，需要人们制造和应用新材料，这一点，今天就已经十分明显地摆在我们的面前。

例如，在工业革命初期，人们需要的材料几乎全部依赖于绿色资源。第二次产业革命以后，经济实践和经济发展的需要进一步提高了物理学、化学和生物学对物质结构及其运用的要求，物质转化能量不断增强，其效应不断扩大，代替人工自然的材料技术不断发展，引起了生产力系统中劳动对象的革命。20世纪80年代，世界合成染料占全部染料的99%，合成药品占全部药品的75%，合成橡胶占全部橡胶的70%，合成油漆占全部油漆的50%以上，合成纤维占全部纤维的30%以上。随着第三次科技革命的兴起，各种新材料更是层出不穷，如新的塑料材料、复合材料、陶瓷材料、金刚石膜、超导材料等，它们能够适应科技发展对材料的要求。这些特殊性能的材料，为人类制造航天飞机、计算机提供了基础、创造了条件。新材料也就是新资源，这种新资源创造出来，人类就可以减少向大自然索取，环境就能得到更好的保护，地球上已有的自然资源就能得到更加合理的利用，最终实现绿色经济与资源的合作博弈。

（3）生态农业绿色知识经济将促使人力资源大量地代替物质资源。实践表明，无论农业经济时代还是工业经济时代，都是以开发和利用现代物质资源和现代能量资源为生产力的主要特征，其产品主要是物质或通过物质能量转换形成现代高科技产品。社会经济活动的主流是物质产品的现代生产、现代流通和消费，因而要求以丰富的现代物质资源和现代能源为基础，这就势必导致对资源的过度耗费，并造成严重的污染。目前，自然资源的严重稀缺性已经成为工业经济发展的桎梏，工业经济造成的严重后果已经严重威胁到了人类的生态农业绿色发展。而绿色知识经济将彻底改变这种趋势，人力资源将取代自然资源成为经济发展的重要因素。在农业经济时代，对土地资源和人的体能的依赖程度为90%以上，现代工业经济时代对自然资源和能源的依赖为60%以上，而绿色知识经济时代对自然资源的依赖程度还不足20%。随着科学技术的发展，人力资源的能量会越来越大，人力资源创造力越来越大，人力资源的原创性越来越强，绿色知识经济博弈能量将代替物质资源，从而取得人力资源与物质资源合作博弈的生态效益。

（4）绿色知识经济促使人类对物质资源的需求减少。绿色知识经济时代，除科学技术的发展外，人的智力在经济活动中的应用使产品轻型化、微型化，从而对自然资源的需求会减少。在农业经济时代，由于社会生产力水平低下，人们获取物质财富的手段相对落后，物质财富总是很难充分满足需要，人也显得更加贪婪，更加拼命地积累财富。在农业经济和工业经济社会，频繁的自然灾难和连续不断的战争使人们对前景的估计很难乐观，不少人不仅希望在短短几年时间里攒足自己一生所需要的财富，以备不时之需，而且还要为子孙后代攒足财富，这就必然以所谓先进的手段无穷地向大自然索取。进入绿色知识经济时代人们会发现，满足物质需要是一件十分容易的事情。人们对物质财富的要求会适可而止，也就用不着把大量的资源变成产品储存起来，用不着生产大量的物质财富变成货币储藏起来，留给子孙后代。人们会明白，留给子孙后代最好的财富是健康、智慧、丰富的自然资源和美好的环境。这些都会使人们减少对资源的需求，这是一种财富与资源合作博弈的结果，是农业资源生态的良好效应，是生态农业绿色知识经济发展的重要目的，是人类进步的重要标志。

四、农业绿色发展的路径策略

绿色农业是以生态农业为基础，以高新技术为先导，以生产绿色产品为特征，利用"绿色技术"进行农业生产的一种体系，是我国生态文明建设的重要发展方向。加快绿色农业发展，必须加强观念引导，做好绿色农业生产的组织、协调工作，建立规范的绿色农产品生产技术体系，完善绿色农产品市场体系，加大扶持力度，保障农民增收。传统农业粗放型、高消耗、低产出、高污染的生产方式与农业可持续发展之间存在不可调和的矛盾。大力推广绿色农业对扩大生态农业市场份额、提高农业经济效益、促进农业可持续发展和农民增收等有重要意义，是生态文明建设的重要战略。近年来，我国绿色食品工作机构基本建立，绿色农业经营规模不断扩大，经营模式日益多样化，产品营销网络迅速拓展，绿色农业呈现稳定发展的态势，但仍存在人们对绿色农业认识不足，绿色农业社会化服务体系及科技服务体系不健全，缺乏必要的资金、政策支持等问题。这些问题，是绿色农业进一步发展的障碍。当前情况下，加快绿色农业发展，应采取如下措施。

（1）加强观念引导。首先各级政府应深刻意识到发展绿色无公害农业生产的迫切性，应在加强绿色农业区域生产总体规划、引导农民正确决策上多下功夫。其次，围绕绿色农产品的特点加强对公众的介绍和引导，提高消费者对绿色产品的认知度和接受度。最后，制定适当的优惠政策。政府部门应对发展有机食品、绿色食品和无公害农产品的企业或生产者给予一定的优惠政策，鼓励农民和企业从事绿色有机农产品生产，继续搞好对广大干部群众的宣传培训。

（2）加强绿色农业生产的组织、协调工作。具体来说，可由农业农村部主持，依据各省区自然、地理、资源条件及由其决定的生产优势，对绿色农业制订带指导性的区域发展宏观规划；然后各省区、市县参照国家宏观规划，结合当地实际，做出具有本区域特点的中长规划。在此基础上，各级政府或农业部门，定期发布绿色农业产业政策，指出哪些生产是属于加强扶持及保护范围的，哪些生产是属于调整范围的，让广大农民群众心中有数，并以此为参考，做出理智正确的微观决策，将分散的生产经营，纳入符合国家农业发展的战略轨道。

（3）建立规范的绿色农产品生产技术体系。构建绿色无公害农产品生产技术体系，主要应把握三关：一是生产基地选址关；二是种植过程无害化关；三是农产品残留毒物检测关。在此基础上积极地做好以下几个方面的工作：一是要认真研究市场和需求，在农作物、畜禽、水产的优质高效新品种选育上重点突破；二是要围绕新品种选育做好与之配套的良种良法的研究和开发工作；三是要围绕产后保鲜、贮运、加工、包装的各个增值增效生产环节开展相关的技术攻关；四是要围绕优质名牌产品抓好高新技术示范与普及培训工作；五是要积极地、有选择地引进名特优稀品种资源与相关技术、设备；六是要加强和健全技术推广体系，广泛开展科技培训，引进推广农业新技术、新品种。

（4）加强绿色农产品市场体系建设。农产品除与其他产品共有的特点外，更有贮藏期短、对产品新鲜度要求高等特点，很有必要建立专门的营销网络。对于出口产品，急需建立进、出口国相互承认的产品质量认证体系，使其畅通无阻，以减少损失。

（5）加大扶持力度，保障农民增收。绿色补贴是指不影响产品贸易价格的政府补贴，补贴内容包括农业科研、病虫害防治、增强产品国际竞争力、环境保护等。因此，要用足用活WTO绿色补贴规划，增加政府的财政支持力度，给农民发展绿色农业提供必要的基础设施。只要绿色农业得以顺利快速发展，那么农民增收就会获得来自农业的一方保障。

● 扩展阅读 ●

以习近平"三农"思想为指导推进农业绿色发展

推进农业绿色发展，必须全面贯彻党的十九大精神，以习近平"三农"思想为指导，以构建人与自然和谐共生的农业发展新格局为目标，以优化空间布局、节约利用资源、保护产地环境、提升生态服务功能为核心，着力推进农业绿色发展文件贯彻落实、绿色发展先行先试、资源环境生态监测体系建设，加快形成推进农业绿色发展的工作合力和良好氛围，加快形成绿色生产方式和生活方式。

（1）牢固树立绿色发展理念。落实党中央国务院关于生态文明建设的决策部署，牢固树立绿色发展理念。树立和践行绿水青山就是金山银山的理念，认识到清新空气、清洁水源、美丽山川、肥沃土地、生物多样性是人类生存必需的生态环境。树立尊重自然、顺应自然、保护自然的理念，认识到人与自然是生命共同体。树立发展和保护相统一的理念，坚持发展是硬道理的战略思想，坚持节约优先、保护优先、自然恢复为主的方针，发展必须是绿色发展、循环发展、低碳发展，平衡好发展和保护的关系。树立山水林田湖草是一个生命共同体的理念，按照生态系统的整体性、系统性及其内在规律，进行整体保护、系统修复、综合治理，增强生态系统循环能力，维护生态平衡。

（2）坚持绿色发展核心要义。坚持以"空间优化、资源节约、环境友好、生态稳定"为重点，切实推动农业绿色发展各项任务。优化农业主体功能和空间布局，合理区分农业空间、城市空间、生态空间，以资源环境承载力为基准，规范农业发展空间秩序，构建科学适度有序的农业空间布局体系。强化资源保护与节约利用，坚决守住耕地数量质量红线，建立耕地轮作休耕制度，推进节水农业发展，保护与利用好农业生物资源，促进农业资源用养结合、永续利用。加强产地环境保护与治理，建立工业城镇污染向农业转移防控机制，健全化肥、农药等农业投入品减量使用制度，完善秸秆、畜禽粪污、废旧地膜和包装废弃物等资源化回收利用制度。养护修复农业生态系统，打造生态循环、环境优美的田园生态系统，恢复草原生态系统，净化水生生态系统。大力推进质量兴农和绿色供给，努力确保"舌尖上的安全"。

（3）强化绿色发展制度和政策体系建设。着力全面深化改革，构建以资源管控、环境监控和产业准入负面清单为主要内容的农业绿色发展制度体系,以绿色生态为导向的政策支持体系和科技创新推广体系。健全耕地保护补偿、生态补偿制度,推动存量资金优先支持绿色化生产、增量资金重点向农业绿色发展倾斜,建立促进农业绿色发展的补贴政策体系和激励约束机制。完善农业保险政策,健全农业信贷担保体系,加快构建多层次、广覆盖、可持续的金融服务体系。

(4)开展绿色发展试验示范。把第一批40个国家农业可持续发展试验示范区建设与农业绿色发展先行先试工作结合起来,创新机制,创造经验,带动面上农业绿色发展。指导各试验示范区正确处理好长期性与紧迫性的关系,结合当地资源禀赋、区域特点和突出问题,梳理试验示范的任务清单,分年度、有步骤推进实施。当前重点抓好化肥农药使用量下降、以抗生素为代表的兽药鱼药使用量下降、秸秆与农膜等农业废弃物资源化利用、农产品质量品牌提升等任务,尽快启动构建农业资源环境生态监测体系、建立重要农业资源台账制度、实施农业绿色发展全民行动、完善绿色农业法规和政策体系、优化农业发展空间和生产力布局、建立农业绿色发展考核评价制度等制度建设。总结一批成熟的经验和模式,强化工作调度,适时组织开展考核评估。

(5)夯实农业资源环境生态监测体系。着眼于全面摸清和动态掌握农业资源家底,加快建立重要农业资源台账制度,跟踪农业资源数量、质量及时空分布的变化,为农业资源台账更新提供数据支撑。充分利用卫星遥感覆盖区域广、信息客观真实等综合优势,推进建设农业专属遥感卫星座,建立以卫星遥感为主、航空无人机和地面物联网为辅的农业信息数据观测技术,构建数字农业观测系统。

任务三 农业绿色的未来发展

一、国际发展现代农业的经验

现代农业是继传统农业之后的一个农业发展新阶段,是以现代工业和科学技术为基础,重视加强农业基础设施建设,根据国内外市场需要,建立起采用现代科学技术、运用现代工业装备、推行现代管理理念和方法的农业综合体系。现代农业在发达国家率先兴起,并在发达国家得到长足发展。

总体而言,发达国家对现代农业的重视体现在以下几个方面:一是农业多功能性受到关注,可持续发展成为重要政策目标。农业是一个独特的产业部门,面对生态和环境的严重破坏,大多数国家已经确立了农业可持续发展战略,并体现在具体的政策措施和实际行动中。二是农业资源和生产要素配置市场化。在现代农业中,决定农业效益和农民收入的主导因素是市场需求,而不是生产和供给,因而,农产品的供给结构必须根据市场需求的变化而不断调整，以适应于社会的需求。三是农业的发展超越了初级生产范围，拓展了纵向和横向上与其他经济活动的联系，改变了以往农业产前、产中、产后分割现象，形成了"从田间到餐桌"的完整产业链条。在美国，农产品的80%销售给食品工业，荷兰、丹麦2/3的农产品是经过深加工和精加工后再进入市场的。四是农产品品质、营养和安全受到高度重视，标准化生产越来越普及，食物质量安全受到高度关注，成为更为优先的政策目标。目前，发达国家一般都有规范有序的管理体系和行之有效的监督机制，确保加工农产品和食品的质量安全。五是政府的制度安排、组织管理和支持政策体系直接影响着农业的竞争力。为了提高农业的竞争力，农业经济发达的国家一般都有一套合理的制度安排，如确定适宜的生产和经营方式，制定合理的价格政策，提供便利的金融信贷服务及信息和技术服务等。同时，发达国家一般都建立了结构合理、分工明确、运转高效的农业管理体系。六是民间组织发挥重要作用。许多国家都鼓励农民组织起来，提高自我服务的水平，以期能够节约交易费用，降低成本和市场竞争的风险，增加获利的机会。

纵观国外发展现代农业的实践，从学习和借鉴角度，我们把它们划分为可以直接借鉴的、尽快借鉴的、现在还没有条件但可以通过创造条件来借鉴的三类。

第一类，可以直接借鉴的国外发展现代农业的经验和模式。一是重视农业的可持续发展。无论是美国的低投入可持续农业模式，日本的环保型可持续农业模式和西欧的综合型持续农业模式，其共同点都是通过尽可能减少石油制品为原料的化肥和农药的投入，通过立法规定废弃物的排除、污泥用作肥料、防止施肥过量等，达到保护生态的目的。我们应当借鉴国外经验，结合中国实际，采取切实可行的措施，走出一条资源节约型和环境友好型的可持续农业发展的道路来。二是走现代集约农业发展道路。目前，发达国家的现代农业主要有两个发展模式：第一，地多人少的国家，如美国、加拿大，实行规模农业经济，或者粗放经济；第二，地少人多国家如日本、荷兰、丹麦、以色列，主要依靠生物技术的突破，提高土地生产率，即发展资本技术密集型的集约农业。从我国的实际出发，应当发挥劳动力资源优势，走劳动技术密集型的集约农业道路，在引进先进适用的农业技术和加快农民技能培训上下功夫。三是继续大力推进农业产业化经营。我国农业经济效益低，最重要的一条是农产品的生产链条短，附加值低。发达国家农产品加工的数量一般占农产品总量的80%，我国只占20%左右。因此，我们要继续学习发达国家在农业产业化经营方面的好经验，把农业产业化经营提高到一个新的水平。四是完善政府支持农业的制度安排、组织管理和支持政策体系。在推进我国行政管理体制改革过程中，我们要借鉴农业发达国家建立的合理的制度安排，结构合理、分工明确、运转高效的农业管理体系，以及政府部门有较强的服务意识等方面的经验，加强对农业的技术推广体系、科技教育支持体系、财政金融支持体系、中介服务支持体系等方面的建设。五是发挥民间组织的重要作用。政府、市场和民间组织是现代社会相互作用又各司其职的三驾马车。综观国外发展现代农业的经验，大部分国家都高度重视民间组织的力量。我国在农业产业化经营的发展过程中，专业合作社组织有了较大的发展，但在农协、农会等组织方面，还有待起步。

第二类，应当尽快借鉴的国外发展现代农业的经验和模式。一是关于新型农业发展模式。随着社会发展和科学的进步，当前世界农业发展的趋向是由平面式向立体式发展，由农场式向公园式发展，由自然式向设施式发展，由常规型向生态型发展，由单向型向综合型发展，由机械化向自动化发展，由化学化向生物化发展，生态农业、有机农业、设施农业、高技术农业、信息农业、精准农业、白色农业、蓝色农业、工厂化农业等新型农业发展模式陆续出现。我们要研究这些模式，根据我国各地实际，尽快发展和普及生态农业、有机农业、设施农业、白色农业、蓝色农业等，实现农业的可持续发展。二是关于农产品的标准化生产。我们要清醒地认识到，发达国家凭借经济、技术上的优势，制定苛刻的技术性贸易壁垒的同时，我们自己的农产品的质量标准、卫生安全也的确存在许多问题，与国际市场要求存在明显差距。因此，我们必须尽快全面掌握国际标准化组织（ISO）、国际动物流行病组织（IOE）、国际植物保护联盟（IPPC）、国际食品法典委员会（CAC）及发达国家的先进标准，跟踪分析不同国家、不同地区对进口农产品的差异和特殊要求，力争国家标准与国际标准同步和接轨。

第三类，现在还没有条件但可以通过创造条件来借鉴的经验和模式。如农业资源和生产要素配置市场化。在我国农业还是一个弱质产业，处于需要工业反哺和城市支持时期，过早地把农业完全推向市场，是不现实的。因此，我们要全面深化农村改革，待条件成熟时，才能实现农业资源和生产要素配置的市场化。又如高技术农业、信息农业、精准农业、工厂化农业等新型农业发展模式，现在还只能在部分地区进行试点，只有具备条件后，才能大范围地推广。

二、中国农业绿色发展

中国绿色发展是农业可持续发展的升级版，是可持续发展理念中国化的再创造，从单纯的国际"环保单一型"可持续发展，提升到"资源—优质—健康—产业—环境"多目标协同的"生命共同体"高度，成为中国引领全球可持续发展特殊鲜明的范例。

1. 浙江省化肥定额制施用、农药实名制购买"两制"改革

为加快转变农业发展方式，确保粮食安全和农产品质量安全，促进生态文明建设和农业可持续发展，2020年，浙江省人民政府办公厅出台《关于推行化肥农药实名制购买定额制施用的实施意见》，在全国率先开展"肥药两制"改革试点，即化肥、农药购买定额制，化肥、农药购买实名制，通过健全实名制购买电子记录、使用记录及废弃包装物回收记录三大制度，制定发布主要农作物化肥施用的定额标准，加强"刷脸""刷卡""扫码"等新技术在农资监管领域的应用，对接打通农资监管与农产品质量安全追溯两大平台，构建农资监管"进—销—用—回"信息闭环，实现数据对接、源头追溯，不断提升农业生产全程监管能力，促进农药化肥持续减量增效。

2. 上海市绿色农药封闭式管控体系

近年来，上海市崇明区坚持以习近平生态文明思想为引领，大力推行绿色生产、生活方式，不断巩固农业绿色发展理念，创新打造符合崇明世界级生态岛标准的绿色农药

管控体系，持续提升崇明绿色食品认证水平。为保证崇明区绿色农产品质量安全，崇明区全面建成集绿色农药采购、销售、配送、使用、废弃物回收处理为一体的"1+16"（1个总仓、16个门店）绿色投入品封闭式管控体系和区、镇、第三方联动的网格化监测网络。该体系有如下五个特点：①区政府通过高补贴干预农药市场，联系农药公司进行专门的农药采购、销售及回收，确保农药来源，实行农药一瓶一码，农户通过身份证进行购买，设定领取额度，从而确保农药流向可控；②建立台账制度，崇明区通过成立农业专家小组建立绿色农药名单，未在名单之上的提出审核后考虑是否纳入名单，并邀请专家预测本年度崇明病虫害发生情况；③在农药销售环节实行限额购买，经过绿色产品认证的生产户免费提供，非绿色食品农户补贴80%，并且对农药的用量和品类进行科学指导，确保农产品质量安全；④对农药废弃物进行有偿收回，对随意丢弃农药包装物的行为，通过扫码进行追溯，录入信用记录，减少补贴额度，最后对于回收的包装废弃物年底统一送往上海市危废处理中心集中处理；⑤对接地理信息系统，建立涵盖全区所有经营主体用药需求、实际用药量、废弃农药包装物回收等信息的"农药大脑"，以大数据指导农药精准管控，实现绿色农药销配全程可追溯。

3. 青海省坚持生态保护优先，创新推动农业绿色发展

青海是中华水塔、三江之源，优先保护生态，推进绿色发展至关重要。习近平总书记视察青海省时强调，青海最大的价值在生态，最大的责任在生态，最大的潜力也在生态。多年来，青海省坚持生态立省战略，在农业绿色发展方面先行先试，努力探索体现高原特色、生态特征、资源节约、环境友好的绿色发展路径，取得一定成效。

（1）立足省情，加强顶层设计。青海省从20世纪80年代起就开始实施封湖护鱼行动，近年来，大力实施青海湖裸鲤孵化项目，年均增殖放流1 200万尾。目前，青海湖裸鲤资源蕴藏量近9万吨，其中人工增殖放流贡献率达到23%。2008年，开始实施生态畜牧业建设，探索推广科学养殖模式，促进草畜平衡，2014年被农业部确立为全国草地生态畜牧业试验区。同时，在三江源、祁连山国家公园试点省建设基础上，启动以国家公园为主体的自然保护地体系示范省建设，在全国开了先河，将绿色发展推向了新高度。

（2）聚焦绿色，推进部省共建。以绿色有机农畜产品示范省建设为抓手，推进生产方式由数量型向质量型转变。实施化肥农药减量增效，投资5.46亿元，完成化肥农药减量增效试点任务114万亩，对11种农作物设立试验田59个，施用有机肥22.04万吨，全省化肥、农药用量同比减少24.4%、21.03%。发布"玉树牦牛""柴达木枸杞"等青海省农产品区域共用品牌16个，获得"中国驰名商标"20个、青海省著名商标55个，培育高原、绿色、有机、富硒等特色农牧业品牌20个。加强科技创新平台建设，发布绿色发展新技术100余项，农业废弃物资源化利用大幅提升，农田残膜回收率达到89%。

（3）突出生态，促进草畜平衡。以全国草地生态畜牧业试验区建设为载体，推进养殖模式由粗放式向生态集约型转变，探索形成了"股份制、联户制、代牧制、大户制"四种建设模式。大力推广"以草场承包经营权、牲畜折价入股、劳动力专业分工、生

指标量化、用工按劳取酬、利润按股分红"的股份合作制经营模式,先后推出"梅隆模式""拉格日模式""甘德经验"等典型样板,整合股份制草场 6 982 万亩、股份制牲畜 896 万头(只),折股量化各类支农资金近 3 亿元,获得了全国"三农"创新奖荣誉。

耕读实践一

"农耕大体验"活动

一、实践目的

春争日,夏争时,一年农事不宜迟。眼下正值农忙季节,急需抢抓农时,开展插秧工作。为了提升秧苗的成活率和提升产量,需要学习科学的插秧技巧、收割技巧。

二、实践步骤

1. 育苗

先在某块田中培育秧苗,此田往往会被称为秧田,在撒下稻种后,农民多半会在土上撒一层稻壳灰;现代则多由专门的育苗中心使用育苗箱来促进稻苗成长,好的稻苗是稻作成功的关键。在秧苗长高约 8 厘米时,就可以进行插秧了。如图 5-1 所示为漂浮育苗。

2. 插秧

将秧苗仔细地插入稻田,间格有序。传统的插秧法会使用秧绳、秧标或插秧轮在稻田中做记号,如图 5-2 所示。

图 5-1 漂浮育苗 　　　　图 5-2 插秧

手工插秧时,会在左手的拇指上戴分秧器,将秧苗分出,并插土里。插秧的气候相当重要,如大雨则会将秧苗打坏。现代多有插秧机插秧,但在土地起伏大,形状不是方形的稻田中,还是需要人工插秧。秧苗一般会呈南北走向。还有更为便利的抛秧。

插秧的深度一般以 2~3 厘米为宜,这样有利于秧苗扎根返青,如果插秧的深度过深可能会导致秧苗的返青速度较慢及分蘖时间较晚。秧苗要插直,且行距、穴距要规整,每穴插入的秧苗要确保均匀。插秧的深浅度要保持一致，同时，不能插断头秧等不良秧苗。

3. 除草、除虫

秧苗成长的时候，需要时时照顾，并拔除杂草，有时也需要用农药来除掉害虫（如福寿螺），如图5-3所示。

4. 施肥

秧苗在抽高，长出第一节稻茎的时候称为分蘖期。这段时间往往需要施肥，使稻苗健壮的成长，并促进日后结穗米质的饱满和数量，如图5-4所示。

图 5-3　除草、除虫

5. 灌排水

水稻比较依赖这个程序，种植旱稻的是旱田，灌排水的过程较不同，但是一般都需要在插秧后、幼穗形成时，还有抽穗开花期加强水分灌溉，如图5-5所示。

图 5-4　施肥 　　　　　图 5-5　灌排水

三、实践评价

劳动内容：			
	序号	课程评价标准	得分
自我评价	1	讲卫生，勤洗手、勤剪指甲，保持衣服干净整洁；公共场所不乱丢垃圾、果皮纸屑，不随地吐痰，不乱涂乱画（10分）	
	2	上课前做好充分的预习准备，通过各种渠道了解相关的主题内容，仔细阅读背景材料（10分）	
	3	课堂上积极参与小组活动，根据小组的活动要求，制订方案，完成自己的工作（10分）	
	4	积极主动完成教师布置的任务，项目实践操作合乎任务要求（10分）	

续表

	序号	课程评价标准	得分
自我评价	5	根据课程内容举一反三,运用本节课学习的知识为自己和他人的生活服务(10分)	
	6	乐于助人,帮助团队成员,言行举止使团队能很好地合作(10分)	
	7	遵守劳动安全规定和操作要求(10分)	
	8	劳动有创新(10分)	
	序号	课程评价标准	
教师评价	1	学生顺利完成任务,遵守纪律,认真听讲,及时记录课堂笔记(10分)	
	2	学生积极参与劳动实践活动,理解活动意义,学会爱惜道具用品(10分)	
劳动感悟			
教师评价			

填写人: 　　　　日期:

耕读实践二

整地作畦

一、实践目的

尝试并学会整地作畦方法,为进一步种植打下基础。通过研究性的实践活动,培养学生观察能力、探究能力和创新能力。

二、实践材料

有机肥料、线绳、插棍、铁锹、耙子、刮板、卷尺、花铲、标签。

三、实践步骤

学生分组、分地，按上述示范整地作畦的操作要求进行如下实地操作：
（1）灭茬、除草。
（2）施肥。
（3）翻地。
（4）整平。
（5）划线区划。
（6）起垄。
（7）平地。
（8）种植。

四、实践评价

劳动内容：			
	序号	课程评价标准	得分
自我评价	1	讲卫生，勤洗手、勤剪指甲，保持衣服干净整洁；公共场所不乱丢垃圾、果皮纸屑，不随地吐痰，不乱涂乱画（10分）	
	2	上课前做好充分的预习准备，通过各种渠道了解相关的主题内容，仔细阅读背景材料（10分）	
	3	课堂上积极参与小组活动，根据小组的活动要求，制订方案，完成自己的工作（10分）	
	4	积极主动完成教师布置的任务，项目实践操作合乎任务要求（10分）	
	5	根据课程内容举一反三，运用本节课学习的知识为自己和他人的生活服务（10分）	
	6	乐于助人，帮助团队成员，言行举止使团队能很好地合作（10分）	
	7	遵守劳动安全规定和操作要求（10分）	
	8	劳动有创新（10分）	
教师评价	序号	课程评价标准	
	1	学生顺利完成任务，遵守纪律，认真听讲，及时记录课堂笔记（10分）	
	2	学生积极参与劳动实践活动，理解活动意义，学会爱惜道具用品（10分）	

续表

劳动感悟	
教师评价	

填写人：　　　　日期：

耕读小结

中国农业的绿色发展以尊重和维护自然为前提，以人与人、人与自然、人与社会和谐共生为宗旨，以建立可持续的生产方式和消费方式为内涵，以引导人们走上持续、和谐的发展道路为着眼点。本项目主要介绍了人与自然关系、农业绿色发展的概述、农业绿色的未来发展。

耕读思考

1. 如何正确认识人与自然之间的主要问题？
2. 农业绿色发展的经济内涵及特征有哪些？
3. 农业绿色发展的路径策略有哪些？
4. 农业绿色知识的运用和经济的发展对新型农业经营主体的培育有哪些指导作用？

项目六　中国农业的创新创造

📋 **知识目标**

1. 了解现代农业发展的特征，中国农业发展面临的挑战。
2. 了解智慧农业的概念，农业农村发展面临的挑战；熟悉智慧农业常见产业，智慧农业引领农业变革新方向。
3. 了解智慧农业助力乡村振兴、智慧农业中的青年机遇、智慧农业中的世界机遇。

📋 **能力目标**

1. 能够领悟中国智慧农业的重要作用。
2. 能够掌握智慧农业将是中国农业未来的重要发展方向。

📋 **素养目标**

引导学生树立正确劳动观，体会劳动创造美好生活，体会劳动不分贵贱，热爱劳动，尊重普通劳动者，培养奋斗、创新的劳动精神。

🏆 **项目导读**

鼓励农民进行创新创造是实现共同富裕的关键一步。共同富裕是社会主义的本质要求，也是中国式现代化的重要特征。当前，要在高质量发展中促进共同富裕，推动全体人民共同富裕取得更为明显的实质性进展，最艰巨、最繁重的任务仍然在农村。

任务一　中国农业创新的特征与挑战

重农固本，安民之基。习近平总书记指出，中国要强，农业必须强。随着我国经济的不断发展，我国农业农村发展进入新的历史阶段。新理念、新模式、新科技不断向

"三农"领域融合，农业发展呈现一系列新特点，面临诸多新挑战，也迎来了历史发展的新机遇。

一、现代农业发展的特征

现代农业是广泛应用现代科学技术、现代工业提供的生产资料和科学管理方法进行的社会化农业，一整套建立在现代自然科学基础上的农业科学技术的形成和推广，使农业生产技术由经验转向科学。现代农业发展的特征主要表现为农业产业结构的市场化、农业生产方式的集约化、农业经营形式的产业化、农业生产技术的智能化和农业生产管理的信息化。

1. 农业产业结构的市场化

所谓的农业产业结构，是指农业中各个产业的构成比例。它大体上可分为3个层次：一是农业生产结构，主要表现为不同生产部门之间的比例，例如，种植业、畜牧业、林业、渔业等生产部门之间的比例；二是农业产品结构，主要表现为同一生产部门中不同产品之间的结构，例如，种植业中的粮食、油料、蔬菜、水果等作物之间的比例；三是品种结构，主要表现为某一产品中不同品种之间的比例，例如，玉米中的糯玉米与普通玉米的比例，大豆中转基因品种与非转基因品种的比例等。

几千年来，我国传统农业大多是农民按照当地的惯例，能种植什么作物就自己来种植什么，能够养什么自己就来养什么，自己对农产品进行初步的加工；生产出来的粮食、畜禽蛋等农产品都是自给自足，只有剩余的一点点才有可能拿到市场去交易，而拿到市场去才发现大家剩余的农产品也基本相同，价格也比较低。而现代农业恰恰相反，是一种真正面向市场、服务市场的农业；是一种市场需要什么，就去种植什么、养什么、加工什么、提供什么的农业；是一种敏锐地发现市场的潜在需求，主动地去培育和引导新的市场需求的农业。

改革开放以来，农业市场的区域已经由家门口的小市场、赶大集逐步进化到农贸市场，再由区域性的小市场过渡到现代农业面对的更大区域、适应更大需求的市场，也就是全国、全球市场；农业市场的需求也由传统农业时代的农林牧副渔、粮棉畜禽油等单一的物质产品，扩展到现代社会需求的千变万化，现代农业的产业结构为适应和满足这种多样化的市场需求进行调整与服务，使现代农业生产的农产品主要为市场提供商品以实现利润最大化。农业产业结构的市场化是现代农业发展的一个显著特征。

2. 农业生产方式的集约化

农业生产方式是指农业生产方法和形式。生产方法属于生产力的范畴，主要通过生产工具、动力、水利设施等体现出来，如耕地是采用刀耕火种还是铁犁牛耕；生产形式则属于生产关系的范畴，如生产如何组织起来，是简单协作还是一家一户、男耕女织。

马克思曾经说过，衡量进步的标准不在于生产什么，而在于怎样生产。也就是说，生产工具及生产方式的变革，才是推动人类社会进步的引擎。现代农业发展将农业生产方式从传统农业的桎梏中解放出来，转向规模化、标准化、组织化、集约化生产，以适应现代大市场的需求。集约化生产则是现代农业中一种生产经营方式，是把一定数量的劳动力和生产资料，集中投入较少的土地上，采用集约经营方式进行生产的农业。同粗放农业相对应，在一定面积的土地上投入较多的生产资料和劳动，通过应用先进的农业技术措施来增加农业品产量的农业，也称"集约农业"。

主要西方国家农业都经历了一个由粗放经营到集约经营的发展过程，特别是20世纪60年代以后，他们在农业现代化过程中，都比较普遍地实行了资金、技术密集型的集约化。由于各国条件不同，在实行集约化的过程中则各有侧重。有的侧重于广泛地使用机械和电力，有的侧重于选用良种，大量施用化肥、农药，并实施新的农艺技术。前者以提高劳动生产率为主，后者以提高单位面积产量为主。中国是一个人口众多的农业大国，但农业科学技术还不发达，长期以来，农业集约经营主要是劳动密集型的。随着国民经济的发展和科学技术的进步，中国农业的资金、技术经营也在逐步实现集约化。

3. 农业经营形式的产业化

农业经营形式是指农业生产领域中生产关系的"具体形式"。简单地说，就是在一定的经济形势下，农业经济组织为了达到一定的经济目标，在农业生产经营活动中采取的各种运行方式。例如，农户家庭经营、集体统一经营、以家庭联产承包责任制为基础的双层经营等。

简单地讲，农业经营形式的产业化就是指一个农业经济组织，结合所在地域的自然条件和社会经济条件的特点，根据市场的需求，依托某些龙头企业或合作经济组织，为经济组织内的农户提供系列化服务，通过组织农户进行种养加、产供销、农工商一条龙综合经营，将农业再生产过程的产前、产中、产后诸环节连接为一个完整的产业系统并取得较好的经济效益的一个过程。

农业经营形式的产业化是现代农业发展的一个重要特征，可以说，农业经营形式产业化的发展过程就是农业现代化的建设过程。

4. 农业生产技术的智能化

如果时光倒流60年，或者可以通过时光隧道穿越到过去，我们会发现，在那个年代，土地是用牛拉着铁犁来耕种的，一亩小麦的产量不到150斤，收获的时候是靠人工拿着镰刀割的，没有农业机械，也没有农药化肥，当然，我国北方的人们在冬天也吃不到新鲜的蔬菜；到了20世纪60年代，我国的机械化生产刚刚起步，农业生产技术也慢慢地得到了提高。

而现在，我们可以通过无人驾驶的拖拉机、播种机进行耕种，可以通过联合收割机、自动采摘机进行作物的采收，可以通过无人机对大田进行农药喷洒，可以通过水肥一体机对植株进行精确定量施肥，当然还可以在一个现代温室大棚里布设传感器，通过实时采集温室内温度、湿度、CO_2浓度、土壤温度，以及光照、叶面湿度、露点温度等环境参数，为环境自动监测、自动控制和智能化管理提供科学依据；也可以通过模块采集温度传感器等信号，经由无线信号收发模块传输数据，经过智能后台的处理，自动开启或关闭指定设备，实现对温室生产环境的远程控制，来营造一个适宜于作物生长的环境，获得最佳的品质与产量等，类似的例子还有很多。

随着农业科学技术的发展，现代农业已经开启了智慧时代，可以综合利用物联网、云计算、移动互联、大数据分析等现代智能技术，通过信息采集、数据传输、智能处理与控制等信息环节的连接，可以实现对农业生产的产前、产中和产后整个领域的智能控制，实现了农业生产技术的智能化。

5. 农业生产管理的信息化

经常在媒体上看到"菜贱伤农"的事件报道，为什么"菜贱伤农"的现象会反复出现？说到底，"菜贱伤农"既不是流通环节的问题，也非生产环节的问题，而是在农业生产管理的过程中，信息的获取出了问题。2010年，大蒜、姜等农产品价格高涨，让消费者叫苦不迭，2011年就变成了大蒜、姜等蔬菜卖不出去，叫苦的变成了菜农。专业人士表示，蔬菜"过山车"行情的根源之一是缺乏权威、统一、高效的信息引导系统，一种蔬菜种植面积有多少，库存量多少，产量多少，农民、经销商甚至政府部门都不知道，种菜只能"跟着感觉走"。

农业生产管理的信息化是现代农业发展的核心特征。基于我国国情，现代农业生产目前主要是以农户或农业公司为主体的生产，需要科学的生产经营决策。特别是单个农户需要在激烈的市场竞争环境下进行生产和经营，生产什么，如何生产，怎么管理，向谁销售，市场在哪里，怎么去找市场，这些决策直接决定了农户的劳动生产率、土地的生产率和资源的利用率，也决定了其自身收入和生产效益。在过去，农民种地多属"粗犷"型，种多少、产多少有个大概也就行了，现在，随着现在农业的发展，这些决策过程都可以经过生产经营管理信息的采集、处理和分析，需要现代信息技术手段和装备支撑。

举一个比较现实的例子，近些年，猪肉的价格一波三折，一会儿太便宜了，农民权益得不到保证，一会儿猪价太高了，农民们蜂拥都开始养猪，如何解决猪肉价格周期问题？这就需要利用到大数据，解决农民和市场信息不对称的难题。通过大数据技术，能够细化到每头猪的生长情况、饲养状态、位置信息、健康情况、出栏时间、对接商超、预期收益等，都做到了如指掌，过去那种盲目的市场行为势必将减少。

从远期来看，还可以通过大数据和云计算进行猪周期的预测，会发现猪的价格波动周期有一定的规律，3～5年是一个完整的周期，少的时候2年多，多的时候5年多，而这个周期又受国家的政策变化、天气变化、传染病变化、农民收入变化、原料价格变化等多重因素影响，同时，又与人们的生活水准和购买力有关。全国所有养猪的农户，如果通过云计算、大数据对庞大的数据进行研究、分析、判断，研究出一个模型，建立信息系统，养猪会变得更加科学化。

二、中国农业发展面临的挑战

1. 耕地非农化的挑战

20世纪90年代中期以来，在工业化、城镇化快速推进的冲击下，耕地被占用成为中国农业面临的一个较为突出的问题。中国经历了数千年的垦殖，尚可开垦的后备耕地已经很少了。在工业化、城镇化快速推进时期，耕地的减量大于耕地的增量，导致耕地总面积下降，具有合理性。然而，我国的耕地被占用并不是市场配置资源的必然结果。毫无疑问，单位面积土地用在工业和服务业部门，其吸纳的投资量、创造的就业机会和GDP通常会超过农业。但是仅凭这一点，还不足以得出现实中所有的耕地非农化都合乎经济理性的判断，也不宜得出再多的耕地非农化也无可非议的判断，更不宜得出政府的土地管理行为没有任何失当的判断，提出上述质疑的理由如下：

（1）中国现阶段不适宜用纯粹的经济学方法来讨论耕地非农化问题。中国现阶段的耕地非农化是由各级地方政府决定的。地方政府的目标既可能是卖地收入最大化，也可能是承诺的招商引资量最大化，所以，耕地非农化的主要决定因素不是公司或企业实际的用地需求，而是地方政府确立的卖地收入预期或招商引资量预期。公司或企业买地的主要决定因素也不是其当时实际的用地需求，而是它们确立的土地增值预期。其预期的土地增值越快，储地的需求量就越大。更为棘手的是，在改革不断深化的宏观环境下，地方政府并不相信其能永久地拥有垄断土地一级市场的权力，因而他们会热衷于多卖早卖（或多送早送）；公司或企业也不相信自己一直会有得到廉价土地的机会，因而他们会热衷于多储早储。这两种行为叠加在一起，必然会使耕地非农化的数量大大超过非农用地的实际需求。耕地非农化的数量在这样的宏观环境中显然是无法实现最优化的，所以，完全照搬完全竞争理论来评价中国现阶段的耕地非农化问题，必然会得出似是而非的判断或结论。

（2）中国非农用地利用效率的提升空间显著地大于农地。中国的耕地面积约占世界耕地总面积的9%，这些耕地生产的农产品约占世界农产品总量的20%，这意味着中国农业用地的利用效率显著高于世界平均水平，甚至高于发达国家的平均水平。中国的非农产业用地利用效率很低，平均每平方千米非农产业用地创造的GDP仅为发达国家的几分之一。既然中国土地利用低下的问题主要出在非农用地上，各级地方政府和公司企业就应该把主要精力放在提高非农用地的效率上，而不宜放在将农业用地转为非农用地上。非农用地的利用效率提升空间大于农业用地的理由是，农场主们很难将农作物配置在同一块土地的不同空间中，而公司或企业很容易配置在同一个大楼的各层中。

（3）耕地并不是工业化、城镇化所需土地的唯一来源。中国农村不仅拥有大量耕地，而且拥有大量利用效率非常低下的建设用地和其他农业用地。这些用地同样可以用来满足工业化、城镇化的用地需求。简言之，工业化、城镇化的用地需求，应该按照农村建设用地、农地中的非耕地、劣等耕地、中等耕地、优等耕地的顺序来满足。强调这个优先次序的主要理由有三个：①耕地对肥力的要求很高。食物的质量在很大程度上取决于耕地的质量。耕地的肥力越高，含有的元素越多，营养成分越好，生产出的食物的质量就越高。建设用地没有肥力要求，将肥力高的耕地改为建设用地是对土地肥力的浪费。②耕地对地块平整度的要求很高。耕地的平整面越大、平整度越高，其作业效率和灌溉效率就越高，它们之间具有很强的正相关性。建设用地对地块平整度也有要求，但其对土地平整性的要求在很多情形下低于耕地，将平整度极高的耕地改为建设用地是对土地平整度的浪费。③中国的高速铁路和高速公路网络越来越健全，客观上具备了在低山丘陵地带发展工业和城市的条件。充分利用好这些条件，不仅可以提高工业和城镇分布的均衡性，培育更多的经济增长极，而且可以有效地保护好肥沃的耕地。

（4）中国大量占用耕地的工业化、城镇化阶段已经基本结束。中国现有城乡建设用地1.9亿亩，容纳了7亿人。按这个标准推算，再增加1亿亩土地就能满足工业化、城镇化的用地需求了。然而，中国经历了持续20多年的土地城镇化快于人口城镇化的土地低效利用阶段，该阶段的主要问题是热衷于圈地而不是挖掘非农用地的利用潜力，所以当务之急是进行由粗放式圈地到精细化用地的转型，把处于闲置状态的非农用地的利用潜力都充分挖掘出来。做到了这一点，完成工业化、城镇化所需的土地增量就会少很多。

（5）耕地保护红线必须严格执行。一些学者认为，农产品供需平衡要靠市场机制来调节，而不宜设置耕地保护红线。他们深信，只要农产品价格足够高，就一定能够实现农产品供需平衡，所以耕地是无须保护的。这种观点显然失之偏颇。纵观世界，绝大多数国家，包括所有先行的发达国家都借助土地利用规划达到保护耕地的目标，并为耕地非农化制定了严格的程序。先行发达国家的耕地几乎都是私有的，但耕地的发展权属于国家，绝不是所有者想干什么就可以干什么的。所谓农田保护，一是保护农、林、牧业主产区及其优势区位土壤肥力高、营养元素多的基本农田；二是保护能生产特色农产品的农地。

2. 耕地非粮化的挑战

农业改革的核心内容是把农业生产经营的决策权赋予农户。农户得到农业生产经营自主权后，在比较利益和居民食物结构改善的拉动下，将一些粮田改种蔬菜、水果、花卉等高附加值农产品，以及建设生产畜禽水产品的畜棚和鱼塘等。种植结构和农业生产结构的调整提高了农业效益和农民收入，但对粮食安全有负面影响。

尽管经济作物生产对耕地的需求是较为有限的，且中国农业种植结构调整已经基本完成，不宜夸大耕地非粮化问题的严重性和危害性，但作为一个耕地资源禀赋相对不足的国家，仍要对耕地非粮化采取应对策略。第一，建立农地流转非粮化的监管机制。调查表明，耕地非粮化主要发生在流转的农地上。西北农林科技大学"粮食主产区土地流转的现状及机制构建"课题组的大样本调查表明，河南、山东、河北和安徽四个粮食主产区流转农地的非粮化率为61.1%，且流转的规模越大，非粮化倾向越强。因此，要以构建覆盖县、乡、村的农地流转服务平台为依托，建立农地流转非粮化的监管机制。第二，在粮食主产区划定基本粮田。在此基础上将建立高标准基本粮田作为确保国家粮食安全的基础设施，进而提高农民种粮的比较利益。第三，从扩大经营规模入手培育核心农户。核心农户具有三个特征：一是家庭人均纯收入不低于非农户；二是具有自生能力，其生产经营不依赖于政府补贴；三是遵守各项规则，即生产经营合乎相关法律法规的要求，合乎信守合约和承诺的市场规则、社会规则的要求。核心农户包括同时具备上述三个条件的家庭农场、提供外包服务的农业大户和从事农业的公司。

3. 耕地利用低效化的挑战

为了防止农户占有耕地而不耕种，耕地资源稀缺的农村社区大多制定了承包地必须耕种，否则必须交回集体进行再分配的规定。耕地是中国农村最为稀缺的资源，农户不会轻易地做出把承包地交还集体的决策。于是，现实中出现了仅仅为了维护耕地产权而耕作的行为。采取这种做法的大多是家里的强劳动力在外从事非农产业、具有很好的替代收入的农户。这些农户关注的是总投入的平均产出最大化而不是利润最大化。农户的这种决策行为对农户收入的影响极小，但对农业总产出的负面影响较大。

这并不是中国特有的问题，该问题的解决可借鉴其他国家的经验。例如，韩国针对这个问题制定的有关法律规定，农地所有者和利用者有义务耕种土地和谋求地力的增强。地方政府有权对违规者实行代耕制度，即对没有灾害或不可抗力的事由，年收获量连续2年未达到农林部规定的基准收获量或栽培基准的农地指定代耕者。耕地的代耕期为1～3年，牧草栽培地或多年生植物栽培地的代耕期为5～10年。被代耕两次以上的农地，政府可接受代耕者的申请，命令土地所有者将该土地卖给代耕者。

4. 耕作环境污染的挑战

2020年，我国粮食产量达到13 390亿斤的历史最高水平，连续6年稳定在13 000亿斤以上，这意味着我国粮食综合生产能力已经达到了较高水平。人均粮食产量远高于人均400公斤的世界粮食安全标准线，成功解决了14亿人的吃饭问题。但粮食产量增长的背后是农业生产要素的密集投入。2018年，我国粮食产量首次站上了13 000亿斤的台阶，2005—2015年，我国粮食产量增加了36.5%，这一时期粮食播种面积增加了14.1%，是农作物播种面积增幅的2倍，农业用水增长了7.6%，是工业用水增幅的2倍，化肥施用量增加了26.4%，耕地亩均化肥使用量达到29.7公斤，是世界安全警戒线的2倍，农药使用量增长了22.2%。化肥农药过度使用使我国耕地质量显著下降，耕地酸化、土壤板结等问题也逐渐显现，保障粮食可持续生产能力的难度也越来越大。《2015年中国环境状况公报》数据显示，我国耕地受污染程度从20世纪90年代初的不到5%持续上升到2015年的近20%。2019年，在全国地表水监测的1 931个水质断面中，耕地污染中的水体污染依然严重，污染面广，4类与5类水质断面占总监测断面的比例仍高达25%。值得注意的是，农业废弃物（包括畜禽和水产养殖废弃物、农作物秸秆与地膜残留等）成为新的重要污染源。此外，我国还是世界上自然灾害种类最多的国家之一，气象灾害、海洋灾害、洪水灾害、地质灾害、地震灾害、农作物生物灾害、森林生物灾害和森林火灾等滋扰不断。以农作物生物灾害为例，2019年中国农作物生物灾害导致农作物受灾面积达到1 926万公顷，农作物绝收面积达到280万公顷。

5. 人口老龄化的挑战

1953年第一次全国人口普查时，农村人口已达5.05亿，占全国人口的86.7%；1964年第二次全国人口普查时，农村人口达到5.9亿，占全国人口的81.6%；1982年第三次全国人口普查时，农村人口达到8.2亿，占全国人口的79.5%。到2021年第七次全国人口普查时，我国城镇化率已经达到63.89%，居住在乡村的人口占36.11%，共约5.1亿。预计到2030年，我国城镇化率将达到70%以上。伴随着城镇化的不断推进，大量务农人员进城，农村劳动力急剧减少。与此同时，全国人口整体老龄化程度不断加深，特别是乡村人口老龄化程度也不断加深。2021年，60岁及以上老年人口占总人口的比例为18.7%，乡村60岁及以上老年人口占乡村总人口的比例为23.81%。中国人口老龄化体现出其独有的特征：未富先老，规模更大，速度更快，赡养负担更重，二元结构明显。中国乡村人口老龄化水平明显高于城镇，农村60岁及以上务农人口占总务农人口的比例已高达74%，乡村劳动力质量堪忧。

抓住中国农业发展战略机遇

任务二　中国智慧农业的概念及特点

一、智慧农业的概念

2015年7月，国务院下达了"互联网+"行动的指导意见，其中对"互联网+现代农业"的指导意见特别指出，利用互联网提升农业生产、经营、管理和服务水平，培养一批网络化、智能化、精细化的现代种养加生态农业新模式，形成示范带动效应，加快完善新型农业生产经营体系，培养多样化农业互联网管理服务模式，逐步建立农副产品、农资质量安全追溯体系，促进农业现代化水平明显提升。互联网已成为提高农业现代化水平的重要途径。农业与互联网相结合是现代农业发展的重要方向。

所谓智慧农业是集智能育种、智能装备与智慧生产及农业经营管理一体化的，涵盖产前、产中、产后的新型农业全产业链模式。智慧农业是在农业生产的产前、产中、产后等各个环节，高效融合物联网技术、大数据信息技术、人工智能技术、农林经济管理技术、区块链溯源技术等，涵盖智能育种、智能装备与智慧生产及农林经济管理三大模块为一体的、智能化与无人化的一种全产业链农业生产方式。智慧农业是农业信息化（农业3.0）从数字化到网络化再到智能化发展的高级阶段，具有现代信息技术与农业深度融合的特点，具有先进生产工具、智能化设备与智慧化生产的特点，具有高质量、高效率、高效能的农业生产特点，更具有农业全产业链方便快捷与人性化的特点。

二、农业农村智慧产业体系特征

农业农村智慧产业体系的主要特征是通过互联网、物联网、大数据、区块链、人工智能等新一代信息技术与农业生产、经营、管理、服务的全面融合发展，推动农业发展的质量变革、效率变革、动力变革，促进农业高质量发展。其主要特征是高效、集约，其核心是信息、知识与技术在农业各环节的广泛应用。智慧农业发展的特征如下：

1. 农业产业结构的市场化

农业产业结构是指农业中的各产业的组成比例,包括农业生产结构、农业产品结构和品种结构三个部分。智慧农业是面向市场、服务型农业,根据市场需求种植、培育、加工和交付。我们需要敏锐地感知市场的潜在需求,并向前迈进,根据新的市场需求培育和引导农业。改革开放以来,农业市场需求从单一的原料产品,如农业、林业、畜牧、副业、粮食、棉花、禽油等,向现代社会不断变化的需求扩展。现代农业生产的农产品是为满足多样化的市场需求而构建和交付的,主要通过向市场提供商品实现利润最大化。

2. 农业生产方式的集约化

农业生产方式是指农业生产方法及其形式。农业生产方法属于生产力的范畴,主要通过生产工具、动力、水利设施等展现出来。智慧农业从传统农业的束缚中解放出来,转向规模化、标准化、有组织的集约化生产,以满足现代大型市场的需求。集约化生产是现代农业生产的经营模式,在少量土地上集中一定数量的劳动力和生产手段。农业被称为"集约农业",在某些土地上投入更多的生产资料和劳动力,并采用先进的农业技术手段提高农业产量。

3. 农业经营形式的产业化

农业经营形式是指农业生产领域形成关系的"具体形式"。简而言之,农业产业化是结合当地自然和社会经济条件特点,依靠特定大型企业或合作经济组织,通过农业、生产、供销、农商一体化、农业再生产过程的前期生产、中间环节和产后环节的整合,依靠特定的大型企业或合作经济组织提供一系列与完整工业体系相衔接的服务,提供经济效益的过程。以农业经营形式进行产业化发展的过程,可以说是智慧农业的建设过程。

4. 农业生产技术的智能化

农业科技的发展开启了智慧农业时代,物联网、云计算、移动互联网、大数据分析等现代智能技术得以应用。智能控制产前、产中期间和产后的全田,使农业生产技术智能化。现在,我们可以通过无人驾驶的拖拉机、播种机进行耕种,可以通过联合收割机、自动采摘机对作物进行收割和采摘,还可以将传感器安装在现代温室中,实时收集温室温度、湿度、CO_2浓度、土壤温度、光、叶湿度、露点温度等环境参数,为环境自动监测、自动控制和智能管理提供科学依据。该模块还收集温/湿度传感器等的信号,通过无线信号收发器模块传输数据,经智能后台处理后自动打开或关闭指定设备,远程控制温室生产环境。

5. 农业生产管理的信息化

农业生产管理信息化是智慧农业的一大特色。基于我国国情,现代农产品主要由农户或农业公司生产,需要科学的生产管理决策。特别是农户,必须在激烈的市场竞争环境下进行生产和经营,需要确定生产目标、生产方法、管理方法、销售目标、市场定位、市场需求等。这些决策直接决定了农户的劳动生产率、土地的生产率和资源的利用率,也决定了其自身的收入和生产效益。随着智慧农业的不断发展,这些决策过程可以通过收集、处理、分析生产和管理信息来实现，需要最新的信息技术手段和设备的支持。

运用智慧农业给农业生产、经营、管理等方面带来了很多益处。

（1）有效改善农业生态环境。智慧农业将农田、畜牧养殖场、水产养殖基地等生产设施及周边生态环境作为一个整体，可系统、准确地计算物质交换和能源循环关系，保障农业生产的生态环境。例如，它不会在定量修改范围内造成土壤压缩，处理畜禽粪便不会造成水质和空气污染，但可以培养土地肥力。

（2）显著提高农业生产经营效率。智慧农业基于精确的农业传感器，通过云计算、数据挖掘和其他技术进行多层次分析并将分析指令与各种控制设备连接起来，实现农业生产和管理。这种智能机械不仅解决了农业劳动力日益短缺的问题，而且替代了人类农业劳动力，实现了农业生产的大规模集约化和产业化，提高了农业生产能力，以及应对自然危害的能力。

（3）彻底转变农业生产者、消费者的观念和组织体系结构。智慧农业拥有完整的农业科技和电子商务网络服务体系，使农业人员能够远程学习农业知识，无须走出家门即可获得各种技术和农产品的供求信息。专业体系和信息终端成为农业生产者的大脑，引导农业生产和管理，改变了他们完全依赖农业生产和管理经验的方式，彻底改变了传统农业固有的落后观念。另外，在智慧农业阶段，农业生产和管理的规模及生产效率在增长，迫使小农生产被市场淘汰，必将催生以大规模农业协会为主体的农业组织体系。

> 扩展阅读

智慧农业技术体系

智慧农业技术体系由计算机农业、精准农业（精细农业）、数字农业、智能农业等名词演化而来。其技术体系主要包括农业物联网、农业大数据和农业云平台三个方面。"智慧农业"就是运用现代化高科技的互联网手段将农业与科技相结合，通过充分现代化的操作模式改变传统的耕作方式。

智慧农业发展方向：目前以水稻、小麦等农作物为主的种植业和以鸡、猪等畜禽为主的畜牧业，是构成我国的现代农业主体架构的两大部分。因此，智慧种植与智慧养殖就成为智慧农业的两大组成板块。

智慧农业的大数据应用：将大数据加入智慧农业可以为农业生产提供更为精准的指导，在大数据分析的引导下可以帮助农业生产提高种植业与养殖业的产量和效率，从而促进农业经济发展，提高农村经济收入，如智慧农场所包含的无人驾驶农机、无人机植保、农作物溯源等，智能温室的智能环境调控系统、智能喷滴灌系统、智慧决策等。

智慧农业的 AI 应用：人工智能在一定程度上可以代替人工。如果将人工智能技术应用于农业生产中，将会极大限度地解放劳动力，提高生产效率。在节省人工成本的同时还可以避免生产中因人为原因造成的疏忽、误差、错漏等。例如，母猪分娩监测，采用机器视觉的方式实现对母猪分娩的预警；鸡只咳嗽识别，采用音频识别技术来监测鸡只咳嗽声音，对鸡只的呼吸系统疾病进行预警。

智慧农业的5G应用：5G具有高网速、低延时、海量连接等特点，这些特点将在智慧园区、未来农场等场景得到充分的应用，如无人驾驶农机、车路协同系统、智能环控系统、养殖机器人。

三、智慧农业常见产业

智慧农业可以从技术层面来定义新型农业生产模式，也可以根据广义农业中的农林牧副渔等各种生产对象定义并划分成智慧种植、智慧园艺与植物工厂、智慧养殖、智慧林业与智慧果园，以及智慧美丽乡村等基本业态。

智慧种植是大数据、云计算、人工智能、物联网等信息技术在农业生产耕、种、管、收各个环节的综合应用，最终实现作物种植的精准化管理、无人化作业、智能化决策。智慧种植以对地块层面作物生长的天气、土壤环境的精确感知为基础，以基于作物生长过程模拟的智能种植决策支持系统为核心，通过对农机装备的自动控制进行智能化、无人化操作。以玉米智慧种植为例，首先通过卫星遥感、无人机遥感与地面传感器准确和全面地获取玉米生长环境与种植过程的各类信息，对苗情、墒情、病虫情、灾情等进行实时监测、提前预警和自动防控。其次对玉米的生长过程、种植管理行为、基因型与环境互作关系等机理进行系统性的建模与分析，研建智能决策支持系统，为农户提供覆盖全生育期的辅助种植决策服务。最后对玉米种植的耕地、整地、播种、灌溉、施肥、植保、收获等各个环节的数字化系统进行整合，并对其农技农艺进行配套优化，研制田间智能作业装备，实现多机协同、高效精准的无人作业控制。

智慧园艺是利用5S技术、大数据、云计算、人工智能等现代技术进行园艺作物生产、经营、消费等全产业链的产业模式，其来源于设施园艺。在智慧农业中智慧园艺的典型代表就是植物工厂。植物工厂利用计算机、电子传感系统、农业设施对植物生育的温度、湿度、光照、CO_2浓度及营养液浓度等环境条件进行自动控制，使设施内植物生育不受或少受自然条件制约。其主要设备系统包括立体多层无土栽培技术装备、智能环境控制技术装备、智能化水肥一体控制系统及植物补光控制系统等。

智慧养殖是将大数据、物联网、云计算、人工智能等新一代技术与现代动物育种、养殖技术、营养学知识紧密结合，把工业上智能制造的理念运用到养殖业，围绕养殖管理构建网络化平台，在此平台基础上协同集成并充分连接软硬件设备设施，形成集约化、无人化与智能化的现代养殖模式。换而言之，智慧养殖利用现代信息技术准确掌握养殖环境的参数及养殖动物的生长动态，并对动物的生长动态及各生育阶段的长势进行动态监测和趋势分析，对养殖动物的生长环境、防疫出栏进行快捷高效的远程指导，提高精细养殖的能力，及时发现养殖中的危险信息，提醒管理人员采取相应措施规避风险，并根据各种传感器技术了解相应的信息，更好地开展技术指导工作，促进养殖产业的增产。

智慧果园是利用人工智能技术、物联网和大数据等技术，实现从果园测绘、果树植保、气候监测，到产量预估、病虫害预判、果园地理信息的大数据管理等现代果园生产管理的新型果园生产模式。智慧果园建成后可以直接在计算机端或手机上掌握果园面积、果树多少、预估产量、果树植保和果园动态变化情况，实现远程操作，帮助果农和农林管理者等切实提高管理效率，实现增产和降低成本。智慧果园主要包含构建水果生长环境在线监测系统、无线水肥灌溉系统、可视化管理系统及数字农业云平台等。智慧果园是将物联网技术运用到传统果园中，运用传感器和软件通过移动平台或计算机平台对农业生产进行控制，使传统果园生产更具有"智慧"。通过开发的智慧果园系统，在手机上即可看到园区各个地块的实时情况，针对突发状况可提供专业解决方案并实现远程精准调控。不仅能实现自动灌溉、施肥和打药等操作，更能够系统地对农事活动进行科学规划和安排，实时记录种植和生产过程，实现对品质质量的全程追溯。

智慧美丽乡村与休闲度假不仅可以体验到智慧农业带来的农业高科技的震撼，还可以亲身感觉回归自然、鸟语花香、淳朴乡情，同时感受到互联网、现代物流、特色美食等生活的便利。同时，在智慧农业相关高科技加持下，借助虚拟现实技术，也可以使城市居民在高楼林立的都市生活的碎片化闲暇时间体验乡村休闲生活，身临其境般地进行农村旅游。智慧农业中的智慧乡村旅游也会在很大程度上为农民创收，智慧乡村旅游不仅可以带动农产品的直接销售，更可以带动农产品加工业、酒店业、餐饮业及服务业等二、三产业的融合发展，从而进一步摆脱农业生产中的环境依赖，全面促进农村经济的发展。

> 扩展阅读

智慧农业的发展历程

20世纪90年代初中期，发达国家基于信息技术推进农业生产经营信息化与可持续发展方面提出了"Precision Agriculture"新概念。后来在我国曾被译为"精确农业""精准农业"，现在更为确切的叫法应该是"精细农业"。它是基于信息技术的现代农田精耕细作技术，它不是一种纯技术支撑的概念，而应是适应不同的农业资源、环境和社会经济发展条件，实施农业节本增效和可持续发展的技术体系；是促进由经验型、定性化为主的粗放型农业向知识型、精细化管理的现代农业经营方式转变的一种系统集成解决方案。

20世纪80年代初，微处理器、微型计算机的发展和卫星遥感、地理空间信息技术和专家系统的初始应用，促使农业科学家积极探索建立基于农业资源、环境和作物生长空间分布差异性信息的农业生产经营信息化管理体系。

20世纪90年代初，海湾战争结束后，美国宣布全球卫星定位系统（GPS）民用化，为规模农业实施以农田空间资源、环境与作物生长空间分布差异性信息为基础的精细农作奠定了信息科技支撑的良好基础。

20世纪90年代中期，为发达国家提供精细农业技术支撑的许多著名农业装备厂商开始关注开拓其先进技术产品的中国市场，由此也推动了中国农业工程科技与产业界开展相关技术消化吸收和基于中国国情的技术创新与成果产业化示范研究。

进入21世纪，物联网、无线通信与泛在互联、云计算、大数据等技术受到各产业技术领域的重视。2008年年末，IBM提出建设"智慧地球"的概念，并随即被美国等发达国家列为国家战略。"智慧"一词已在推进传统产业转型创新、服务业经济发展与公共服务能力建设方面广泛使用和更好地为人们理解。

从精细农业追溯起，其发展实践已经有20多个年头，从精细化到智能化再到智慧化，现代农业就是依着这样一条现代的技术路径不断跃升嬗变。智慧农业不但运用了物联网、云计算、大数据、卫星遥感探测等高精尖技术，而且综合使用各类智能农机设备，堪称是现代农业中的新科技力量。

党的十八大以来，农业现代化的主攻方向始终是农业农村信息化，并且取得了阶段性重大成效。党的十九届五中全会首次提出建设智慧农业的重大任务，国家第十四个五年规划和2035年远景目标纲要明确提出加快发展智慧农业。这些都为智慧农业发展打了一针"强心剂"，建设智慧农业正当其时。

（1）打破科技壁垒。立足小农户现状，重点突破基于物联网的农情感知、基于大数据的农业分析、基于云计算的数据处理等关键技术壁垒，着力研发"小"而"精"的农机智能装备或农业机器人。充分发挥企业作为科技创新主体的重要作用，鼓励支持相关企业牵头攻克核心关键技术。

（2）开拓应用场景。从大国小农的基本农情国情出发，积极开拓智慧农业应用场景，打造内容、模式、载体都丰富多元的智慧解决方案，降低农户应用成本，务求实效。加强5G、物联网、大数据、人工智能、区块链、北斗系统、卫星遥感等现代信息技术在育种、种植、畜牧、渔业、农产品加工业等行业中的集成应用。

（3）培养人才技能。面向乡村进行各类培训教育，培养新型农业经营主体对数字技术的应用能力。积极鼓励和引导人才回流乡村，支持大中专毕业生、退伍军人、返乡农民工、大学生村官等从事农业生产。依托高校、科研院所等部门或机构，通过产学研用一体化方式有针对性地在农村培养一批爱农业、懂技术、会应用、留得住的复合型人才，推动教育部门在相关大学、职业学校创新设置农业大数据、物联网、人工智能等专业及课程，加强农科院、农业大学等科研、教学单位的智慧农业创新团队建设。

（4）建立健全数据库。加快构建空天地一体化数据资源采集体系，加快建设农田土地、自然资源、种质、农村集体资产、经营主体等基础数据库。加强技术标准建设，建立数据共享、传输标准体系，提高农业数据采集、使用效率。推动数据开放共享，在确保数据安全、隐私保护的前提下，建立数据有序共享开放机制，加强数据获取、分析、应用能力建设，为科学决策提供精准数据支撑。

四、智慧农业引领农业变革新方向

全球农业受粮食安全、气候变化、突发卫生事件、逆全球化、人口变化等诸多不确定性因素影响，各国力求以具体行动实践提升自身农业生产系统的抗风险能力及气候适应能力。当前在大数据、人工智能及互联网"三位一体"的技术变革场景下，国际农业科技前沿也愈加强调生物技术、人工智能技术、生态环境技术等技术内核，这就要求对基础学科及交叉学科的研究要更加关注农业生物特征与农业特定问题。

1. 智能设计育种打造现代农业新"芯片"

种植业一直以来被誉为现代农业的芯片，也已成为世界各国争相抢占的农业科技制高点。当前机器学习、基因编辑、全基因组选择及合成生物学等前沿科技的创新发展已引领国际种业巨头强势进入智能设计育种时代，育种周期明显缩短、成本显著降低、效率显著提高。

当前美国已基本进入智能设计育种时代，依托此前积累的大量育种数据及全流程大数据驱动来进行作物表型模拟及利用决策模型辅助育种家进行精准杂交组配。近年来，已有多家国际种业公司以重组与并购等形式实现人工智能技术与生物技术多元化融合，以整合育种研发链条、增强在国际种业的核心竞争力。目前，我国尚处于由"跟跑"向"并跑"的角色转换中，多数动植物核心种源对外依存度较高，原创不足，当前亟须弥补关键技术融合、多元学科交叉及产业化等方面的不足，实现育种技术体系智能化及工程化。

2. 智慧农业助力农业生产经营

机器学习、区块链、物联网等信息科学在智慧农场、智能温室等具体农业生产场景下集成应用，管理者能够进行精准的农业信息感知、科学量化决策、智能控制农业机械设备及精准控制投入。美国已有20%的耕地及80%的大农场实现大田生产全程数字化，平均每个农场约拥有50台连接物联网的设备。而我国整体智慧农业技术应用不足，同时，由于基础研究及学科交叉研究的不足，现有高端农机装备核心部件、农业传感器核心感知元器件及农业人工智能核心技术依赖国外。

数据是信息科技与农业深度融合的重要前提。法国已由政府主导、多主体共同承担建设涵盖农业生产各部门的农业信息数据库，并致力于打造集科研、咨询、互联网应用及公共管理等为一体的农业数据体系。目前，我国农业数据形式繁杂、数量巨大、分布分散且缺少统一的统计标准，农业数据收集成本高、难度大及准确性差，农业数据处理难以实现多源融合与深度挖掘运用。另外，区块链技术作为一种分布式数据记录方式及共享式数据库，具有去中心化、开放性、数据不可篡改及可溯源等核心特征，与农业溯源系统结合后能够连接生产、加工、流通、存储及销售等农业供应链全环节。基于区块链技术的农产品溯源系统可以有效降低数据存储及监管成本，但目前普遍面临隐私泄露、数据安全及区块容量不足等问题。

3. 以气候智慧型农业应对"双碳"

为应对粮食安全、气候变化及温室气体排放三重挑战,气候智慧型农业承担着保障农业综合生产能力及气候适应的重任,以农业发展新理念提高农业生产适应力、应变力及整体效率。各国相关主体针对自身农业生产特征通过技术优化、生产方式转变促进固碳减排来应对碳中和挑战。

美国主要运用培育耐热性更高的玉米及大豆新品种、进行土壤养分管理等生物信息技术手段,另外,采取将温室气体减排效果纳入高管绩效考核、停止加工亚马逊非法砍伐森林区的养殖肉牛、停止与亚马逊大豆供应商合作等措施。

巴西则主要采取以提供低息贷款的方式鼓励最少耕作法、出台森林保护综合性战略、采用"种养共生"复合生产体系等措施发展可持续性集约化农业。

英国政府通过法律确立"净零排放"目标、细化低碳农业激励政策、鼓励各界自发选择碳监测工具等措施引导推进现代农业绿色发展。

在"碳达峰碳中和"战略背景下我国已在相关研究领域开展诸多实践行动,如我国农业农村部发布的农业农村减排固碳十大技术模式,主要可分为种养业减排、土壤固碳及新能源替代三大思路,但目前整体上仍存在减排固碳关键技术成本较高、效果有待验证、难以快速推广等突出性问题。因此,亟须在保障粮食安全和重要农产品有效供给的基础上提升农业全链条固碳减排技术的创新突破水平。

综上所述,面对纷繁复杂的国际环境形势及现代农业绿色转型需求,我国首先要推进农业基础科学、应用科学、新兴交叉学科研究短板领域的协同攻关,促进农业关键技术突破;其次要推动形成产学研协同的农业科技创新体系,加快推进农业科技成果转化应用,提高农业综合生产能力;最后要完善新型农业科技服务体系,解决农业科技服务有效供给不足的问题。唯有正视自身农业科技与发达国家的差距,面向国内农业生产新需求,才能构建起农业科技自立自强的创新体系。

任务三 智慧农业将是中国农业未来的重要发展方向

一、智慧农业助力乡村振兴

(1)智慧农业重塑农村面貌。习近平总书记在谈到环境保护问题时指出:"我们既要绿水青山,也要金山银山。宁要绿水青山,不要金山银山,而且绿水青山就是金山银山。我们绝不能以牺牲生态环境为代价换取经济的一时发展。"在智慧农业的生产模式下,我们可以系统地了解所有生产资料如土地肥力墒情、光照、气候、病虫害等实时数据,利用云平台人工智能算法进行智能决策、精准化施肥,可大大降低农业生产污染。

智慧农业生产的无人化可大大释放农村劳动力，进一步推进城镇化水平，农村人口密度下降，为农村自然生态恢复提供了条件，被释放的农村劳动力会进一步关注农村生活品质，改善生活品质。

（2）智慧农业重塑农业效益。基于精准的农业传感器进行实时监测，利用云计算、数据挖掘等技术进行多层次分析，并将分析指令与各种控制设备进行联动完成农业生产、管理。这种智能机械代替人的农业劳作，不仅解决了农业劳动力日益紧缺的问题，而且实现了农业生产高度规模化、集约化，提高了农业生产对自然环境风险的应对能力。同时，智慧农业可以优化农业全产业链，将单一农业产业与加工业、农业服务业等二三产业融合，协同发展，做到整体效益最大化。

（3）智慧农业重塑农民形象。面朝黄土背朝天，是祖祖辈辈农民辛苦耕作的情景写照。传统农民从事繁重的体力工作，用辛苦的汗水滋养每一粒粮食。传统农民形象大都与贫穷、受教育程度低联系在一起。然而，智慧农业整合智能时代的物联网、大数据、云计算、人工智能等新一代技术，从事新型信息化、数字化、智能化的农业生产，彻底革新了农业生产模式，用智能化机器人代替农民从事繁重的体力劳作，用大数据智能决策系统，规划设计运营农事操作的产前、产中、产后的选种、耕作、病虫害防治、收获、加工、包装、物流、交易及消费等，整体统筹农业全产业链的效率与效益。新型农民主要负责智慧农业的需求设计、部署、维护及更新等，很大程度上脱离了农业生产资料的直接生产操作。

二、智慧农业中的青年机遇

青年是祖国的未来、民族的希望，是党和人民事业发展的生力军。对于青年学子们的历史作用，习近平总书记高度重视。他从事关实现中华民族伟大复兴中国梦、事关党和人民事业全面发展的战略高度看待青年，强调指出，"青年一代有理想、有本领、有担当，国家就有前途、民族就有希望。代表广大青年、赢得广大青年、依靠广大青年是我们党不断从胜利走向胜利的重要保证。中华民族伟大复兴的中国梦终将在一代代青年的接力奋斗中变为现实"。今天的青年一代，到21世纪中叶正年富力强，他们与"两个一百年"奋斗目标实现的历史进程同生共长、命脉相连，是实现"两个一百年"奋斗目标、实现中华民族伟大复兴中国梦的中流砥柱。中华民族的伟大复兴终将在广大青年的努力拼搏中变为现实。智慧农业是现代农业的高级形式，是关系国民生活方方面面的高精尖行业，是关乎国计民生的新型农业模式，是农业一、二、三相关产业融合的新形式。智慧农业本身的交叉、复合、创新特性，给中国青年提出了新的更高的知识与技能要求，也为青年提供了参与中华民族伟大复兴的重要机遇。

三、智慧农业中的世界机遇

中国共产党一直把依靠农民、为亿万农民谋幸福作为自己的责任使命。党在不同时期实行的农村政策，调动了亿万农民的积极性，带领亿万农民走出了一条前所未有的、具有中国特色的农村发展之路。中国农业的发展体现了中国速度，为世界农业的发展提供了中国范式与解决方案。"一带一路"沿线多达40多个国家，具有丰富的农业资源，盛产粮食。农业经济在这些国家的国民经济中都占据了较高的比重，如柬埔寨与老挝等国农业产值占GDP高达35%。"一带一路"沿线国家农业用地十分丰富，很多国家地广人稀。但是，"一带一路"沿线多为发展中国家，传统农业占比大，农业资源丰富，但存在农业投入不足、技术水平不高、气候多变及环境资源约束加剧等诸多问题。中国的农业发展模式，特别是智慧农业的技术与产品，可以为"一带一路"沿线国家提供可资借鉴的范本，从而全面提升世界农业发展水平。

耕读实践一

农产品创意陈列与展示

一、实践目的

通过学习常见蔬菜和水果特性及陈列原则，对蔬菜和水果进行创意陈列，并进行展示。设定创意陈列的主题，确定陈列作品的名称，选择应季蔬菜和水果，接合蔬果的营养价值与色彩搭配特点，完成蔬菜架和水果篮的创意陈列，并交流分享。

二、实践材料与工具

主材：13～15种应季蔬菜，10～12种应季水果。

辅材：6个长度为50～60厘米、高度为90～100厘米的3层蔬菜架；6个长度为30～35厘米、宽度为30～35厘米、高度为10～11厘米的水果篮（图6-1）。

图6-1 蔬菜架与水果篮

三、实践步骤

1. 设计陈列主题

根据农产品陈列设计者想要表达的思想，以及应季蔬菜和水果的特性，确定农产品陈列作品的主题。蔬菜架和水果篮可以设计成同一个主题，也可以是不同但彼此相关的主题。

2. 确定作品名称

根据设计的主题，确定陈列作品的名称。主题是名称的重要内涵，名称是主题的具体表现（图6-2）。

3. 选择材料

根据陈列的主体和作品的名称，结合农产品营养、色彩和外形特征，在给定的蔬菜中选择7~8种应季蔬菜，在给定的水果中选择5~6种应季水果，进行蔬菜架和水果篮的创意陈列。

图6-2 作品——高山流水觅知音

4. 划分种类

根据蔬菜架和水果篮的长度与高度，将选定的蔬果摆放于蔬菜架和水果篮中。

5. 摆放位置

根据选择的蔬菜的大小和质量，依据上小下大、上轻下重的原则摆放于蔬菜架上。

根据选择水果的价值和外形特点，依据上小下大、丰富丰满的原则，将水果摆放于水果篮中。将符合主题的、具有重要作用的蔬菜和水果摆放于黄金陈列位置。

6. 搭配色彩

蔬菜和水果的色彩比较鲜明，在陈列中要根据色彩搭配的方法进行适度调整，保持美观性和协调性。

7. 清理场地

将使用过的蔬菜水果重新放回指定位置，以便重复利用，将蔬菜架和水果篮放回指定位置，最后清扫桌面及地面杂物。

四、实践评价

劳动内容：			
	序号	课程评价标准	得分
自我评价	1	讲卫生，勤洗手、勤剪指甲，保持衣服干净整洁；公共场所不乱丢垃圾、果皮纸屑，不随地吐痰，不乱涂乱画（10分）	
	2	上课前做好充分的预习准备，通过各种渠道了解相关的主题内容，仔细阅读背景材料（10分）	
	3	课堂上积极参与小组活动，根据小组的活动要求，制订方案，完成自己的工作（10分）	
	4	积极主动完成教师布置的任务，项目实践操作合乎任务要求（10分）	

续表

	序号	课程评价标准	得分
自我评价	5	根据课程内容举一反三，运用本节课学习的知识为自己和他人的生活服务（10分）	
	6	乐于助人，帮助团队成员，言行举止使团队能很好地合作（10分）	
	7	遵守劳动安全规定和操作要求（10分）	
	8	劳动有创新（10分）	
	序号	课程评价标准	
教师评价	1	学生顺利完成任务，遵守纪律，认真听讲，及时记录课堂笔记（10分）	
	2	学生积极参与劳动实践活动，理解活动意义，学会爱惜道具用品（10分）	
劳动感悟			
教师评价			

填写人： 日期：

耕读实践二

农业物联网技术应用认知体验

一、实践目的

　　了解农产品电子商务的概念、农产品生产环境及特点等，从创业角度选择一种或几种农产品进行试产分析和产品规划，构思网店的店名及特色，在农产品生活区域参观体验并采集照片、视频等素材，利用素材完成网店Logo、产品宣传海报和短视频的设计与制作。通过项目实践，了解农产品网店规划思路，初步形成产品电子商务创业想法。

二、实践材料与工具

智能手机、个人计算机（已安装图片、视频编辑软件）、网络、常见新鲜蔬菜水果及模型若干。

三、实践步骤

1. 确定网店产品和店名

（1）规划店铺产品。规划店铺产品是开网店的重要环节之一。要综合考虑产品类型、市场环境、消费人群等，找到合适的商品货源，还要确定店铺哪些商品具有市场潜质、哪些商品可以带动人气、哪些商品利润较高等，确定商铺的主营产品。

（2）确定店名。为网店取一个简单好记又能体现店铺特色的名字。

2. 采集照片、视频等素材

根据产品和网店规划，采集相关的图片和视频素材。可以用手机到生产区拍摄实景图片和视频；若没有实物实景，可以用项目提供的蔬菜水果模型或从网上下载素材。小组成员做好任务分工。

3. 设计网店Logo

（1）小组讨论。小组成员共同讨论确定Logo的设计理念和内容，确定制作Logo的软件，做好成员分工。

（2）制作并保存Logo图片。在软件中对素材图片进行抠图、合并、调整颜色、添加文字等操作，将设计好的Logo以JPG格式保存。

（3）撰写Logo设计理念。在Word文档中撰写店铺Logo的设计理念。

4. 制作产品宣传海报

海报需要包含活动主图文案、促销时间、促销方案等，海报中体现店铺名字和Logo。

5. 制作产品宣传短视频

自行选择任务短视频制作软件，视频长度控制在20~30秒，展示产品卖点，视频中体现店名、Logo、海报。要有背景音乐或声音，可将图片、自己拍摄的视频和网上下载的视频进行拼接、剪辑进行制作。

6. 作品提交、展示、评价

（1）作品提交。将作品放入以店铺名字命名的文件夹，压缩提交。作品包含店铺Logo、Logo设计理念说明、海报、短视频。

（2）作品展示。每小组派一名成员对店铺创业想法和作品进行讲解与展示。

（3）作品评价。采用各小组互评和教师评价相结合的方式对各小组作品进行评价。

四、实践评价

劳动内容：				
自我评价	序号	课程评价标准		得分
^	1	讲卫生，勤洗手、勤剪指甲，保持衣服干净整洁；公共场所不乱丢垃圾、果皮纸屑，不随地吐痰，不乱涂乱画（10分）		
^	2	上课前做好充分的预习准备，通过各种渠道了解相关的主题内容，仔细阅读背景材料（10分）		
^	3	课堂上积极参与小组活动，根据小组的活动要求，制订方案，完成自己的工作（10分）		
^	4	积极主动完成教师布置的任务，项目实践操作合乎任务要求（10分）		
^	5	根据课程内容举一反三，运用本节课学习的知识为自己和他人的生活服务（10分）		
^	6	乐于助人，帮助团队成员，言行举止使团队能很好地合作（10分）		
^	7	遵守劳动安全规定和操作要求（10分）		
^	8	劳动有创新（10分）		
教师评价	序号	课程评价标准		
^	1	学生顺利完成任务，遵守纪律，认真听讲，及时记录课堂笔记（10分）		
^	2	学生积极参与劳动实践活动，理解活动意义，学会爱惜道具用品（10分）		
劳动感悟				
教师评价				
填写人：	日期：			

耕读小结

农业创新创造、智慧农业是城市发展的重要方面。对于发展中国家而言，农业创新创造、智慧农业是消除贫困、实现后发优势、经济发展后来居上、实现赶超战略的主要途径。本项目主要介绍中国农业创新的特征与挑战、中国智慧农业的概念及特点、智慧农业是中国农业未来的重要发展方向。

耕读思考

1. 现代工业发展的特征有哪些？
2. 中国农业发展面临的挑战有哪些？
3. 智慧农业常见产业有哪些？
4. 如何抓住智慧农业引领农业变革新方向？
5. 中国智慧农业将如何成为中国农业未来的重要发展方向？

项目七　中国特色的乡村振兴

知识目标

1. 了解中国乡村振兴的特色、乡村振兴战略的重大现实意义、乡村振兴的两大关键要素。
2. 熟悉产业振兴、人才振兴、文化振兴、生态振兴和组织振兴的核心内涵。
3. 了解农村经济概述、实施乡村振兴战略发展家庭承包经营、实施乡村振兴战略发展农村集体经济。

能力目标

1. 能够领悟乡村振兴的内涵。
2. 能够掌握农村经济建设。

素养目标

随着经济水平的发展，农耕的方式也在变化。致力于为提高生产力水平、提高农业生产的产量和产能贡献青年力量。

项目导读

中国特色乡村振兴道路，其特征集中体现在中国的制度优势和政治优势，中国共产党把乡村振兴作为全党工作的重中之重，并依靠其强大的动员力，集中全社会的力量对乡村振兴做出贡献。中国乡村振兴的特殊性还体现在必须尊重中国乡村的特点，把乡村建设成适应乡村产业发展的乡村，建设成人与自然、人与人和谐相处的乡村，真正把乡村建设成为看得见山、望得到水、记得住乡愁的幸福家园。

任务一　中国乡村振兴概述

一、中国乡村振兴的特色

与发达国家的乡村振兴不同，中国乡村振兴是凭借党和国家强大的政治优势与制度优势，以实现农业农村现代化为主线，通过贯彻五大发展理念，加强顶层设计，动员全社会力量，坚持农民主体地位，全面推进乡村振兴。

（1）重视顶层设计，动员全社会力量形成合力。乡村振兴是全党工作的重中之重，必须动员全社会的力量为乡村振兴做贡献。中央明确提出要"五级书记"（省、市、县、乡四级党委书记和村党支部书记）抓乡村振兴，坚持农业农村优先发展，坚持农业现代化与农村现代化一体设计、一并推进。特别是提出了"四个优先"，在"三农"干部配备上要优先考虑，在"三农"发展要素配置上要优先满足，在"三农"资金投入上要优先保障，在农村公共服务方面要优先安排。2021年中央一号文件针对创新能力不适应高质量发展要求、农业基础还不稳固、城乡区域发展和收入分配差距较大等问题，提出实施乡村建设行动的号召，将中央顶层设计落实到具体政策和行动上。有效实施乡村建设行动就必须动员全社会的力量，形成政策支持、东西部协作、对口帮扶的多元投入体系，凝聚各方力量为乡村振兴的全面开展奠定基础。

（2）全面推进乡村振兴。一方面，要分类推进、因村施策，使每个乡村都能享受现代化成果，并走向共同富裕。中国地域辽阔，各地基础不同、条件不同，乡村振兴的路径也不尽相同，只有根据地方特色，选择适宜的乡村建设模式，避免"一刀切"，才能保证乡村振兴符合实际、少走弯路。另一方面，从振兴内容看，要在产业、人才、生态、文化、组织等领域全面推进，实现乡村的整体进步。中国乡村是一个集生产、生活、生态、文化、教育等价值于一体的有机整体，乡村振兴的五个目标是相互融合、不可分割的有机整体。产业兴旺是基础，村落生态、乡村文化、和谐的乡村环境等都可以转化为产业要素，成为农民增收的重要内容。同理，农业生产中形成的农业文化、生态建设中形成的生态文明、乡村社会结构孕育出的优秀传统等，同时，又是乡村文明的重要组成部分或实现的途径。乡村振兴要遵循乡村价值体系，避免把本来不可分割的有机整体人为割裂。实践证明：遵守乡村价值原则，发现乡村价值、尊重乡村价值、放大乡村价值，才能成功；而脱离乡村价值体系，试图建立一套新体系的做法无论投入多少人力、物力都难以获得应有的效果，甚至以失败而告终。

（3）坚持农民主体地位。中国特色社会主义制度坚持"以人民为中心"的发展思想，体现在乡村振兴上就是强调增强最广大农民的幸福感，促进农民全面发展，将共同富裕作为乡村振兴战略实施的出发点和落脚点。乡村建设是为农民而建，因此了解农民需要是前提。首先，农民最重要的需要是生产需要，解决生计问题。农民不仅要种植粮食、种植蔬菜，还要养猪养鸡，也要发展多样化的乡村手工业，只有把乡村建设成促进乡村产业发展的乡村，才能为乡村振兴提供支撑。其次，要了解农民的生活需要，尊重农民生活方式。农民生活方式包括农业生产方式和衣食住行的方式，也包括富有地方特色的乡村习俗、人际交往和娱乐方式。尊重农民生活方式是增强农民获得感、幸福感的基本条件，是保存和传承优秀传统文化的重要途径。农民自己最了解自己的需要，乡村振兴只有充分发挥农民的积极性和主动性，为农民深度参与乡村建设决策提供保障，才能把乡村建设成为农民的幸福家园。任何想当然地规定或改变农民生活方式的行为，任意改变乡村形态和空间结构的做法，都可能导致对乡村的破坏。

二、乡村振兴战略的重大现实意义

2021年，乡村振兴成为一个大众传播频率极高的热门词汇。乡村振兴之所以重要，是因为它与党提出的"两个一百年"奋斗目标密切相关。"两个一百年"奋斗目标的主要内容是：到中国共产党成立100年时全面建成小康社会；到中华人民共和国成立100年时基本实现现代化，建成富强民主文明的社会主义国家。

党的十九大报告清晰擘画了全面建设社会主义现代化强国的时间表和路线图。在2020年全面建成小康社会、实现第一个百年奋斗目标的基础上，再奋斗15年，在2035年基本实现社会主义现代化。从2035年到21世纪中叶，在基本实现现代化的基础上，再奋斗15年，把我国建成富强民主文明和谐美丽的社会主义现代化强国。

2020年脱贫攻坚战的重大胜利，意味着我国顺利完成了全面建设小康社会的第一个百年目标，接下来我们就要开始着手去完成第二个百年的战略目标——建设社会主义现代化强国，而要完成这个目标，最大的困难就在于乡村发展。

虽然经过多年的脱贫攻坚战，我国已经消除了绝对贫困，但是相对贫困的问题仍然存在，尤其表现在城乡差距明显。尽管我国农民的收入增速连续多年快于城镇居民，城乡居民的收入差距不断缩小，但城乡差距仍然很大。2017年，我国农村居民人均可支配收入为13 432元，城镇居民人均可支配收入为36 396元，差距明显。

发达国家有个共同特征，就是城乡之间基本没有生活质量上的差距。如在日本，农民的年收入甚至比城镇居民还要高一些；许多欧美国家的农民，其生活状况也非常优越。

相比而言，我国农村的发展水平还不高。例如，公共服务和公共基础设施建设还很不足，如文化、教育、医疗等；农村的人居环境也不好，大多数村落都缺乏规划，显得脏乱差；另外，农村还残存着不少落后的观念和陋习，也严重阻碍着农村的发展。

如果到2050年实现第二个百年奋斗目标，我国的城乡面貌就不能有大的差别。这意味着，我国的广大乡村必须要在今后30年不到的时间之内有巨大的发展，乡村面貌要有巨大的改观。因此，乡村振兴是当下的重大国策，事关民族复兴和现代化强国建设。在脱贫攻坚战胜利之后我们随即提出要全面推进乡村振兴，是非常必要的，有着重大的现实意义。

三、乡村振兴的两大关键要素

与脱贫攻坚相比，乡村振兴的任务更为重大，目标也更为宏远。乡村振兴有五个方面的要求，即产业兴旺、生态宜居、乡风文明、治理有效、生活富裕。中央同时也提出，乡村振兴要实现五大振兴，即产业振兴、文化振兴、人才振兴、生态振兴和组织振兴。

以上五个方面的要求和五大振兴，是环环相扣、相辅相成的，只有各方面齐头并进，才能最终实现乡村振兴的总体目标。但是，其中最为关键的要数产业和人才。如果解决好了这两个关键要素，其他几个方面的振兴将会水到渠成。

实现乡村产业的可持续、高质量发展，是乡村振兴的基础。但就目前而言，乡村的产业发展效率不高，竞争力不强，存在着产业结构单一、资源缺乏、发展规划滞后、发展机制不完善等问题。

我国的乡村产业，第二产业和第三产业占比很小，主要还是农业，而农业的生产方式还是以传统的单家独户小农经济生产方式为主，生产成本高，投入产出比低，市场竞争力不强；产业发展是一项复杂的系统工程，需要有技术、资金、信息、市场、渠道、管理等多种资源要素的投入，而这些资源要素在乡村还很缺乏，严重制约着我国乡村产业的发展；脱贫攻坚曾极大地促进了一些乡村贫困地区的产业发展，形成了符合当地特色的产业体系。但是，大部分此类产业体系都是在政府推动下建立起来的，存在着与市场对接不紧密，甚至是脱离市场需求的现象。未来，我们需要将这些产业推向市场，建立起基于市场需求的乡村产业发展体系。

乡村振兴需要有优秀的人才，如果不能吸引到人才，乡村振兴将无从谈起。乡村需要的是既有知识和能力，又有意愿在乡村生活工作干事业的人才。在行政安排或情怀感召之下，一些优秀的人才有可能会来到乡村，但他们能在乡村工作、生活多长时间就很难说了。所以，乡村必须要对优秀的人才有吸引力，使他们乐于前往并长期生活居住。然而，就目前而言，我国的大部分乡村恐怕都不具备这样的吸引力，这是乡村发展面临的一个极大的不利因素。

吸引人才需要有多方面的条件，如完善的公共服务和基础设施，这些难以在短期内有较大的改观；但是政府可以制定相应的配套政策，如在工资、税收、住房、医疗、教育等方面向有意愿去乡村创业发展的人才倾斜，从而弥补乡村其他方面吸引力的不足。

扩展阅读

农耕文明传承与乡村文化振兴

中国几千年的乡土生产、生活方式，孕育了悠久厚重的古代农耕文明。农耕文明是我们的根，是中华民族传统文化的底色。神农文化深植于农业社会，与农耕文明的农本思想一脉相承。神农文化是一种多元、互动的传承模式，它的传承形态包括物化形态、民俗形态、语言形态，分别对应于密集古朴的风物古迹、生生不息的民俗传统、生动感人的口头传说。

神农文化是一张农耕文明发展的晴雨表，农耕文明的发展阶段可从神农传说文化中得到反映，两者在某种条件下依存共生。近年来，国家先后实行传统文化传承发展战略、乡村振兴战略，设立"中国农民丰收节"，这些都为农耕文明和乡村文化振兴提供了重要契机，也为农耕文明的传承搭建了良好的平台。

一、农耕文明传承中的历史基因

中国几千年的乡土生产、生活方式，孕育了悠久厚重的古代农耕文明。在农耕文明的内部，包蕴着知识、道德、习俗等文化，它们自成体系，维护着传统农业社会的有序运行。毫无疑问，农耕文明是继狩猎、游牧时代之后的又一重要阶段，时间跨度最长，内涵组成最充实，从一个侧面塑造着中国的文化精神和民族性格。

在工业时代、后工业时代乃至信息时代的今天，要振兴乡村文化就应下大气力传承延续数千年的农耕文明。在农耕社会的背景下，民众集体创造了神农文化，并使这种文化适应不同的社会阶段，转化出各种新的形态，从而推动农耕文明的传承和传播。事实上，神农文化以农业本身为出发点，立足于解决农业生产和农民生活，意在满足农业生产和民众精神的双重需要，对民众的深耕细作和日常生活有较强的指导意义。作为农业经济和社会文化共同作用的产物，神农文化曾在传统社会中起着非常重要的作用。

二、农耕文明视野下的神农文化

神农是我国农耕文明社会的杰出代表。综观古代典籍记载，神农的主要事迹包括植嘉禾、尝百草、作耒耜、正节气、发明集市、削桐为琴，这些在今天已经是习以为常的事情，在上古时代却是很难完成的突破。应该说，无论是神农创制的生产工具，还是发明的种植技术、医药礼乐文化，都是一次次创新的结果。在农耕文化发展的过程中，神农所掀起的农业革命，变革了饮食、劳作及商贸模式，极大地改善了当时的社会生活环境，提升了先民的生存能力和适应社会的能力，开创了农耕文明的时代。从这个意义上讲，神农的地位不仅取决于其所处的时代，更是后世赋予并累加的结果。先秦典籍《孟子》就提到，神农教民耕种，掌握四时之制，使天下获利。

在农耕文明的视野下，神农文化所具有的历史传统，是如何形成的呢？从自然生态环境角度看，山西省地处黄河流域中游，表里山河，境内分布着太行山、太岳山、汾河、沁河，这些都为早期文明的孕育提供了理想的"孵化场"。晋东南下川遗址、晋南荆村遗址等史前考古也表明，山西是我国农耕文明的重要发祥地，是粟作农业起源的核心区域。如果优良的自然地理生态是神农文化产生的基础，那么神农文化的地域生成，则得益于中华文明的绵延发展，以及山西本土的文化坚守。

在《汉书》《帝王世纪》的记载中，上古的神话人物，从伏羲、女娲到神农氏的谱系脉络清晰，历经十五代，神农氏对应的时段至少在五千年以上，之后的黄帝、尧、舜时代承前启后，直至夏商周，这就是我们所讲的五千年文明。在距今五千年左右，包括神农文化在内的中华上古文明已经成熟，并形成了基本的文化系统。

在中华文明成熟的过程中，神农文化找到适当的地域，落地生根。山西以史志书写的方式，担当起传承神农文化的使命。在晋东南长子、高平、壶关、潞城，晋南隰县等的府志、县志、碑书中，将神农文化的羊头山、谒戾山、发鸠山、姜水、沁水、神农城、神农泉、谷城等具体化、实物化，再对这些山、水、遗迹予以解读，通常的释义是神农得嘉谷之处、尝五谷之所、埋葬炎帝的陵庙。这样，神农文化在当地得到确立和传播。

三、神农文化的传承与农耕文明

神农文化成长于农耕文明的沃土中，在晋东南的高平，神农文化至今依然活跃，它在规范地方文化秩序的同时，展示了农耕文明的丰富遗存，堪称中国农耕文明的当代华彩形态。

神农文化是一种多元、互动的传承模式，它的传承形态包括物化形态、民俗形态、语言形态，分别对应于密集古朴的风物古迹、生生不息的民俗传统、生动感人的口头传说。这三种形态既独立又互为旁证、相互作用，完整地呈现了神农文化的不同层面，构建起神农文化的谱系和立体图景。

物化形态是神农文化确立的基础。通过现代考古发掘，在高平的羊头山神农城遗址发现了古代陶片、瓦砾及人工石砌围墙、古旧步道等遗存，经学者认定，属新石器时代仰韶文化类型，对应于神农炎帝时代。也就是说，在神农炎帝时代，高平的先民已经能够依山而居、择址建房，从居无定所转为定居生活，这给发展农业提供了必要条件。随着以羊头山为中心的高平地域农业发展，神农文化的精神需求随之产生，直接表现为建庙宇、立碑刻。这些以物质载体存在的文化传承空间，为历代传承、传播神农文化提供了实物依据。

民俗形态为神农文化传承注入活力。当文化不再停留于精神层面，而是变成人们在生活中的精彩实践和一场场的动态展演，民俗便形成了。民俗是一种华彩的生活形态。对于神农这位有功于民的农业祖先，民众极尽崇祀之礼，自古迄今，从未停止。各种岁时节令，人们都不忘祭祀神农炎帝；人生礼仪中的面羊馒头或谷穗这些五谷制品或五谷，同样传承着神农文化。

语言形态的传承能够对接前两种形态，同样证明了神农文化的独特价值。当我们查阅古籍和地方史志时，会发现不少神农文化与高平羊头山的记述，如神农城、神农井、谷关、炎帝陵都与神农五谷有关。这些神话传说与历史叙事，并不是某个文人个人的想象，而是对于那一时代具有共识的神话传说与历史叙事的整理。另外，山西民间仍在讲述神农传说，这种活形态的口头语言是地方民众的集体创造，也是神农文化的重要传承形态，诉说着神农文化的悠远历史，彰显了农耕文明的魅力。

任务二　乡村振兴的内涵

一、产业振兴是物质基础

全面建设社会主义现代化国家，最艰巨、最繁重的任务仍然在农村。要求要全面推进乡村振兴，坚决防止出现规模性返贫。乡村要振兴，产业必振兴。产业振兴是乡村振兴的重中之重，要坚持精准发力，立足特色资源，关注市场需求，发展优势产业，促进一二三产业融合发展，更多更好地惠及农村农民。

第一，以形成新型工农城乡关系拓展乡村产业发展空间。

工农城乡关系是基本的经济社会关系，是世界上任何国家在现代化进程中都无法回避的问题。我们全面推进乡村振兴，着力推进乡村产业振兴，必须将其置于坚持城乡融合发展、推进现代化建设的进程中去认识和谋划。习近平总书记强调："振兴乡村，不能就乡村论乡村，还是要强化以工补农、以城带乡，加快形成工农互促、城乡互补、协调发展、共同繁荣的新型工农城乡关系。"将这一重要论断落实到推动乡村产业振兴的工作中，就要在发展现代农业、推动农村一二三产业融合发展、构建乡村产业体系等方面切实发力，不断拓展乡村产业发展空间。

推动基于农业发展的一二三产业融合发展，是抢抓新一轮科技革命和产业变革机遇、加快形成新型工农城乡关系的必然要求。要从满足人民日益增长的乡村文化、生态等多样化消费需求出发，以建设宜居宜业和美乡村为目标，向开发农业多种功能要潜力，发挥产业融合发展的乘数效应，更充分地发挥乡村资源独特优势，提升乡村资源价值，拓展农民致富路径。

具体来看，要把推动农村一二三产业融合发展，与产业园区建设、特色小镇建设、推进新型城镇化等有机结合起来，统筹谋划。一是要推动产业集聚和人口聚集互促的产城融合发展，为推进以县城为重要载体的城镇化建设提供产业支撑；二是要把县域作为城乡融合发展的重要切入点，推进空间布局、产业发展、基础设施等县域统筹，一体设计，一并推进；三是要解决好农业农村信息化水平较低、新型基础设施相对薄弱等问题，积极促进乡村产业数字化、网络化、智能化发展，在一二三产业融合发展的进程中加快从"要素驱动"向"创新驱动"转变；四是要发展乡村旅游、休闲农业、文化体验、健康养老、电子商务等新产业新业态，既要有速度，更要有质量，实现健康可持续。

第二，以完善利益联结机制集聚乡村产业发展动能。

推动乡村产业发展的目的是要带动农民就业增收。促进农村一二三产业融合不是简单的一产"接二连三"，关键是要完善利益联结机制，带动农民一起干、一起发展。必须探索建立更加有效、更加长效的利益联结机制，可以通过就业带动、保底分红、股份合作等多种形式，使农民合理分享全产业链增值收益。

要将推动乡村产业振兴和促进农民增收结合起来。发展乡村产业，最直接的指向就是要让农民有活干、有钱赚。在实践中，我们不能只看到产业规模越来越大，还要考虑防止出现用工越来越少、农户参与程度越来越低的问题。要通过完善利益联结机制，通过"资源变资产、资金变股金、农民变股东"，尽可能让农民参与进来，进而形成企业和农户产业链上优势互补、分工合作的格局，使农民更多分享产业增值收益。

要将推动乡村产业振兴和坚持农民主体地位结合起来。习近平总书记强调，发展现代特色农业和文化旅游业，必须贯彻以人民为中心的发展思想，突出农民主体地位，把保障农民利益放在第一位。这一重要论断为进一步推动乡村产业振兴指明了方向。坚持农民主体地位，对于"大国小农"、农村地区人口数量庞大的国情农情而言尤为重要。我们既要充分发挥资本促进乡村产业振兴的作用，又要防止把农户从产业链中挤出来，更不能剥夺或削弱农民的发展能力；既要有力促进农民合作社规范发展，发挥其在保障农民参与乡村产业振兴的作用，又要发展壮大农业社会化服务组织，因地制宜探索服务小农户、提高小农户、富裕小农户的现实路径，鼓励和支持广大小农户和现代农业发展有机衔接。

第三，以深化农村改革激发乡村产业发展活力。

全面推进乡村振兴，必须用好改革这一法宝，加快推进农村重点领域和关键环节改革，激发农村资源要素活力。党的二十大报告提出，"巩固和完善农村基本经营制度，发展新型农村集体经济，发展新型农业经营主体和社会化服务，发展农业适度规模经营"。

> 扩展阅读

产业振兴类——让贵州茶走向世界

贵州省思南县关中坝街道宋家坪村的张金明，曾是精准扶贫建档立卡的贫困户，一家五口人靠他一个人外出打工维持生计。2020年，在当地政府的扶贫安置下，张金明一家易地搬迁到了思南县双塘街道丽景社区。更让人高兴的是，张金明还在家门口找到了一份月薪3 000多元的工作。为他提供这一难得的就业机会的是太古集团全资子公司詹姆斯·芬利（James Finlay）2019年10月在当地投资建成的精制茶加工厂。

詹姆斯·芬利思南县精制茶加工厂位于思南县双龙大道，总投资人民币1.2亿元，工厂于2018年开工建设，占地23 535平方米（35.3亩），初期设计产能2万吨，主要加工生产各种精制茶叶。公司希望通过在贵州创建一个可持续、可扩展、灵活的采购和供应模式，实现精制茶产销一体化，打造一条"从茶树到茶杯"的生态茶产销链，助力贵州茶走向世界。

结缘思南

贵州属于亚热带高原季风湿润气候，低纬度、高海拔等得天独厚的地理环境，让其成为中国绿茶主要产区，也是世界顶级绿茶核心产地。寡日照、多云雾等气候条件，使当地的茶叶不仅品质上乘，而且干净无污染，是地地道道的生态产品。

这些特质不仅使入口甘甜、回味悠长的贵州绿茶成为中国的瑰宝，还跨越国境，锁住了很多国际茶客的味蕾。在国际茶叶市场绿茶需求日益增加的背景下，作为自然饮品行业的资深品牌，詹姆斯·芬利留意到贵州茶的独特与醇美，自2013年开始，与当地政府接洽，多次组织考察团赴贵州省考察，随后启动"贵州生态茶叶项目"，通过与当地茶农和供应商建立长期合作伙伴关系，在当地开发符合国际认证标准的可持续性茶源，持续帮助贵州茶完善产业规范，走向国际市场。

"贵州有很多特别之处，但我最看重的还是贵州出产的高品质茶。"詹姆斯·芬利的董事兼总经理钦博凯非常看重贵州茶资源的绿色生态——贵州茶大部分采自10年内种植的茶树，土地没有受到农药和杀虫剂污染，当地政府对生态茶种植也高度重视，出台多种措施，激励茶农按国际标准管理茶区。"这正是全世界消费者都关注的核心点。也因此，我们非常看好贵州茶业的前景。"钦博凯说。

加之，中国"一带一路"倡议使贵州偏远山区的生态茶叶产地与世界市场的连通更顺畅、更便利、成本更低，这也使詹姆斯·芬利的业务拓展与贵州茶农的脱贫致富结合在了一起。

品质为先

詹姆斯·芬利结缘思南，帮助茶农走上致富之路，同时助力当地社区的发展。而这一切要想顺利实现，不能没有对产品品质的坚持。

为了建设高品质生态茶园，詹姆斯·芬利为当地茶农提供了良好的茶叶种植实践培训，如以农药零施用为目标的害虫综合治理、在保障质量和可持续发展的同时提高产量，以及成本管理等方面的辅导。公司还打造了贯穿种植、采购和加工全流程的智能移动系统，并为当地茶农提供终端设备使用培训，以保障其交付的茶叶完全透明、百分百可追溯。同时，工厂严格按照公司的可持续性采购政策，以及国际雨林联盟和欧盟MRL认证标准，全方位保障出产茶叶的品质，树立当地茶叶生产加工的标杆。

思南县坐落在乌江之畔。伴随着黔东北枢纽港——思南新港的加快推进建设，贵州茶从思南新港转运至重庆，进而从陆路抵达欧洲；或途经长江三角洲抵达中国东部沿海港口，再销往海外。如今，美国、英国、欧盟、摩洛哥等地区的消费者都可以便利地品尝到天然醇香、高品质的思南绿茶。

社区贡献

2020年，中国的脱贫攻坚战取得了重大胜利。从2021年开始，"三农"工作的重点转向乡村振兴。全面推进乡村振兴是中国未来一段时期社会经济发展的重要任务。乡村振兴涉及多个方面,其中产业振兴是重中之重。

思南县地处武陵山腹地,是国家扶贫开发工作重点县。当地九山半水半分田,恶劣的自然条件加上交通、资金等制约,产业发展一度面临重重困难。詹姆斯·芬利对思南县茶农和供应商的全方位的指导与立体化合作模式,拓宽了当地茶产业的发展前景,为思南县地域经济发展带来了助力。

如今,与茶相关的产业已经成为思南产业扶贫的主导产业之一,据思南县扶贫办提供的数据,截至2020年10月,思南县已经实现所有贫困村出列,全部贫困户脱贫,贫困发生率从2014年的24.88%下降到现在的0。

张金明在家门口就成功脱贫。在詹姆斯·芬利(贵州)茶业有限公司的数十名员工中,有10名员工与张金明一样,是曾经的建档立卡贫困户,如今,他们也已成功脱贫。

詹姆斯·芬利及太古集团还将在思南进行二期和三期投资建设,希望未来在贵州生态茶带向更广阔的全球市场的同时,也为思南当地借助特色产业推动乡村振兴做出更多的贡献。

二、人才振兴是关键因素

乡村振兴离不开人才,人才振兴是乡村振兴的基础。乡村缺乏人才,乡村的生态建设、环境提升、文化传承、乡村治理就难以为继。只有吸引、培育乡村人才,解决好乡村人才问题,乡村振兴战略才能落到实处。

引进人才,壮大人才队伍。乡村振兴,人才是根,要吸引更多有为之人投身到乡村发展,优化人才引进是关键,使各类人才看得见实在、实惠的优越条件、发展空间,有想来发展的渴望。将引进人才与乡村振兴有机结合,破除现有的机制弊端,健全激发人才活力的体制,建设好乡村环境、基础设施,增强人才吸引力,引导和支持各类人才投向乡村振兴事业,使他们在乡村工作有动力、创业有激情、生活有意义。结合本地实际,构建乡村人才振兴的可持续发展机制,让人才在乡村有事情可干,有美景可享、有乡情可寄,有政策可依、有责任压实、有利益可得。

培养人才,建强人才队伍。人才兴则乡村兴,人才强则乡村强。乡村振兴,农业科技领军人才少不了,但有技术有能力、懂管理热爱乡村的人才更是不可或缺的。我们要把当地优秀农村党员中有一定产业发展基础、有一定专业实用技术、群众口碑好的党员选出来,培养一批土生土长的乡土人才,科学建立"乡土人才库",以科技带动后劲,以党性团结群众,充分发挥党员示范带动作用。组织开展好专业素质、职业技能提升等培训,使其提高生产水平、提升发展能力、增强致富本领,培养一批技术过硬、政治过硬的"土专家""田秀才",为乡村振兴添砖加瓦、助力发展。

用好人才,展现人才效能。引进人才是基础、培养人才是措施、用好人才是做好人才振兴的落脚点。要用好本乡本土优秀人才、返乡回流大学生务工人员等。从有利于地方经济发展出发,人才使用要不拘一格,不仅仅以一张文凭、学历为标准把用人门槛设得很高，忽视人的主观能动性。在人才的使用过程中，要全面了解人才的知识水平、思维方式和性格特征，把人才放在最能发挥其特长的岗位发挥最大作用，做到人岗相适。使人才在其位谋其职，让每个人在自己的岗位上充分施展自己的才华，不大才小用，也不小才大用。坚持效率优先原则，畅通党政机关工作人员能进能出、能上能下的渠道。举办形式多样的技能大赛，搭建交流平台，激励各类、各领域人才；做好各类优秀人才表彰活动，激发人才的干事创业热情。

扩展阅读

培养"幸福乡村带头人"
——快手"短视频+直播"助力乡村振兴人才孵化

"幸福乡村带头人计划"是国内首个关注乡村创业者的互联网企业CSR项目，现已发展成为国内首个乡村创业者成长孵化器和乡村产业加速器。

这一项目已在全国发掘超过100位有能力的乡村快手用户，通过为乡村创业者（包括农业创业、非遗传承、文旅推广三大领域）提供线上、线下的商业与管理教育资源，培育和提升其领导力及商业管理能力；以及通过提供流量资源、品牌资源，促进带头人带动乡村产业发展、增加当地就业，进而带动贫困人群脱贫。项目到现在已经培育出了格绒卓姆、太平、张飞、马玲敏等一系列正能量新网红。

"短视频+直播"人才孵化

2021年，我国脱贫攻坚战取得了全面胜利。在这一背景之下，快手将2018年成立的"快手扶贫"办公室升级为"快手乡村"，让乡村地区的人们更便捷地记录和分享生活，呈现和发挥所长，从而创造价值，改善生活境遇。快手坚持以赋能乡村为己任，围绕"人才振兴""产业振兴""文化振兴"等多个方面，通过"乡村振兴官""幸福乡村带头人计划""福苗计划"等战略项目，助力乡村地区实现巩固拓展脱贫攻坚成果同乡村振兴有效衔接，加快农业农村现代化，让广大农民过上更加美好的生活。

乡村振兴，关键在人。快手深入贯彻落实习近平总书记关于推动乡村人才振兴的重要指示精神，积极参与到乡村振兴人才培养工作中，先后发起"幸福乡村带头人计划""乡村振兴官"等项目。快手还与农业农村部、商务部和国家广电总局等多个部委，以及四川、河南和新疆等多地政府，通过线上线下结合的方式，开展了数百场针对公职人员、地方致富带头人和青年电商从业者等人员的培训。另外，快手与联合国粮农组织、中国帮扶基金会等机构合作，共同开展"短视频+直播"的人才孵化行动，探索乡村地区可持续发展的新模式。

三大板块

快手"幸福乡村带头人计划"主要分为三大板块。

1. **快手幸福乡村创业学院**

快手幸福乡村创业学院学制一年,每年三期,主要环节为"集中培训+机构参访+实地调研指导+线上课堂",旨在全面提升快手幸福乡村带头人的短视频创作能力、商业和管理能力,拓宽带头人的产业可持续发展思维,培养乡村新人才,孵化乡村新产业,通过建立可持续发展的企业实体,辐射带动所在县区贫困农户共同脱贫。

2. **快手幸福乡村说**

幸福乡村说是关注乡村发展和乡村创业者的系列演讲活动,旨在打造一个专注乡村发展的分享交流平台。该板块以现场演讲结合快手直播的形式,分享演讲者的智识与经验,启迪乡村振兴的新思路。

3. **带头人互助社区**

带头人互助社区是聚合快手乡村振兴人才的交流平台和互动社区。社区成员由快手幸福乡村带头人组成,基于共同的价值观,聚焦乡村振兴与可持续发展,为振兴乡村贡献力量。

幸福乡村带头人故事一

快手"幸福乡村带头人计划"扶持的江西用户蒋金春,生活在上饶市横峰县,他平时爱模仿鲁智深,也时常扮作许文强。蒋金春通过分享家乡美食和温馨热闹的日常生活,在快手上收获了超过百万粉丝的关注。粉丝们被他有趣的段子逗笑,也被他分享的诱人山货所吸引,纷纷下单购买山里的特色农产品,如甜茶、笋干等。

2018年,在快手的帮助下,蒋金春共带动当地近200户村民,通过快手销售2 000多斤的甜茶、葛根粉,葛根片900多斤,笋干700多斤,葛花茶600多斤,山茶油400多斤。

这个现象受到横峰县政府的重视,县委书记去过他家三次,新华社和江西电视台轮番报道,当地政府为他颁发"最美企业家"称号,蒋金春也成了横峰县新的社会阶层人士联合会常务副会长。如今,当地还专门为蒋金春成立了网红农产品博物院。

幸福乡村带头人故事二

快手幸福乡村带头人"迷藏卓玛"格绒卓姆,她和丈夫杜沫奎在快手分享最真实质朴的藏族乡村生活日常,采松茸、挖虫草、做糌粑、打酥油茶,还有震撼人心的雪域高原美景,同时,夫妇二人也把家乡的特产推荐给全国各地的粉丝们。

2018—2020年,格绒卓姆夫妇通过快手共售出虫草5万多根、松茸7 000余斤,还有牦牛肉干、当归、黄芪等多种高原特产,总销售额达500万元以上。他们在养活全家7口人的同时,也帮助乡亲们解决了货物滞销困难,用高于收购商5%至10%的价格向大家收购特产,带动了周边多个村庄近百户人家增收,每户年均增收5 000元以上。

如今,格绒卓姆夫妇已经注册好"迷藏卓玛"商标,准备进一步发展农特产加工产业,同时,他们正着手修建赤土乡第一家民宿,希望让游客体验到最原汁原味的藏族生活,通过发展旅游,多元、可持续地带动家乡更好地发展。

截至2021年,"幸福乡村带头人计划"项目在全国范围内共发掘和扶持超过100位乡村创业者,培育出57家乡村企业和合作社,提供超过1 200个在地就业岗位,累计带动1万多户群众增收。带头人在地产业全年总产值达5 000多万元,产业发展影响覆盖近千万人。

快手在乡村的工作得到了社会的广泛赞誉。时任农业农村部部长、党组书记韩长赋在参观快手农交会展区时曾表示:"快手成为帮助农民朋友脱贫致富的好平台,新快手!"中央电视台《焦点访谈》栏目曾介绍了全国多地的快手乡村新主播故事,由点及面地肯定了快手短视频+直播乡村振兴创新实践。

三、文化振兴是精神基础

乡村是中华传统文化生长的家园。乡土文化是中华优秀传统文化的根柢,是社会主义先进文化和革命文化的母版,是坚定中国特色社会主义文化自信的根本依托。理解乡土文化、认同乡土文化、尊重乡土文化、热爱乡土文化不仅是增强文化自信的内在要求,也是实现乡村文化振兴的必要前提。

乡土文化孕育守护着中华文化的精髓。中华文化本质上是乡土文化。中华优秀传统文化的思想观念、人文精神和道德规范,植根于乡土社会,源于乡土文化。我国优秀传统农耕文明历史悠久、内涵丰富,一系列价值观念,如家庭为本、尊祖尚礼、邻里和睦、勤俭持家、以丰补歉等,都是人文精华;德业相劝、过失相规、出入相友、守望相助、患难相恤等,都是中华传统美德。儒家文化倡导的讲仁爱、重民本、守诚信、崇正义、尚和合、求大同,不仅维护了中国古代社会的良好秩序,而且在当今社会仍然具有强韧而持久的生命力。作为民俗文化代表的"二十四节气",体现了中国人天人合一、顺天应时的理念。在中华优秀传统文化的形成和发展过程中,乡土文化不仅起到了"孕育者"的作用,还发挥了"守护者"的作用。近代以来,尽管中国乡土文化屡次遭受磨难,但其文化精髓并没有丧失,而是深深植根于中国农村广袤的土地上,并在新时期焕发着强大的生命力。

乡土文化涵养呵护着宝贵的文化遗产。乡土文化源远流长,在历史的长河中除了不断为中华民族提供丰富的精神滋养外,还留下了曲阜"三孔"、万里长城、京杭大运河等众多文物古迹,古琴艺术、木版年画、剪纸等丰富的非物质文化遗产,以及散落全国各地、独具特色的传统村落、民族村寨、传统建筑、农业遗迹、灌溉工程遗产等。据统计,目前我国拥有世界遗产53处,排名世界前茅;39项非物质文化遗产项目入选联合国教科文组织名录,位列缔约国首位;15个项目入选全球重要农业文化遗产保护名录,居世界第一;形成了完善的国家、省、市、县四级文物和非遗保护体系。依托这些丰富而又宝贵的文化遗产,中国连绵几千年发展至今的历史从未中断,创造了世界上独一无二的文明奇迹。

乡土文化闪耀着色彩斑斓的独特魅力。乡土文化既是一方水土独特的精神创造和审美创造,又是人们乡土情感、亲和力和自豪感的凭借,更是永不过时的文化资源和文化资本。近年来，我国各地兴起了"乡土文化热"，乡土文化成为一种时尚文化，人们把乡土文化作为一种情结，作为重要的文化资源和文化资本。春节庙会、清明祭祖、端午赛龙舟、重阳登高等传统民俗活动日渐兴起，展现了乡土文化旺盛顽强的生命力。乡村旅游大发展，传统村落成为人们趋之若鹜的旅游地，民俗体验、乡村写生等成为消费热点。美丽乡村建设蓬勃兴起，传承乡土文化、保持乡村特色成为一致共识，一批文化底蕴深厚、充满地域特色的美丽乡村在全国各地不断涌现。景德镇陶瓷、淄博琉璃、潍坊风筝等乡土工艺品，以及泰山皮影、日照农民画等乡土民间艺术纷纷走出国门，中国乡村文化正以愈发自信的步伐走向世界，受到世界人民的广泛赞誉。

实践证明，中国乡土文化历经劫难而不亡，饱经沧桑而新生，我们完全有理由树立对乡土文化的自信，这是文化自信的核心构成，决定着文化自信的深度和广度。在理解乡村文化的内涵基础上，乡村文化建设要特别注意遵守以下两个原则。

（1）坚持村落保护原则。丰富的农业文化及尊老爱幼、诚实守信、邻里互助、勤俭持家等传统美德，存在于乡村空间结构和社会结构之中，农家院落及其特定的排列方式构成的村落形态与村落公共空间，乡村的劳动与消费方式，节日与交往习俗，以及乡村的家庭、家族、邻里、亲缘关系等，都是乡村文化得以存在和延续的载体。皮之不存，毛将焉附？这也是为什么党中央反复强调，要加强村庄风貌引导，保护传统村落，严格规范村庄撤并，不得违背农民意愿、强迫农民上楼的重要原因。乡村是传统文化的重要载体，是乡村文化建设的重要基础，乡村文化建设要从保护村落开始，避免因建设而破坏。

（2）与时俱进的原则。保护和传承优秀文化，并不是要固守传统，而是要为乡村文化振兴服务。习近平总书记在党的十九大报告中指出："深入挖掘中华优秀传统文化蕴含的思想观念、人文精神、道德规范，结合时代要求继承创新，让中华文化展现出永久魅力和时代风采。"在乡村，优秀的家规家训，尊老爱幼、诚实守信、勤俭持节的传统美德，依然发挥着有效的教化作用，要以积极科学的态度继承和弘扬优秀传统文化，深入发掘、系统整理、深刻阐释它的时代内涵和价值。在此基础上，更好地唤起人们的道德情感，是树立良好社会风尚，建设人们共有精神家园重要的社会心理基础。同时，乡村文化建设要注意吸收现代城市文化和世界先进文化，使其融入乡村文化体系。随着现代科学技术的运用，现代民主法制概念的普及，受到现代生活方式的影响，城乡融合已成趋势，应该采用"老树发新芽"的理念对待传统文化和现代文化的关系，做到文化建设的与时俱进。2013年12月，习近平总书记在中央城镇化工作会议上的讲话指出："乡村文明是中华民族文明史的主体，村庄是这种文明的载体，耕读文明是我们的软实力。城乡一体化发展，完全可以保留村庄原始风貌，慎砍树、不填湖、少拆房，尽可能在原有村庄形态上改善居民生活条件。"

四、生态振兴是重要支撑

1. 生态文明

工业文明的过度发展，造成全球的资源浪费、环境污染、生态平衡破坏等一系列问题。这些问题已经严重阻碍了人类社会前进的步伐，迫使人们不得不再一次重新审视问题并且找寻改变人与自然的关系的新方式，这时一些学者提出了生态文明，让所有人眼前一新。

生态文明与农业文明、工业文明一样，是人类文明的一种形态，是一种独立的社会经济形态，但是它比工业文明更加进步，它不仅追求经济的高速增长，同时，也注重生态环境的健康发展。它是更加高级的社会文明形态。

作为一种进步的文明形态及执政理念，乡村生态振兴是中国特色社会主义建设的重要内容。其基本结构包括生态文化、生态产业、生态消费、生态制度四个基本方面，它们之间既相互影响又相互作用。

（1）生态文化。生态文化是生态文明建设的深层动力与智力根源。生态文明意味着人类思维方式与价值观念的重大转变，建设生态文明必须以生态文化为先导，建构以人与自然和谐发展理论为核心的生态文化，这是对人与自然的关系及对这种关系变化的深刻反思和理性升华。在价值观和伦理观上超越极端的"人类中心主义"观，重建人与自然共同构成统一整体的有机论自然观。

从我国古代的"天人合一"的哲学命题中汲取智慧，使人们认识到人类对环境的关注就是人类对自身生命的关爱，人是自然界的产物，更是自然界的一部分，不能完全凌驾于自然之上，否则会自食其果。这种思维方式和价值观念的改变能够培育人们的生态意识和生态道德。生态意识的提高与生态道德的形成将有助于人类生态行为的形成，直接对生态实践活动产生影响，从根本上推进生态文明建设。

（2）生态产业。生态产业是生态文明建设的物质基础，是人类对传统生产方式反思的结果。生态文明要求生态经济系统必须由单纯追求经济效益转向追求经济效益、社会效益和生态效益等综合效益，以人类与生物圈的共存为价值取向来发展生产力。转变高生产、高消费、高污染的工业化生产方式，以生态技术为基础实现社会物质生产的生态化，使生态产业在产业结构中居于主导地位，成为经济增长的主要源泉。

（3）生态消费。生态消费是生态文明建设的公众基础。生态消费要以维护生态环境的平衡为前提，是在满足人的基本生存和发展需要基础上的健康有益的消费模式。健康有益的消费模式要从环境损害型消费转向环境保护型消费，不要追求过分的物质享受，应该转向低碳化、生态化消费。注意日常生活中点点滴滴的生态行为，使消费生活生态化。健康有益的消费模式，才能引导社会生产乃至整个社会经济走上一条正常的、可持续发展的轨道。

（4）生态制度。生态制度是生态文明建设的制度保障。生态文明需要政府加强生态环境保障制度的建设，因为涉及公众共同利益的问题，如生态环境、资源保护、社会公正等问题是不能交给市场解决的。政府要通过相应制度的建立来促进生态文明目标的实现：一方面要通过建立生态战略规划制度，着眼于长期而不是短期的发展，真正将人与自然的和谐和可持续发展纳入国民经济与宏观决策中；另一方面要创建更加公平、规范的生态制度，处理好不同利益群体之间的生态矛盾，同时，确保生态制度得到较为普遍的遵守与执行。

有生态文化为先导与智力支持，再有生态产业、生态消费、生态制度实践体现，必能实现生态文明建设的顺利进行，并舍弃工业文明的弊端，成为高层次的文明形态。

总体来说，生态文明要求社会生态系统的良性运行，社会、经济、政治、文化的相互和谐发展，要在实现人类发展既能满足人与自然的协调发展需求，同时，又能满足人类生活的其他需求，它所追求的本质是要实现人与自然、人与人的和谐发展。可以看出，生态文明是指人类在自身活动与自然关系发展过程中的进步程度，是人类社会进入更高文明阶段的重要标志。

2. 乡村生态文明建设的意义

（1）乡村生态文明建设是生态文明建设的重要组成部分。自然环境是人类赖以生存的空间，人类所用的一切物品的根本来源是大自然。因此，只有遵循自然规律、保护自然、注重维护生态环境，才能实现可持续发展。在生态文明建设的背景下，随着城市环境准入条件的提高和环境管理的加强，一些地区出现了污染企业向农村转移的趋势，这给农村环境带来了巨大压力。农村地区面积大、分布广，农村环境质量会通过多种途径影响、改变城市的环境质量，如农村的水污染、土壤污染、空气污染都有可能通过食物链等渠道影响城市居民。因此，乡村生态文明建设不仅是生态文明建设的一部分，更是生态文明建设的关键环节。只有同步开展乡村生态文明建设和城市生态文明建设，才能避免城市污染向农村的转移，切实实现城乡生态环境质量的整体改善，保障粮食等食品安全和市民、村民的生命健康。

（2）乡村生态文明建设是关系党的使命宗旨的重大政治问题，是党在新时代的使命之一。汉代刘安编纂的《淮南子·汜论训》中的"治国有常，而利民为本"准确地阐述了中国共产党"权为民所用、利为民所谋"的治国理念。中国共产党始终秉持全心全意为人民服务的宗旨，不忘初心，时刻关注人民的生活，致力于解决广大人民的合理需求。当前，我国农村的生态环境保护与建设工作距生态文明的要求还有很长的距离，还远不能满足广大农村群众对环境质量日益提高的要求，不能适应建设社会主义新农村和小康社会的需要。

发展乡村生态文明建设已经成为中国共产党的重要任务之一。要想建设美丽乡村，提供更多的优质绿色食品以满足人们日益增长的对优美生态环境的需要，就必须充分发挥中国共产党的领导作用，引导人们致力于乡村生态文明的发展。

（3）乡村生态文明建设是关系民生的重大社会问题，影响着社会的和谐稳定。习近平总书记强调："生态环境破坏和污染不仅影响经济社会可持续发展，而且对人民群众健康的影响已经成为一个突出的民生问题，必须下大气力解决好。"

当今，严峻的农村环境形势已成为我国农村发展的重要制约因素。农村地区的生态环境污染问题十分严重，生活污染和工业污染叠加、各种新旧污染相互交织等一些环境问题危害人民群众的健康，影响人民的生产和生活及社会的稳定发展。

生活污水和工业污水的排放量逐年增加，这些污水的不达标排放造成了广大乡镇及农村的饮用水源水质呈细菌学指标超标及氨氮超标等状况，长期饮用不卫生的水会对人们的身体健康造成很大的伤害。

另外，化肥、农药、除草剂、生长激素等农用化学品的过量使用和使用不当对水体、土壤造成了严重的污染，土壤、水的污染造成有害物质在农作物和鱼类等产品中积累，并通过食物链进入人体，引发各种疾病，危害人体健康。由此可见，农村环境污染问题已经升级为影响人民身体健康和幸福生活的民生问题。乡村生态文明建设已经成为刻不容缓的安抚民心的重要举措。

3. 乡村生态文明建设的路径

要推进乡村生态文明建设，统筹山水林田湖草系统治理，持续改善农村人居环境。良好的生态环境是农村的最大优势和宝贵财富。我们要加强乡村生态文明建设，注重保护生态环境，发展绿色产业，改善安居条件，培育文明乡风，建设美丽乡村。

（1）健全乡村生态治理制度。制度建设是推进乡村生态文明建设的重要保障。要完善乡村生态环境保护法律制度，依法严惩滥用农业资源和破坏乡村生态环境的违法行为。建立农业自然资源产权制度，对山水林田湖草等农业自然资源开展确权登记工作，执行最严格的耕地保护制度、水资源管理制度。健全乡村生态治理评价制度，制定农业安全种植、产地环境评价、林草地质量评价、农业资源保护、农业生态环境保护等重要标准，构建乡村生态环境监管大数据平台和乡村生态治理智能服务支撑体系。

（2）构建乡村生态产业格局。推进农业结构调整，发展农业循环经济，构建绿色生态农业体系是推进乡村生态文明建设的重要内容。要以农业科技为引领，创新农业绿色生态发展模式，推动农业现代化和绿色化发展。构建绿色农业全产业链，实现农业生产资料供应、农业科技创新、农业加工和服务业的绿色化。延长绿色产业链条，从初加工到精深加工再到综合利用转变。加强绿色产业融合，建立绿色农产品生产基地，开发特色生态农产品和品牌，加快发展乡村生态旅游休闲业。

（3）倡导农村绿色生活方式。在广大农村地区推广绿色生活方式不但很有必要，而且十分迫切。要开展创建绿色家庭、绿色乡村、绿色田园行动，推进农村绿色发展、循环发展、低碳发展，倡导农村居民简约适度、绿色低碳的生活方式。提倡农村绿色居住，鼓励农民采用绿色低碳建筑材料，推广使用环保清洁能源和节能高效低碳产品。推行农村绿色消费，反对奢侈浪费和不合理消费，推进餐厨废弃物资源化利用。鼓励农村绿色休闲，创新农村智慧低碳娱乐休闲方式，开发农村健康休闲、绿色体验旅游产品。

（4）提升乡村生态环境质量。农村环境是生态系统的重要一环。要改善农业生态环境质量，加强农业面源污染防治，引导农户科学施用化肥和农药，减少白色污染和畜禽养殖污染。保护和修复农村自然生态系统，对退化、污染、损毁农田进行改良和修复，强化农田生态保护。提高农业、林业、养殖业气候适应能力。加快美丽乡村建设，完善县域村庄规划，开展农村人居环境整治，治理村庄生活垃圾，普及卫生厕所，管控生活污水乱排乱放，实现村庄人居环境质量全面提升。

> 扩展阅读

乡村生态文明建设的成就

（1）绿色发展方式逐步建立。产业振兴是农村生态文明建设的重要物质基础，在农村生态文明建设的探索和发展过程中，各地农村依托自身优势资源和区位特色，走出了一条各有所长的生态产业振兴之路。一是目前已经形成了一批农村生态产业发展的成功典型范例，例如，河北塞罕坝的成功经验，不仅是对环境面貌的改变，还创造了巨大的生态及经济价值，为全球生态安全做出新贡献。又如，浙江安吉将环境保护与经济发展相结合的成功经验，为农村生态文明建设提供了可供参考的样板。二是积极利用现代先进科技创新成果，深入推进农业产业生态化，我国粗放的农业生产方式逐步改善，通过在农业中植入创意元素，将农业资源、生态资源转化为经济资源，实现了休闲农业和乡村旅游的快速发展。

（2）农村人居环境显著改善。改善农村人居环境是农村生态文明建设的一场硬仗。党的十九大报告将生态宜居作为乡村振兴战略的重要内容，明确要求开展农村人居环境整治行动。2018年年底至2019年年初，《农村人居环境整治三年行动方案》《农村人居环境整治村庄清洁行动方案》《关于推进农村"厕所革命"专项行动的指导意见》等相继出台，这些政策的有效落实使农村垃圾、污水、面源污染等问题得到一定程度的解决，在一定程度上改变了村容村貌，农村人居环境得到了极大改善。据农业农村部发布相关数据显示，截至2019年上半年，全国80%以上行政村的农村生活垃圾得到有效处理，近30%的农户生活污水得到处理，农村改厕率超过一半，污水乱排乱放现象明显减少，厕所卫生环境得到明显改善。

（3）农村生态文明制度规范建设不断完善。党的十八大以来，党中央高度重视生态文明相关法律法规和制度建设。党的十八届三中全会通过的《中共中央关于全面深化改革若干重大问题的决定》提出："建立系统完整的生态文明制度体系，实行最严格的源头保护制度、损害赔偿制度、责任追究制度"。2014年4月新修订的《中华人民共和国环境保护法》也对农业环境保护、农村环境综合整治、农业面源污染防治等进行了原则性规定，虽然还比较宽泛笼统，但也为农村生态文明制度建设提供了必要的国家层面的法律保障。除全国层面的法律、法规外，地方性立法也开始关注农村环境保护。随着地方性农村生态环境保护条例的出台，地方层面的农村生态文明制度建设也在逐步完善。

（4）农村生态文化建设初见成效。生态文化是生态文明的基础工程。党的十八大以来，习近平总书记关于"绿水青山就是金山银山""保护生态环境就是保护生产力"等生态文明建设的思想和观点已广泛传播，已形成农村生态文明建设的重要文化资源，并深刻影响了广大基层干部和农民的生态环境观与生活行为习惯。总体上来看，实现农业农村现代化的绿色发展之路已形成共识，生态化生活方式在农村的认同度逐步提高，并表现在生产和生活行为方式中，如主动参与厕所改造，滥用农药、随意焚烧秸秆等行为越来越少，农村生态文化建设初见成效。

五、组织振兴是保障条件

组织振兴是乡村振兴的重要保障，以组织振兴推动乡村人才振兴，切实为乡村振兴提供组织保证和人才支撑。建设一支政治素质好、发展潜力大、服务群众能力强的带头人干部队伍，是解决农村人才缺乏、村级组织后继乏人等突出问题的关键之策，是进一步增强基层组织活力的有效之举。基层党组织在加强带头人队伍建设上，要特别注重后备干部的选拔、教育培养、动态管理和选用等环节的工作，为实施好乡村振兴战略，必须要建设一支"政治上靠得住、工作上有本事、作风上过得硬、人民群众信得过"的带头人干部队伍。以组织振兴引领人才振兴有以下三个途径：

（1）选优配强村级班子，加强基层党组织书记的培养选拔、教育培训选优。配强农村基层党组织书记，大力培养一批能带富、善治理的村级组织带头人，做好观念革命、发展方式革命、作风革命"三个大考"，推动农村带头人队伍整体优化提升，打造一支经得起事业考验、能得到老百姓信赖、让组织放心的农村干部队伍。

（2）精准选派驻村干部。切实抓好新一轮驻村干部和第一书记"轮战"工作，把精兵强将选出来、派下去，把优秀干部留下来、用起来，强化同步小康驻村第一书记和队员的管理。强化党员队伍建设，持续开展后进村党组织整治提升工作，提升党员发展质量，着力培养一批党员致富带头人。提升乡村治理能力，探索新型农村基层治理模式，全面推广"三变"改革、"塘约经验""党社联建"和"十户一体"抱团发展模式，大力发展村集体经济，全面提升村级治理水平。

（3）培育"三农"工作队伍。加强农村实用技术人才、经营人才、管理人才培养力度，建立健全农村基层干部激励保障机制，形成人才向农村基层一线流动的用人导向，加大基层小微权力腐败惩处力度，为推进乡村振兴营造良好政治生态。

任务三　农村经济建设

一、农村经济概述

1. 农村经济的概念

农村经济是指农村中的各项经济活动及由此产生的经济关系，包括农业、农村工业和手工业、交通运输业、商业、信贷、生产和生活服务等部门经济。

农村经济结构是农村中各主要经济成分或要素的构成情况及其相互关系,即农村区域中农、林、牧、副、渔、工、商、交通、建筑、金融、文教及各项服务行业的构成情况与其相互关系。其包括以下几项。

(1) 生产结构,如农村中各生产部门的组成情况及其相互关系等。

(2) 经济组织结构,如所有制不同的经济组织的组成情况及其相互关系,所有制性质相同的经营形式不同的经济组织的组成情况及其相互关系等。

(3) 技术结构,如落后、中间和先进三类技术的组成情况及其相互关系,各类技术内部的组成情况及其相互关系等。

(4) 流通结构,如不同所有制流通渠道的组成及其相互关系,不同流通方式的组成情况及其相互关系等。

(5) 分配结构,如产品在农村社会和生产单位之间的分配的组成情况及其相互关系,在同一生产单位内部,各成员之间分配的组成情况及其相互关系等。

(6) 消费结构,如衣、食、住、行、文化、教育、卫生等项支出的组成情况及其相互关系,消费品中自给部分和购入部分的组成情况及其相互关系等。

2. 农村经济的特点

(1) 农村生产资料以公有制为主体,管理的目的则是获取最大的经济效益、社会效益和生态效益。

(2) 农村经济的范围是处在农村地域范围内的农、工、商、运、建、服等部门。

3. 农村经济发展的重要性

(1) 农业经济发展是人口大国的必然选择。中国有超过14亿人口,吃、穿、住、行与人们的生活息息相关。城乡一体化工作开展后,实现了农民向市民转变。没有了"农民"这个名词并不意味着城市能容纳所有的流入人口。流入人口的急速增长增加了城市就业压力、教育资源压力,原本压力就大的城市需要承受更大的压力。

城市的生活压力远比农村大,城市的生活节奏远比农村快,城市的生活成本远比农村高,农民向市民的转变不意味着经济收入的提高。征地后失去土地的农民有了市民的待遇,同时,也需要承受市民的压力。文化程度不高的农民容易造成摩擦性或结构性失业。农村打架斗殴时有发生,生存环境令人担忧。合理的人员流动能促进市场经济的发展和社会的稳定。

①农业经济发展促进市场经济的发展。农业经济发展不仅能促进市场经济发展,还能促进二三产业发展。农业经济属于第一产业。最近受关注的经济作物备受人们青睐,经过检疫检验合格后的经济作物远销海内外。近几年,开发的农家乐更是给市场经济增添新的活力,农业经济发展实现了"脱贫致富"项目,传统农业产品销售只能通过政府采购,脱贫致富之后,村里修建了出村的公路,架设了电网,搭建了电商平台,增设了技术支持站。在政府的帮扶下,农业实现了多元化发展,市场实现了多种经济体制共存。

②农业经济发展促进社会的稳定。农业经济发展不仅能提高农村人口文化程度,还能促进社会稳定。农业经济发展关键在人。农村人口大部分文化程度较低,收入不稳定

且经济收入不高。农村治安问题一直是受关注的问题。农村经济的繁荣可以解决农民选择外出务工后农村土地荒废、劳动力缺少的问题。

农业经济发展实现了"惠农"项目。合理的人员流动促进社会稳定。近年,国家实行惠农政策,在资金方面给予了农村发展支持,在技术方面给予了农民技术支持,农民的发展得到了有力的保障。只有农民收入稳定了、经济收入提高了、素质提高了,农村治安问题才得到妥善解决。

(2) 农业经济发展是教育发展的必然选择。

①知识是人类进步的阶梯。农村教育资源不够、质量不高是农村教育工作者一直考虑的问题,教育资源匮乏、基础设施不完善是一直困扰农村教育工作者的难题。大学生面临找工作的压力。农村经济发展不仅能吸引大学生到最需要人才的地方去,而且能缓解大学生就业压力。古语云:"人才强国、科教兴国。"农村教育工作者只有把好经济发展的脉络,才能留得住人才。

②农业经济发展促进农村教育质量的提高。农村教育基础差、底子薄,人员素质普遍不高。农业经济发展不仅能缓解城市压力,还能提高农村教育质量。

③农业经济发展实现了"引进来、走出去"项目。农业经济发展能够使更多的孩子接受义务教育和高等教育。教育从娃娃抓起,从根本上解决农村教育差、底子薄的问题,提高教育质量,促进教育发展。

④农业经济发展促进农村儿童健康成长。农村经济条件差,没有足够的资金保障儿童的饮食环境和饮食条件。农业经济发展能促进农村经济发展,提高饮食条件,改善饮食环境,使更多的儿童吃上和城市儿童一样经过检疫检验合格的、营养的、卫生的、健康的一日三餐。

(3) 农业经济发展是居民健康发展的必然选择。

①吃得好不好、吃得健不健康等直接关系到居民的身体健康。中医强调"民以食为天,药补不如食补",食物中蕴含着各种人体需要的营养物质。居民在健康方面不注意,缺少营养均衡的意识,不能做到合理膳食。农业经济发展不仅能改善居民健康状况,而且能降低疾病发生的概率。

②农业经济发展促进居民合理膳食。农业经济发展不仅能促进市场经济发展,还能改善居民健康状况。农村人口大部分收入不稳定且收入不高,每年的收入仅够维持生计,一日三餐难以得到稳定保证。农业经济发展不仅能提高农民收入,还能降低物价。

③农业经济发展实现了"扶贫"项目,能够增加农民收入,使农村人口每人都能保证一日三餐,提高农民身体素质,促进居民合理膳食。只有增加农民收入,保证合理膳食,才能提高农民身体素质,实现改善居民健康状况的目标。

④农业经济发展促进居民营养均衡。农业经济发展不仅能促进市场经济发展,还能促进居民营养均衡。大部分农村人口饮食结构不合理,没有做到荤素搭配,缺乏专业的营养师指导。农业发展实现了"中国好谷物"项目,能够实现居民营养均衡,做到荤素搭配,指导居民饮食结构合理,降低疾病发生的概率。

二、实施乡村振兴战略发展家庭承包经营

家庭承包经营是中国农村土地的一种使用制度。始于20世纪70年代末的中国改革是从农村开始的,而农村改革是从实行家庭承包经营开始的。改革开放以来,我国农村发生了历史性的变化,取得了举世瞩目的成就:农村生产力高速发展,农业总产值和主要农副产品产量高速增长;农业结构、农村产业结构不断得到调整和优化,由此也带来了整个社会产业结构的调整和优化;农民收入迅速增长,生活水平不断提高。这些变化和成就的取得原因是多方面的。

在新的历史时期,我国的农业普遍实行家庭经营的形式,除生产力的发展水平是构成家庭承包经营的原始动因外,农业实行家庭承包经营的决定因素还有以下两个:

(1)农村实行家庭承包经营制是农业生产的特点所决定的。农业生产是"露天工厂",也是经济再生产和自然再生产的交错结合。农作物生长的季节性、周期性和生产过程的有序性决定了农业生产要按季节束缚的生长过程依次进行各种作业。农业生产的自然再生产和经济再生产的统一性,农业劳动过程中显著的季节性和突击性,与家庭经营具有很大的共通性;农业生产的工具从手工工具到现代化机器几乎都由个人操作,这与农业家庭经营的普遍存在是直接相关的。农业自然环境的复杂多变性和不可控性决定了农业的经济管理决策要因时、因地、因条件制宜,要有灵活性、及时性和具体性。这只有将决策权分散到直接生产者才有可能实现,也只有这样才能使生产者最有权威,做出切合实际的决策。

(2)农业劳动一般不形成中间产品,劳动者在生产过程各环节的劳动支出状况,只能在最终产品上集中表现出来,这决定了农业分配组织的规模不能超出由利益一致的劳动者构成的范围。以家庭作为生产、分配组织,适应了农业的特殊要求。家庭的生产和消费具有同一性,家庭成员的利益一致,动力机制健全,以血缘为纽带的家庭具有持久的稳定性,家庭成员之间可以实现合理分工。实行家庭经营,家庭劳动者及其全体成员需进行合理分工,使时间和劳动力的充分利用都能达到最佳水平;决策和生产的统一使劳动者的经营自主权得到充分肯定,而家庭内部"有福同享,有祸同当"的利益关系也使得家庭经营有较好的整体协调性。大规模的经济组织则无法具备家庭经营这些得天独厚的条件。

家庭承包经营是农业现代化的重要条件。家庭承包经营较之单纯的集中统一经营虽然经营规模小了,但距离现代化的目标反而越来越近了。由于生产的发展和产业结构的调整,部分农民离土、离乡,另一部分农民就能够扩大土地经营面积,在农民收入增长的基础上,使发展农业机械化生产真正成了可能。机械化的采用,科学技术的推广,必须以一定的物质条件为基础,而且当它们的推广应用真正能给农民带来好处,农民有要求时,它们才能真正被推广应用;否则,农民宁愿实行以人力、畜力为主的劳动工具和坚持经验型经营。

家庭承包经营使农民逐步走上了富裕之路,这为农业现代化的发展准备了必要的

物质条件，而且提出了使用机械和推广科学技术的要求。家庭承包经营与农业专业化实质上是一致的。改革开放以来，随着家庭承包经营的发展，不少地方已经从"家家粮油棉，户户小而全"的结构向着"小而专"的方向发展，其中有不少农户还成了专业户，有的地方形成了"一村一品"甚至于"一乡一品"。即使是种植粮、油、棉等品种较多的农户，也有不少农户的经营规模扩大了，而且在全国有不少地方已经在很多经营环节上逐步实现了规模经营，如机耕、治虫、收割等。

现在，到了麦收季节，跨地区的机械收割已经形成了农业现代化的一道风景线。多种形式的规模经营为农业专业化提供了逐步发展的条件，而且这些形式易于为农民所接受。实践证明，小规模的家庭承包经营只要同社会化的专业分工结合起来，就可以成为社会化大生产的一个重要组成部分。多层次、多形式的专业化生产是提高我国农村生产力的中坚力量，家庭承包经营是建立和巩固专业化生产的一个重要环节。实现农业专业化过程，要求在一个较长的阶段稳定和完善家庭承包经营的形式。

三、实施乡村振兴战略发展农村集体经济

1. 农村集体经济组织的概念

农村集体经济是指以农村居住群体作为代表，由区域基层群体在社会中组织或构成的农村社会性活动。这种社会行为属于我国社会在公有制度应用的背景下，在自然社会环境中，由区域农户自主联合，将属于个人产权的社会资源（包括土地资源、房产资源、畜牧资源、农种资源等），投入社会构成的集体组织内，由集体农业构成或组织经营的大型社会经济活动。第三届农村经济代表会议中提出：要发展我国社会经济，应从农村集体经济组织入手，农村集体经济不仅关系到社会经济发展的稳定性，也关系到全面建设小康社会脚步的推进。

中共中央办公厅、国务院办公厅《关于加强和改进乡村治理的指导意见》从健全和完善乡村治理体制的角度指出，农村集体经济组织治理属于乡村治理中的重要环节，亟须在加强和改进乡村治理的宏观框架内进行整体提升与完善。

作为农业合作化运动时期出现并延续至今的一种集体组织形式，村集体经济组织在集体产权制度改革后因发展的规模化、产业化和现代化也具有了新的内涵。

村集体经济组织是建立在集体所有制基础上，以自愿和服务为原则，成员以劳动、资金、技术、生产资料等入股，享受成员权益和分享集体收益的合作性经济组织，并构建起了包括村民代表大会、理事会和监事会在内的法人治理结构，主要表现为合作经济组织、股份合作制和企业法人三种组织模式。实现乡村振兴的目标必须要重视集体经济的发展，而关键和保障则在于集体经济组织的经营与治理。

2. 农村集体经济组织的发展方向

（1）坚持以农民的利益为核心。在对农村集体经济组织结构创新的过程中，要坚持以农民的利益为核心，尊重农民的心声与民意，让农民自主选择，并在其中发挥引导与示范的作用，避免出现强迫、一刀切的行为，要以当地实际情况与资源优势为重点，在

让农民充分表达自己意愿与想法的基础上，制定适合自身情况的新型农村集体经济组织结构。

①传统农业村镇要将工作重心集中在农业发展上。传统农业村镇要灵活发挥自身的优势与特长，以生态农业、特色农产品种植为途径，发展并创新农村集体经济，并以此为基础对电子商务与农村物流领域进行延伸与拓展，打造供应链，提升农产品的经济效益与附加值。

②充分利用自身地理位置与交通便利的优势，以合作经营与组织劳务公司等方式，进一步推动农村集体经济组织结构创新。

③生态资源占据优势的村镇要把握生态资源优势。对生态与环境优势较为突出的村镇，通过打造绿色养老基地、天然民俗、休闲观光景区等方式，发展与农业相关的旅游、养老与生态产业，进一步丰富农村集体经济组织结构创新内容。

（2）发挥优势产业。

①根据农村供给侧结构性改革对种植、养殖产业进行引导。在社会经济水平不断提升的背景下，民众生活条件不断提高，对中、高端农产品的需求也在持续提高，同时，也暴露出我国农业在此方面供给不足，而低端农产品供给过剩的问题。

因此，县级单元要从农业供给侧结构性改革为入手点，对农产品的种植与养殖结构进行调整，指导新型农村集体经济组织结构创新发展，使乡镇与行政村充分发挥自身的资源优势，对种植与养殖结构进行重新规划。同时，需要做好相关的调研工作，进一步实现信息互联，提高信息共享率，避免盲目模仿他人、产业雷同化、产品滞销、同质化竞争等问题造成的经济损失。

②落实农村电商服务发展。在新形势背景下，在发展并创新农村集体经济组织结构的过程中，势必要利用网络信息技术的优势，在"互联网＋"模式下探索全新的发展模式，带动农村农产品新产业，实现产供销一体化发展路线。因此，要加大力度指导新型农村集体经济与网络技术的融合发展。

第一，在农村建立完善的电商与配送综合服务网络体系，在农村集体经济组织结构创新发展的过程中提供线上支持与电商业务发展保障。

第二，大力支持并帮助农业经营主体在网络上开展售卖，并有针对性、有目标地对农民合作社提供免费的网络技术培训，大力鼓励并扶持农民了解并应用电子商务平台进行农产品销售。

第三，建立包含农资、农产品价格、工序等信息一体化的综合性服务平台，打造具备网络特色的品牌，拓展农产品与特色产品的网络销售规模。

第四，出台相关的政策用于鼓励农村数字经济建设与发展，进一步推广创意农业、认养农业、观光农业的全新的业态发展，为农村集体经济组织结构创新发展进一步拓展发展空间。

③进一步规划农民专业合作社发展。在激烈的市场竞争环境下，传统分散式的经营方式已经难以适应当前农业的发展需求，需要依托集体经济结构结合分散的农户，结合当地的特色实施订单制、合同制的创新发展路线，进一步提高本地农业的竞争力，为当

地农户带来更多的效益。当前农村集体经济多见合作社与农户结合的运行模式,但从当前运行情况来看,有些地区的农民专业合作社发展存在目标不清晰、缺乏规划与秩序的现象。虽然注册数量多,但是真正运营经营的数量并不多,形成的高品质品牌并不多,缺乏专业人才。

因此,要针对县级层面制订相关的发展规划,进一步规范农民专业合作社的要求,对乡镇注册数量提出具体的限制,从而明确发展方向,实现良性竞争循环。

扩展阅读

劳动教育与农村经济发展

在我国社会主义教育事业中,劳动教育是其中最为重要的组成内容之一,通过劳动可以使学生体会到劳动的价值,明确如何通过劳动来创造价值,有效提高人才培养工作的成效。同时,劳动教育也有利于培养学生的劳动技能,使他们形成良好的劳动意识,促使学生在劳动的过程中提高综合认知、强化实践能力,进而使学生更加符合当前社会发展与建设的需要,成长为全新类型人才。而这种人才培养模式正符合我国当前农村经济发展阶段对于全新类型人才的要求,所以,劳动教育与农村经济发展之间便产生了一定的关联性,主要表现在以下几个方面。

1. 劳动教育可以为农村经济发展提供人才供应

在农村经济发展过程中,人才在其中起到至关重要的作用,人才质量的优劣也在一定程度上决定了农村经济发展的水平。通过劳动教育可以有效提高学生的劳动技能,增强学生的劳动意识,使学生能够积极加入劳动中。

此项教学措施充分迎合了当前农村经济发展过程中对于人才的迫切需求,通过劳动教育为农村的经济发展提供人才供应,助力完善农村经济发展阶段的人才结构,从而使我国农村经济发展拥有更为丰厚的理论支撑。所以,需要充分重视劳动教育,在教育工作中科学开展劳动教育各项教学规划,以科学的教学规划推进劳动教育开展,从而满足农村经济发展阶段对于高素质人才的迫切需求,全面助推农村经济的蓬勃发展。

2. 劳动教育可以为农村经济发展营造良好的客观环境

在现阶段的教育事业中,劳动教育在其中占有极大的比重,同时,也具有极为重要的地位与作用。劳动教育可以强化学生的综合能力,帮助学生锻炼热爱劳动的精神及坚韧不拔的毅力,而这也成为学生能力发展的技术前提。因此,通过劳动教育可以使学生强化对于农村经济发展的思想认知,端正对待劳动的态度,从而使学生能够充分重视起劳动,并且愿意加入劳动中,而这对于农村经济的发展可以起到良好的助推效果。而学生群体对劳动的愈发重视,则可以营造良好的环境氛围,进而在学生群体加入社会工作阶段在社会范围之内形成良好的劳动风气,改善社会对于劳动的看法。这对于农村农业劳动的发展可以起到良好的助推效果,为农村经济的建设与发展营造良好的社会环境,在全社会掀起一阵热爱劳动、参与劳动的热潮，进而全面助力农村经济建设与发展取得良好的成效，促使我国乡村振兴战略的贯彻落实。

总之，通过以上措施能够令学生形成正确的劳动态度，形成吃苦耐劳的精神，在毕业之后积极加入农业劳动生产中，进而为我国农村经济水平的持续性提升奠定基础，充分发挥学生自身的科学文化知识，使学生能够将自身所学的理论知识付诸实践，进而以坚韧不拔的毅力完成各项农业劳动，促进农村经济发展的创新，全面助推农村经济实现高水平发展。因此，劳动教育可以为农业经济发展营造起良好的客观环境，助推我国农村经济实现稳定且高效地发展。

3. 劳动教育可以强化学生农业劳动的思想认知

劳动教育也可以强化学生农业劳动的思想认知，使学生在劳动实践的过程中形成相应的劳动技能，增强学生能力，确保学生健康的成长。在实际劳动教育的过程中，教师在劳动教育阶段也需要穿插农村劳动的内容，从而使学生能够充分明确农村地区如何通过农业劳动创造经济价值，实现农业劳动与经济价值之间的有效转化，从而令学生端正思想状态，并且能够积极投身到农村农业劳动中，而这便可以为我国农村经济的高水平发展提供源源不断的高素质人才。学生在参与农村农业劳动阶段，可以应用自身所学习的科学文化知识助力农业发展的创新，从而有效提高农村经济发展的建设效率。

● 耕读实践

古村落考察

一、实践目的

开展古村落考察活动有利于进一步了解我市古村落保护与利用的现状，促进文旅融合，为乡村振兴建言献策。

二、实践内容

古村落中蕴藏着丰富的历史信息和文化景观，是中国农耕文明留下的最大遗产。

古村落保留了较多的历史元素，以突出其文明价值及传承的意义，即建筑环境、建筑风貌、村落选址未有大的变动，具有独特民俗民风。古村落虽经历久远年代，但至今仍在为人们服务。

传统村落是和物质与非物质文化遗产大不相同的另一类遗产，是一种生活生产中的遗产，同时，又饱含着传统的生产和生活。

三、实践步骤

（1）提前了解古村落的历史文化、风土人情、地理环境等。

（2）统一组织出发。以班集体为单位，组团统一前往。每个班有跟团教师1人及全体同学参加。

（3）现场参观。参观祠堂，对相关古建筑修缮情况进行详细考察。

（4）沟通访谈。通过与本地居民交流，了解古村落的历史文化、风土人情、地理环境、传统民俗等。

（5）活动交流。在实地考察参观过程中，围绕"如何合理开发和保护古村落""如何让古村落可持续发展""如何以文旅融合促进乡村振兴"等课题进行深入探讨。

（6）课后反馈。参观的学生将自己的所见、所闻、所感写成一篇心得体会或感想，不少于500字，并在任课教师指导下制作PPT，在班级分享汇报。

（7）集中交流。全体同学分成小组进行课堂讨论，回顾问题：传统村落被认为是农耕文明村落民居的"活化石"，但由于大多都集中在交通不便、经济落后的地区，得不到有效保护，面临着数量锐减、毁坏严重、污染威胁等问题。文明该如何保护传统村落，使其重新焕发生机？在活动过程中，给你留下深刻印象的是什么？你最大的收获是什么？

四、实践评价

劳动内容：			
	序号	课程评价标准	得分
自我评价	1	讲卫生，勤洗手、勤剪指甲，保持衣服干净整洁；公共场所不乱丢垃圾、果皮纸屑，不随地吐痰，不乱涂乱画（10分）	
	2	上课前做好充分的预习准备，通过各种渠道了解相关的主题内容，仔细阅读背景材料（10分）	
	3	课堂上积极参与小组活动，根据小组的活动要求，制订方案，完成自己的工作（10分）	
	4	积极主动完成教师布置的任务，项目实践操作合乎任务要求（10分）	
	5	根据课程内容举一反三，运用本节课学习的知识为自己和他人的生活服务（10分）	
	6	乐于助人，帮助团队成员，言行举止使团队能很好地合作（10分）	
	7	遵守劳动安全规定和操作要求（10分）	
	8	劳动有创新（10分）	

续表

	序号	课程评价标准	
教师评价	1	学生顺利完成任务，遵守纪律，认真听讲，及时记录课堂笔记（10分）	
	2	学生积极参与劳动实践活动，理解活动意义，学会爱惜道具用品（10分）	
劳动感悟			
教师评价			

填写人： 日期：

耕读小结

通过多种形式的创新创业教育，激发新型职业农民进行乡村振兴的内源动力，增强新型职业农民实现社会建设和经济发展的内生动力，最终实现农村美、农业强、农民富的乡村振兴战略目标。本项目主要介绍中国乡村振兴概述、乡村振兴的内涵、农村经济建设。

耕读思考

1. 中国乡村振兴的特色有哪些？
2. 中国乡村振兴要如何实现五大振兴？
3. 简述农村经济的概念及特点。
4. 如何实施乡村振兴战略发展家庭承包经营？
5. 如何实施乡村振兴战略发展农村集体经济？

附录

耕读教育

身体健康，人格健全，知识广博，生活高雅

耕读是什么？

耕读是一种理念。理念正确，言行才会正确，选择、判断才会正确，才会少做傻事，少走弯路。一个人少走弯路，就是接近成功。

耕读是一种态度。大学生可以水平不高，但是不能态度不好。自信阳光、谦虚好学、与人为善就是大学生应有的态度。耕读学子要做"三心二意"的人："三心"即自信心、责任心、上进心；"二意"即一是诚意，对领导忠诚，对同事真诚。二是善意，遇到问题，要从自身找原因。态度好，才会有机会，才会被喜欢、被支持、被关注。

耕读是一种习惯。每天"四个一"、每周"四个一"，这是坚持的习惯；两个时时刻刻是好学上进的习惯。优秀就是一种习惯。改变习惯、坚持习惯，是年轻人自我修炼的重要方式。

耕读是一种品质。内强素质，外塑形象。耕读要成为大家优秀的品质，是大家为人处世的方式，是大家穿衣打扮的风格，是大家灿烂的笑容和上进的脚步。每一位耕读学子都应当是彬彬有礼、落落大方的。

耕读是一种情怀，一种浪漫情怀。人生不如意的事情常有八九，难免会纠结迷茫、坎坷挫折。要抱怨总找得到借口，要快乐也找得到办法。耕读学生应当少一些指责、少一些抱怨、少一些计较，要有本事把未来艰难的日子过得幸福快乐。

耕读教育理念

仁之篇（以人为本，人性关怀）

【耕读教育】做五官端正的人：手不伸、腿不懒、耳不偏、嘴不馋、眼不花。做有心量的人：所负责工作的思想者、听得进不同意见、容得下比你更优秀的人、心里无私、公平公正、关心信任每个人。做有能力的人：思想与改革能力、协调沟通能力、敢

于担当能力、不断学习能力、身先士卒的能力、创造舒心工作环境的能力、具有旺盛的精力。做有境界的人：有使命感和责任心、有大局观念、有奉献精神、懂宽容会谦让。

【耕读教育】学习要加，骄傲要减，机会要乘，懒惰要除。

【耕读教育】为人也是妥协的艺术，妥协不是懦弱，而是宽容、谦让。

【耕读教育】年轻人什么都可以没有，但不能没有梦想。

【耕读教育】励志理念：要无条件自信，即使在做错的时候；不要想太多，定时清除消极思想；学会忘记痛苦，为阳光记忆腾出空间；敢于尝试，敢于丢脸；每天都是新的，烦恼痛苦不过夜；面对别人的优秀时，发自内心地赞美；做人最高境界不是一味低调，也不是一味张扬，而是不卑不亢。

【耕读教育】拉开人与人之间距离的，往往不是智商，而是这10个字：自律、高效、阅读、认真、坚持。

【耕读教育】自处超然，处事蔼然，有事斩然，无事澄然，得意淡然，失意泰然。

【耕读教育】静坐常思己过，闲谈莫论人非。

【耕读教育】有个年轻人崇拜一位作家，高中毕业的时候给这位作家写了一封长信，倾诉人生困惑，作家给他回了信。信里其实只写了一句话，诚恳而不客气："你的问题主要在于读书不多而想得太多。"

【耕读教育】长得漂亮是优势，活得漂亮才是本事。爱自己最好的方式就是成就自己。

【耕读教育】生活总是这样，不能叫人处处都满意。但我们还要热情地活下去。人活一生，值得爱的东西很多，不要因为一个不满意，就灰心。

【耕读教育】能走多久，靠的不是双脚，是志向，鸿鹄志在苍宇，燕雀心系檐下；能登多高，靠的不是身躯，是意志，强者遇挫越勇，弱者逢败弥伤；能做什么，靠的不是双手，是智慧，勤劳砥砺品性，思想创造未来；能看多远，靠的不是双眼，是胸怀，你装得下世界，世界就会容得下你！

【耕读教育】好人多自苦中来，莫图便宜；凡事皆缘忙里错，且更从容。

【耕读教育】人生没有白走的路，人生没有白读的书，你读过的书，走过的路，会在不知不觉中改变你的认知，悄悄帮你擦去脸上的无知和肤浅。书便宜，但不意味知识的廉价，虽然读书不一定能让你功成名就，不一定能让你锦绣前程，但它能让你说话有德，做事有余，出言有尺，嬉闹有度！读书，是最低门槛的高贵。

【耕读教育】人生无奈：上有老不能常伴左右，下有小无力伴其成长，中有伴无心好言三局，外有友不能一醉方休，人生总有无奈，我与岁月一样言不由衷，岁月与我一样说来话长！

【耕读教育】老子警告我们："不知常，妄作，凶。"我们应该知道自然规律，根据它们来指导个人行动。老子把这叫作"袭明"。人"袭明"的通则是，想要得些东西，就要从其反面开始；想要保持什么东西。就要在其中容纳一些与它相反的东西。谁若想变强，就必须从感到他弱开始。

【耕读教育】在繁华中自律，在落魄中自愈。谋生的路上不抛弃良知，谋爱的路上

不放弃尊严。

【耕读教育】人间不会有单纯的快乐，快乐总夹杂着烦恼和忧患。

【耕读教育】灵魂深处有净土，思想背后有初心。

【耕读教育】一回相见一回老，难得几时为弟兄。

【耕读教育】不完美才是人生。

【耕读教育】不要因为你自己没有胃口而去责备你的食物。以责人之心责己，以恕己之心恕人。

【耕读教育】什么样的观念，产生什么样的行为，有什么样的行为就形成什么样的习惯，有什么样的习惯就会塑造什么样的性格，有什么样的性格就会决定什么样的命运。

【耕读教育】我从来没有后悔对任何人好，哪怕看错人，哪怕被辜负，哪怕撞南墙，因为我对你好，不代表你有多好，只是因为我很好，不负光阴，不负自己，不负所爱，不负被爱，世界五颜六色，我自温暖纯良。

【耕读教育】人生就是这样：和漂亮的人在一起，会越来越美；和阳光的人在一起，心里就不会晦暗；和快乐的人在一起，嘴角就常带微笑；和聪明的人在一起，做事就机敏；和大方的人在一起，处事就不小气；和睿智的人在一起，遇事就不迷茫。借人之智，成就自己；学最好的别人，做最好的自己！

【耕读教育】一个人最好的状态就是，眼里写满了故事，脸上却不见风霜。不羡慕谁，不嘲笑谁。有故事，不世故。世事洞明皆学问，人情练达即文章。做事要顾人，艺术当从己。做人要正，做事要奇。温良有趣，惟精惟一。为人处世贵良知，不可损人利己。

【耕读教育】穷时骨气不能丢，富时良心不能无；易时陷阱要提防，难时信念要坚强；成时谦虚要保留，败时勇气要坚守。

【耕读教育】人生陷入困境有三个"不明"：一是不明事，无法发现事情背后的真相；二是不明人，不明白别人言行背后的动机；三是不明己，陷入各种情绪和欲望轮回。

【耕读教育】相遇于读，相勉于耕，相惜于志，相敬于德；相亲以爱，相待以礼，相逢一笑成知己。晴耕雨读，陶养心灵，圣贤为伍，师友同行。

【耕读教育】传承中华传统文化应倡导对精神高峰的攀登、服膺真理的至诚，提高整个民族的认识能力、学习能力和自我完善能力，避免浮躁、肤浅、极端，不能任凭旁观起哄乃至幸灾乐祸成为舆论风气、网络风气。全社会应从系统上、根源上解决文化中的"劣币驱逐良币"问题。

【耕读教育】心存希望，幸福就会降临；心存梦想，机遇就会笼罩你；心存坚持，快乐就会常伴你；心存真诚，平安就会跟随你；心存善念，阳光就会照耀你；心存美丽，温暖就会围绕你；心存大爱，崇高就会追随你；心存他人，真情就会回报你；心存感恩，贵人就会青睐你。

【耕读教育】从生到死有多远，呼吸之间；从迷到悟有多远，一念之间；从爱到恨有多远，无常之间；从古到今有多远，谈笑之间；从你到我有多远，善解之间；从心到心有多远，天地之间；当欢场变成荒台，当新欢笑着旧爱，当记忆飘落尘埃，当一切是不可得的空白，人生，是多么无常的醒来。

【耕读教育】爱占便宜的人，定是占不了便宜，赢了微利，却失了大贵。再好的东西也不可能长久拥有，莫如常怀怜悯之情，常施援助之爱，得到人心，他物不缺。别以为成败无因，今天的苦果，是昨天的伏笔；当下的付出，是明日的花开。

【耕读教育】"神于天，圣于地"是中国人的人格理想：既有一片理想主义的天空，又有脚踏实地的能力。

【耕读教育】关爱别人就是仁慈；了解别人就是智慧。

【耕读教育】仁者不忧，智者不惑，勇者不惧，内心的强大可以化解生命中的很多遗憾。

【耕读教育】看别人不顺眼，首先是自己修养不够。大肚能容，了却人间多少事。

【耕读教育】一个人内心有所约制，就会在行为上减少过失；能够反省自己的错误并且勇于改正，就是儒者所倡导的真正的勇敢。

【耕读教育】小胜凭智，大胜靠德。财散人聚，财聚人散。

【耕读教育】听不到奉承的人是一种幸运，听不到批评的人却是一种危险。

【耕读教育】给别人留余地就是给自己留余地，予人方便就是予己方便，善待别人就是善待自己。

【耕读教育】这世上有两样东西是别人抢不走的：一是藏在心中的梦想，二是读进大脑的书。

【耕读教育】聪明的人看得懂，精明的人看得准，高明的人看得远。

【耕读教育】再烦，也别忘微笑；再急，也要注意语气；再苦，也别忘坚持；再累，也要爱自己。

【耕读教育】低调做人，你会一次比一次稳健；高调做事，你会一次比一次优秀。

【耕读教育】泪水和汗水的化学成分相似，但前者只能为你换来同情，后者却可以为你赢得成功。

【耕读教育】变老是人生的必修课，变成熟是选修课。

【耕读教育】以锻炼为本，学会健康；以修进为本，学会求知；以进德为本，学会做人；以适应为本，学会生存。

【耕读教育】人生四项基本原则：懂得选择，学会放弃，耐得住寂寞，经得起诱惑。

【耕读教育】人生有几件绝对不能失去的东西：自制的力量，冷静的头脑，希望和信心。

【耕读教育】对上以敬，对下以慈，对人以和，对事以真。

【耕读教育】要摒弃"三贪"：贪恋安逸，贪慕虚荣，贪图钱财。

【耕读教育】未来的世界是：方向比努力重要，能力比知识重要，健康比成绩重要，生活比文凭重要，情商比智商重要，态度比水平重要！

【耕读教育】一个有爱心的人，必生和气，有和气的人，必生余色，有余色的人，

必生婉容。

【耕读教育】互联网时代，知识很容易就能学来，检索就行了。但人的能力是练出来的，人的胸怀、人的境界、人的德行是修出来的。

【耕读教育】要做大事就记住：与时消息，与时偕行，与时俱进。

【耕读教育】君子不贰过，不迁怒。

义之篇（公平正义，坚守原则）

【耕读教育】经常反省自己，查找不足，努力改进，"则智明而行无过矣"。我们的眼睛看外界太多，看心灵太少。

【耕读教育】多思、多想、多听、多看、谨言、慎行，这么做的好处就是让自己的少一点后悔。在做一件事前要先想后果，要先往远处想想，谨慎再谨慎，避免对他人的伤害，减少自己之后的悔恨。说话要用脑子，做事要考虑后果，这是为人处事很重要的一点。

【耕读教育】永远别渴望做个任何人都不得罪的人，有人反对有人支持然后自己做出决定是精彩的人生。

【耕读教育】好领导首先是一个好人，好人不一定是好领导。

【耕读教育】要本着平等和理性的态度去尊重每一个人，彼此之间留一点分寸，有一点余地。花未全开，月未圆。

【耕读教育】人生十鉴：大喜易失言，大怒易失礼，大哀易失颜，大乐易失察，大惊易失态，大惧易失节，大思易失爱，大醉易失德，大话易失信，大欲易失命。

【耕读教育】热闹中著一冷眼，便省许多苦心思；冷落处存一热心，便得许多真趣味。

【耕读教育】风雨定律：爱情经得起风雨，却经不起平淡；友情经得起平淡，却经不起风雨！

【耕读教育】我们都是孤独的行路人，与星辰作伴，与虫鸟相依，只有凭借自己的力量走过一段又一段漆黑的路，度过一段又一段连自己都会被感动的日子，才会拥有柳暗花明的豁达与乐观。孤独是人生的常态。

【耕读教育】脾气人人有，发出来是本能，压下去才是本事。世间最可恶的事，莫如一张生气的脸。待人和颜悦色，不仅是一种美德，更是一个人最大的教养。

【耕读教育】发现快乐，你的生活就多一些亮色；学会共赢，你的工作会少一些争执；懂得感恩，你的世界便多几分温柔；守住原则，你的人生将少几分迷茫。良好的思维习惯，会让你赢得更多的机会，遇见更好的自己。从现在开始改变思维方式，你将拥有更大的人生格局。

【耕读教育】人这一辈子，要经得起谎言，受得了敷衍，忍得住欺骗，忘得了诺言。坚持未必是胜利，放弃未必是认输，与其华丽撞墙，不如优雅转身。给自己一个迂回的空间，学会思索，学会等待，学会调整。人生，有很多时候，需要的不仅仅是执着，更是回眸一笑的洒脱。

【耕读教育】纪伯伦说："悲伤在你心里刻画得愈深，你就能包容愈多的快乐。"只要你用心，你就会在生活中发现和找到快乐。痛苦往往是不请自来，而快乐和幸福往往需要人们去发现，去寻找。

【耕读教育】总有一天，你会发现，曾经想牢牢抓住的，慢慢地就放下了，曾经痛过的，慢慢伤口就结疤了，不是不痛了，也不是遗忘了，只是释怀了。岁月一声不响，带我们品尝过聚散离合的伤感，走过高高低低的沉浮，却分分秒秒不停留。当开始和结束，变成一种途径，不得不感叹时光的强大。有人说："与失去的时间相比，所有的失去都是一种赠与，无怨无悔。"

【耕读教育】习惯是一种顽强而巨大的力量，它可以主宰人生。改正坏习惯能让我们远离很多麻烦，养成好习惯可以让我们拥有更加健康、积极的人生。

【耕读教育】疯了，痛了，累了，笑了，哭了，走了。青春，一半明媚，一半忧伤。它总是一本忧伤而快乐的著作，而我们却读得太匆忙。不经意间，青春的书就悄然合上，我们要重新研读它时，却发现青春的字迹早已落满尘埃，模糊不清，含泪一声叹息，唉！

【耕读教育】诚然，成功需要很多因素，但一个人若不能让自己内心充满正能量，就很容易让自己放弃，那么，这样的人即使再聪明，也是很难有所成就的。如果你没有一颗充满正能量的心，你就不会充满激情地认真去做一件事情，这样，你做事往往心不在焉，不能全力以赴；这样，即使你再聪明，学历再高，也很难成功。而那些在本行业、本领域做出了杰出贡献的人，无一不是兢兢业业，一丝不苟，乐观向上，内心充满正能量的人。

【耕读教育】人生的路，总有几道沟坎；生活的味，总有几分苦涩。有些事，无能为力，就顺其自然；有些人，不能强求，就一笑了之；有些路，躲避不开，就义无反顾。没有阳光，学会享受风雨的清凉；没有鲜花，学会感受泥土的芬芳。想要的多了，是负累；奢望少了，会满意。微笑的眼睛，才能看见美丽的风景；简单的心境，才能拥有快乐的心情。

【耕读教育】心若没有方向，到哪都是流浪。心对了，世界就对了。别用自己的生命点燃他人眼中的光环。你没那么多观众，别那么累。成长比成功更重要。不畏将来，不念过去。行到水穷处，坐看云起时。听从内心的声音，立足当下，勿作结果想，心向过程中，专注于美好，尽人事听天命。

【耕读教育】人可以穷一点，但不能志短；人可以富一点，但不能臭显。人可以傻一点，但不能窝囊；人可以精一点，但不能阴险。人可以懒一点，但不能没承担；人可以善一点，但不能没底线。

【耕读教育】人生的路，深一脚，浅一脚，悲伤在路上，希望也在路上，疲惫在路上，欢喜也在路上。生命太短，岁月太长，活着，并快乐着，才是幸福所向。

【耕读教育】假若一个人对生活和人生的温度是 0 ℃以下，那么这个人的生活状态就会是冰，他的整个人生境界也就不过他双脚站的地方那么大；假若一个人对生活和人生抱平常的心态，那么他就是一掬常态下的水，他能奔流进大河、大海，但他永远离不开大地；假若一个人对生活和人生是100 ℃的炽热，那么他就会成为水蒸气，成为云朵，他将飞起来，他不仅拥有大地，还能拥有天空，他的世界和宇宙一样大。水的温度靠火的加温达到100 ℃，而人心灵的温度则靠正面的思考、乐观的心、亲友的关怀、温柔体贴的心、对这世界的好奇心、勤奋努力等来加温。

【耕读教育】正是劳动本身构成了你追求的幸福的主要因素，任何不是靠辛勤努力而获得的享受，很快就会变得枯燥无聊，索然无味。

【耕读教育】陋室空堂，当年笏满床；衰草枯杨，曾为歌舞场。蛛丝儿结满雕梁，绿纱今又糊在蓬窗上。说什么脂正浓，粉正香，如何两鬓又成霜？昨日黄土陇头送白骨，今宵红灯帐底卧鸳鸯。金满箱，银满箱，转眼乞丐人皆谤。正叹他人命不长，那知自己归来丧！训有方，保不定日后作强梁。择膏粱，谁承望流落在烟花巷！因嫌纱帽小，致使锁枷扛，昨怜破袄寒，今嫌紫蟒长。乱烘烘你方唱罢我登场，反认他乡是故乡。甚荒唐，到头来都是为他人作嫁衣裳！

【耕读教育】不要把期待都放在别人身上，因为别人没有义务要实现你的期待。对别人期待太高，本质上是对自身无能的逃避和推托。

【耕读教育】不可能的事别想，不可能的人别看，明知道不会有任何结果的事，你还深陷泥潭，那是你活该。

【耕读教育】跟爱的人在一起，沙漠也是天堂。

【耕读教育】尽量少为已经发生的事后悔，永远抬头挺胸向前看；人生有三把钥匙：接受、改变、离开。接受能够接受的，不能接受的就改变，不能改变的就离开。

【耕读教育】这个世界上最好的放生，就是放过自己，不要和往事过不去，因为它已经过去，不要和未来过不去，因为你还要过下去。

【耕读教育】无论当初是我诱惑了还是你迷惑了我，如果可以重来，我会和你保持距离，那样或许我还是那个我，其实我知道你并不爱我，或许是在你寂寞的时候遇到了我，你刚好孤独，我刚好天真，你从未入戏，我却赔了自己！

【耕读教育】成长与轮回：

3岁时：爸，我爱你。

10岁时：爸，随便啦。

16岁时：我真的很烦我爸。

18岁时：想要离开这个家。

25岁时：爸，你当时是对的。

30岁时：我想要去我爸家。

50岁时：我不想要失去爸妈。

70岁时：只要我爸妈还能在这，我愿意为了我爸妈放弃一切。

【耕读教育】出路在哪里？出路在于思路！高度决定视野，角度改变观念。世界上只有想不通的人，没有走不通的路。

【耕读教育】所有的挫折都是化了妆的祝福。挫折是人生一笔宝贵的财富，是我们

附　录

进步的阶梯。

【耕读教育】一条锁链，最脆弱的一环决定其强度；一只木桶，最短的一片决定其容量；一个人的素质，最差的一面决定其发展。

【耕读教育】要改变命运，先改变自己。一个人幸运的前提，其实是他有能力改变自己。

【耕读教育】游戏人生的人，终将被人生游戏。

【耕读教育】差一点，其实差很多。就差在细节与态度上。

【耕读教育】世上最难认识的人就是我们自己。我们的眼睛，看外界太多，看心灵太少。

【耕读教育】三分天注定，七分靠打拼，有梦就会"红"，爱拼才会赢。

【耕读教育】不是每一次努力都会有收获，但是，每一次收获都必须努力。

【耕读教育】世事喧闹，皆源于争。心胸开阔些，争不起来；得失看轻些，争不起来；目标降低些，争不起来；功利稍淡些，争不起来。欲望让人像伏在草丛深处的狮子，按捺不住蠢蠢欲动。权钱争到手了，幸福不见了；名声争到手了，快乐不见了；利益争到手了，心安不见了。英国诗人兰德曾说：我和谁都不争，和谁争我都不屑！

【耕读教育】把自己的欲望降到最低点，把自己的理性升华到最高点，就是圣人。

【耕读教育】恨别人，痛苦的却是自己。改变自己，是自救，影响别人，是救人。唯其尊重自己的人，才更勇于缩小自己。

【耕读教育】智者顺时而谋，愚者逆时而动。

【耕读教育】见己不是，万善之门。见人不是，诸恶之根。常常责备自己的人，往往能得到他人的谅解。

【耕读教育】心慈者，寿必长。心刻者，寿必促。

【耕读教育】天称其高者，以其无不覆；地称其广者，以其无不载；日月称其明者，以其无不照；江海称其大者，以其无不容。

【耕读教育】"危机"两个字，一个意味着危险，另外一个意味着机会，不要放弃任何一次努力。没有危机是最大的危机，满足现状是最大的陷阱。

【耕读教育】还能冲动，表示你还对生活有激情，总是冲动，表示你还不懂生活。

【耕读教育】成功的人大多不是赢在起点，而是赢在转折点。

【耕读教育】丑小鸭变成白天鹅，只要一双翅膀；灰姑娘变成美公主，只要一双水晶鞋。只要不把自己束缚在心灵的牢笼里，谁也束缚不了你去展翅高飞。

【耕读教育】忍受不了打击和挫折，承受不住忽视和平淡，就很难达到辉煌。

【耕读教育】莫为浮云遮望眼，风物长宜放眼量。告诉自己：我并没有失败，只是暂时没有成功！

【耕读教育】人是目的，不是手段。那些看似没有什么用的东西，往往是人生价值所在。

【耕读教育】幸福与美一样，其实生活中不是缺乏幸福，而是我们缺乏发现幸福、珍惜幸福、享受幸福、创造幸福的浪漫情怀。

【耕读教育】烦恼与痛苦源于我们看得太近，而又想得太多。

【耕读教育】闲居侍坐，即是功夫；洒扫应对，俱是学问。

礼之篇（恭敬尊重，礼仪文明）

【耕读教育】不做准备的人，就是准备失败的人。

【耕读教育】很多人没有智慧，就是当动不动，当止不止。

【耕读教育】那些没有目标的人都是在为有目标的人实现目标，自己如果没有独立的思考方式，就会总是陷入别人的游戏规则里。

【耕读教育】很多事情失败的原因，不是行动前没有计划，而是缺少计划前的行动。

【耕读教育】心有多大，舞台才有多大；思想有多远，我们才能走多远。

【耕读教育】用人所长，天下无不用之人；用人所短，天下无可用之人。用人所长，必容人所短。想用人，得有包容心。

【耕读教育】思考力，执行力，表达力，思考力是万力之源，思考一旦出现偏差，执行力越强，犯的错误就越大。

【耕读教育】同流才能交流，交流才能交心，交心才能交易。

【耕读教育】沟通的5个基本要素：点头、微笑、倾听、回应、做笔记。沟通的3个要素：文字信息、有声信息、肢体动作。文字传达信息，声音传达感觉，肢体传达态度。沟通先从家人、朋友开始。沟通的5心：喜悦心、包容心、同理心、赞美心、爱心。

【耕读教育】顾客不拒绝产品，也不拒绝服务，只拒绝平庸。

【耕读教育】成功之道＝思考力＋行动力＋表达力。

【耕读教育】问问题的过程：问简单惯性问题；问对方无抗拒点问题；问对方有好处的问题；问让对方说是的问题；问让对方连续说是的问题；要学会问诱导对方思维的问题；要问让对方的回答都在预料当中的问题；问开放性的问题；问封闭式的问题。

【耕读教育】用人单位更看重情商，"我努力了"没有用；"我完成了"才会被认可。

【耕读教育】有时候命运的戏谑就在于你一直犹豫不决，等到终于下定决心，却已经到了谢幕的时候。

【耕读教育】做到待人真诚，做事规矩，态度谦恭，处处皆能容你。

【耕读教育】我们不是为了"将来我们会死"而活着。

【耕读教育】你不能决定生命的长度，但你可以控制它的宽度；你不能左右天气，但你可以改变心情；你不能改变容貌，但你可以展现笑容；你不能控制他人，但你可以掌握自己；你不能预知明天，但你可以利用今天；你不能样样顺利，但你可以事事尽力。

【耕读教育】做"三心二意"的人：让父母家人安心、温心、欢心；让亲朋好友如意、满意。

【耕读教育】做"三好"的人：存好心、说好话、做好事。

【耕读教育】报复一个人，你也许会得到一时的快感；但成全一个人，你会得到更长久的幸福和快乐。

【耕读教育】恨铁不成钢，可是钢是炼出来的，不是恨出来的。

【耕读教育】阻碍我们前进的，往往不是目标的遥远，而是我们鞋里的沙子。

【耕读教育】健康二八法则：二酸八碱，二粗八细，二饥八饱，二寒八暖，二治八防，二外八内。

【耕读教育】这个世界上，没有谁理所当然地应当待我们好，对那些待我们好的人我们要懂得珍惜和感恩。

【耕读教育】爱所有人，信少数人，不欺负任何人。

【耕读教育】当我们做对了，没有人会记得；当我们做错了，没有人会忘记。

【耕读教育】沟通要控制好三个要素：场景、气氛、情绪。永远不要做气氛和情绪的污染者。

【耕读教育】世界上最伟大的力量，是改变的力量。

【耕读教育】好人就是没时间干坏事的人，多花时间成长自己，少花时间去苛责别人，去嫉妒别人，多花时间去爱，少花时间去恨。

【耕读教育】恶，亚心为恶，只要处在亚心状态，即心态稍微不好，你就可能恶语伤人。什么叫忙啊！心亡为忙啊！哀大莫过于心死。

【耕读教育】精通的目的，全在于应用，知识不是力量，使用知识才是力量。

【耕读教育】别人身上的不足，可能就是你存在的价值。

【耕读教育】要想有高品质的沟通，要有同理心。懂得认同别人，站在对方的立场上考虑问题。要有赞美心，赞美是人际沟通的润滑剂。

【耕读教育】人有觉悟，只有一个方法，就是向内求，向外求是错误的。苦海无边，回头是岸，此岸，就是己心。

【耕读教育】幸福就是好身体和坏记忆。

【耕读教育】人可以选择放弃，但不能放弃选择。

【耕读教育】选择一个朋友，就是选择一种生活方式。

【耕读教育】当你好的时候，不要把事情想得太好；当你不好的时候，也不要把事情想得太坏。

【耕读教育】一个人的心胸决定一个人的成就。接纳别人的意见，包容别人的个性，听得进逆耳的话，不搞小圈子，放一片大海在心中。

【耕读教育】不犯错，那是天使的梦想；少犯错，这是人间的法则。尽力而为，做到问心无愧即可，不跟自己过不去。

【耕读教育】岂能尽如人意，但求不愧我心。

【耕读教育】《红楼梦》评妙玉"太高人愈妒，过洁世同嫌"，可鉴。

【耕读教育】爱人者，人恒爱之；敬人者，人恒敬之。

【耕读教育】学会三乐法：助人为乐、知足常乐、自得其乐。

【耕读教育】学会三不要法：一是不要拿别人的错误惩罚自己；二是不要拿自己的错误惩罚别人；三是不要拿自己的错误惩罚自己。

【耕读教育】退一步海阔天空，让三分风平浪静。

【耕读教育】涵容是待人第一法，恬淡是养心第一法。己性不可任，当用逆法制之，其道在一忍字；人性不可拂，当用顺法调之，其道在一恕字。

【耕读教育】做"三品人"：为人有品德（现代人）、工作有品质（职场人）、生活有品位（时尚人）。

【耕读教育】一个人见世面的方式无非两种：读万卷书，行万里路。读书自不必说，但行万里路，却是要通过看世界、看众生，从而领悟生活、看到自己。当有一天，你真心觉得每个人都不容易，不再轻易去指责一个人，真正热爱生活，不活在别人的评价里时，你就算真正见过大世面了。

【耕读教育】愿你能以一朵花的姿态行走，穿越季节轮回，不颓废，不失色，花开成景，花落成诗，眼里长着太阳，笑里全是坦荡，心若不曾伤，岁月永无恙。

【耕读教育】各美其美，美人之美，美美与共，天下大同。阐旧邦以辅新命，极高明而道中庸。儒道结合，儒为表，道为心，阴阳协和，完美人生。

【耕读教育】小事不计较，才会有大气度，平静看待世间的纷扰，身居闹市而心怀宁静；大事不糊涂，才会有大格局，不被眼前小利所诱惑，俯仰无愧于天地。生活不是计算题，鸡毛蒜皮别算计；生活不是糊涂账，心中有数才不慌。守住内心的宁静，守住做人的良知。

【耕读教育】我们时常会犯三个错误：一，向糊涂人说明白话；二，试图和不靠谱的人做正经事；三，和无情的人谈起了感情，讲起了交情。老祖宗早已提醒过我们：话，要和明白人说；事，要与踏实人做；情，要同厚道人谈。

【耕读教育】于千万人之中遇见你所要遇见的人，于千万年之中，时间的无涯的荒野里，没有早一步，也没有晚一步，刚巧赶上了，没有别的话可说，唯有轻轻地问一声："噢，你也在这里？"

【耕读教育】从心理学角度分析，越是头脑简单的人，越需要点缀和填充；而头脑复杂的人，则对简洁有着特殊的心理需求。

【耕读教育】怎么帮助自己呢？有两个建议：一是多接近美好的事物，让自己开心。当人开心的时候，人体内的乙酰胆碱分泌就会增多，使皮下血管扩张，人会显得容光焕发。二是学会爱，爱是生命的阳光，此话不假！你总要爱点儿什么，这世界才不会苍凉。

【耕读教育】生命中曾经有过的所有灿烂，终将需要用寂寞来偿还。人生终将也是一场单人的旅行，一个人的成熟不是你多善于和人交际，而是学会和孤独和平相处。孤单之前是迷茫，孤单过后便是成长。

【耕读教育】凡是身高超过3尺的人，想在天地之间长久立足，就必须学会低头。

【耕读教育】教育的本真应该是让学生在自由的氛围中积极参与，在于他人的对话中讨论交流，不断改进自己的认识结果，从而才能真正生成谁也拿不走的智慧和科学理性的思维方式。

【耕读教育】能说服人的从来都不是道理，而是南墙。人教人教不会，事教人一次就会。如果你以为教育很贵，那么你试试无知的代价。长记性的方法无非是两种：受过教育，受过教训。不接受教育，那么你就得接受教训。

【耕读教育】在这个世界上真正供我们选择的路只有两种，要么享受孤独，要么沦为世俗，凡是人群堆聚集，主要话题无外乎三个，拐弯抹角炫耀自己，添油加醋贬低别人，相互窥探搬弄是非。

【耕读教育】有很多人，因为寂寞而错爱一个人；也有很多人，因为错爱一个人，而寂寞一生。

【耕读教育】极端的行为来源于虚荣，平庸的行为来源于习惯，狭隘的行为来源于恐惧。这样来寻找人与事的原因一般不会错。

【耕读教育】成熟是一种明亮而不刺眼的光辉；一种圆润而不腻耳的声响；一种不再需要对别人察言观色的从容；一种终于停止向周围申诉求告的大气；一种不理会喧闹的微笑；一种洗刷了偏激的淡漠；一种无须声张的厚实；一种能够看得很远却并不陡峭的高度。

【耕读教育】不和别人较真，因为不值得；不和自己较真，因为伤不起；不和往事较真，因为没价值；不和现实较真，因为还要继续。

【耕读教育】一个人如果没空，那是因为他不想有空；一个人如果走不开，那是因为不想走开；一个人对你借口太多，那是因为不想在乎。

【耕读教育】一本好书，是一艘载满童话的船，是一条走出大山的路，是一束点亮生活的光，困惑、希望、成功、荣耀……都将在这里找出答案。

【耕读教育】生在这世上，没有一样感情不是千疮百孔的。

【耕读教育】不管全世界的人怎么说，我都认为自己的感受才是正确的。无论别人怎么看，我绝不打乱自己的节奏。

【耕读教育】每天有一点甜美、一点幸福，就很好了。

【耕读教育】一个人的痛苦，无非来自两个方面，一个是没有个性，另一个是个性太强。

【耕读教育】小时候，枕头上是口水；长大后，枕头上是泪水。小时候，微笑是一种心情；长大后，微笑是一种表情。小时候，哭着哭着就笑了；长大后，笑着笑着就哭了。多少人过了小时最羡慕的年纪，却没有成为小时候最想成为的人。

【耕读教育】我们常常看到的风景是：一个人总在仰望和羡慕着别人的幸福，一回头，却发现，自己正被别人仰望和羡慕着。其实，谁都是幸福的。只是，你的幸福，常常感受在别人心里。

【耕读教育】发现快乐，你的生活就多一些亮色；学会共赢，你的工作会少一些争执；懂得感恩，你的世界便多几分温柔；守住原则，你的人生将少几分迷茫。良好的思维习惯，会让你赢得更多的机会，遇见更好的自己。从现在开始改变思维方式，你将拥有更大的人生格局。

【耕读教育】职场四项能力：学习力、思考力、自我检视力、落地执行力。

【耕读教育】我喜欢雨，雨却淋湿我身，你却怪我要撑伞；我喜欢太阳，太阳晒我瘢痕，你却怪我躲阴凉；我喜欢风，风却噢刮我面，你却怪我关起了窗；我喜欢你，你给我遍体鳞伤，你却怪我让你不安。

【耕读教育】有些人靠近，便是一场精神的损耗，哪怕你去跟他分享你的喜悦，都能让你黯然神伤地离开。有些人靠近，便是一场灵魂的提升，哪怕跟他在一起虚度光阴，他的磁场都会给你温暖，给你力量！

【耕读教育】世界是一面镜子，你对它微笑，它也会还给你笑容。人生道路不会一帆风顺，遇到棘手的事情，我们也许会在刹那间不知所措。但事情击不垮人，遇到难事，想开点；遇到伤心事，看淡点，不仅会治愈自己，更能感染身边的人。

【耕读教育】正确与人沟通的秘诀：适当地保持舒适距离。

【耕读教育】位置不同，少言为贵。认知不同，不争不辩。三观不合，浪费口舌。三年学说话，一生学闭嘴。你记住了吗？

【耕读教育】初入职场，不要急于搞什么人情世故。先培养起自己的实力再说。没有任何过硬的实力，光琢磨为人处世，那只能消耗你成长的精力。有了实力，有了底气，腰板才会挺，你才会有价值。

【耕读教育】汤没盐不如水，嘴不甜不如鬼。

【耕读教育】我们来到这个世上，就应该跟最好的人、最美的事物、最芬芳的灵魂倾心相见，唯有如此才不负生命一场。我们每个人都有自己的磁场，会吸引相同心性的人。因此，世界上的所有相遇都不是偶然，而是必然，冥冥之中早有注定，是一场心与心的相逢。始终相信，有一种文字定能穿越灵魂，有一种声音定能抵达生命。这世上哪有那么多环环相扣的美好，只是在遇见那个可以和你一起发现美、欣赏美、探索美的人，才有了这种踏实心安的感觉，因为你的存在，我的存在才有意义。这世界上，爱有千百种，最深的爱，是一个生命滋养另一个生命；最好的情，是一个灵魂温暖另一个灵魂。这样健康柔软的爱，这样温润慈悲的情，能让人内心富足安适，精神饱满愉悦。生命只有一次，无法重来，我们就应该与美好的人，干净的灵魂相依相伴，收获一生的幸福与欢喜。仅此，足矣。

【耕读教育】不要去对任何人的生活指指点点。无论是他身体有缺陷或者生活有缺陷，这些都与你无关。能做的，是去善待每一个人，不要让自己的某句话、某个举动，伤害到无辜的人。

【耕读教育】男生：从容而不放纵，风趣而不油滑；女生：活泼而不轻浮，稳重而不呆板。

【耕读教育】忙碌是一种幸福，让我们没时间体会痛苦；奔波是一种快乐，让我们真实地感受生活；疲惫是一种享受，让我们无暇空虚。让未来过去，让过去过去，人生的冷暖取决于心灵的温度。

【耕读教育】如果不逼自己一把，你根本不知道自己有多优秀。

【耕读教育】生命的节奏仿佛钟摆，在真假之间，虚实之间，摇摆往复，真真假假，虚虚实实，真假之间，并非泾渭分明，虚实之间，往往一念之差。

【耕读教育】能吃苦，吃一时的苦；怕吃苦，吃一生的苦。

【耕读教育】优于别人，并不高贵，真正的高贵应该是优于过去的自己。

【耕读教育】①容易走的都是下坡路。②自由不是想干什么就干什么，而是想不干什么就不干什么。③命，乃失败者借口；运，乃成功者的谦词。④打动人心的最佳方法，是谈他最珍爱的东西。⑤品格不由你占有的东西决定，而是由你匮乏的东西塑造的。⑥郁闷时，坐下来犒劳自己，原谅别人，也放过自己。

【耕读教育】人生十个不要等：①不要等到想爱才付出。②不要等到孤单才想朋友。③不要等到有职位才努力。④不要等到失败才记起忠告。⑤不要等到生病才意识到脆弱。⑥不要等到分离才后悔没有珍惜。⑦不要等到有人赞赏才相信自己。⑧不要等到别人指出才知错。⑨不要等到腰缠万贯才助人。⑩不要等到临终才爱生活。

【耕读教育】做人十心机：①做人不能太单纯，适度伪装自己。②凡事留余地，要留退路。③话不说绝，口无遮拦难成大事。④成熟而不世故。⑤心态好，想得开活得不累。⑥懂方圆之道，没事不惹事，来事不怕事。⑦不可少二礼：礼仪与礼物。⑧人在江湖飘，防挨朋友刀。⑨偶尔"势利眼"，寻可靠伙伴。⑩放下面子来做人。

【耕读教育】做人：博学一点，诚信一点，负责一点。交友：真诚一点，大度一点，热情一点。处事：谦恭一点，礼貌一点，淡泊一点。修养：安静一点，慈善一点，沉稳一点。饮食：均衡一点，节制一点，清淡一点。得意：低调一点，收敛一点，感怀一点。失意：忍耐一点，豁达一点，参透一点。

【耕读教育】①你不勇敢，没人替你坚强；②没有伞的孩子必须努力奔跑；③自己选择的路，跪着也要把它走完；④不要生气要争气，不要看破要突破，不要嫉妒要欣赏，不要拖延要积极，不要心动要行动；⑤就算跌倒也要豪迈地笑。

【耕读教育】快乐总和宽厚的人相伴，财富总与诚信的人相伴，智慧总与高尚的人相伴，魅力总与幽默的人相伴，健康总与豁达的人相伴。

【耕读教育】职场十个细节：①接电话时先报自己姓名；②谈论时说些很有趣的事；③陈述自己意见时能将意见归纳成若干项；④衣着端庄，挺直腰杆；⑤主动打招呼和倾听别人说话；⑥每五次就提出一次自己独到见解；⑦聚会、上班比别人早到、迟走；⑧主动承担额外工作；⑨热情帮助他人或懂得回报他人；⑩经常面带微笑。

【耕读教育】容易成功的十种能力：①解决问题时的逆向思维能力；②考虑问题的换位思考能力；③强于他人的总结能力；④简洁的文书编写能力；⑤信息资料收集能力；⑥解决问题的方案制定能力；⑦超强的自我安慰能力；⑧岗位变化的承受能力；⑨勇于接受分外之事；⑩积极寻求培训和实践机会。

【耕读教育】赢的人不是拿到好牌的人，而是知道几时离开牌桌的人。

【耕读教育】使这个世界灿烂的不仅是阳光，还有你的微笑。学会忘记是生活的技术，学会微笑是生活的艺术。一颗阴暗的心托不起一张灿烂的脸。

【耕读教育】经营自己的长处，能使你的人生增值；经营你的短处，能使你的人生贬值。

【耕读教育】人有两只眼睛，全是平行的，所以应当平等看人；人的两只耳朵是分在两边的，所以不可偏听一面之词；人虽只有一颗心，然而有左右两个心房，所以做事不但要为自己想，也要为别人想。

智之篇（崇尚知识，追求真理）

【耕读教育】记住：条理、重点、效率。把繁杂的事务条理化，抓住重点工作和工作中的重要环节，提高单位时间的效率。

【耕读教育】领导，就是领袖和导师。有激励能力，有指引能力，要去描绘远景，才叫领袖；领导力，就是获得追随者的能力。

【耕读教育】修身为本，好好修身，再去齐家治国平天下。

【耕读教育】世界上最不能等的，就是孝敬父母。树欲静，而风不止；子欲孝，而亲不待。百善孝为先。

【耕读教育】知人者智，自知者明。

【耕读教育】一个境界低的人，讲不出高远的话；一个没有使命感的人，讲不出有责任感的话；一个格局小的人，讲不出大气的话。

【耕读教育】人法地，地法天，天法道，道法自然。

【耕读教育】国学精粹：掌握进退自如的生存智慧；领悟刚柔相济的处世策略；学会顺逆从容的自然选择；感受祸福相倚的因果效应；创造静躁合一的人生状态；提升企业发展的管理之道。

【耕读教育】儒道精髓：以"仁"为本，是企业和谐发展之根本；以"义"育人，可培养企业团队精神；以"礼"待客，赢得人际关系，获得企业信誉；以"智"为贵，勇于创新，不断发展；以"信"为贵，人而无信，不知其可，信是做人之本、兴业之道。

【耕读教育】只有知识累积到一定程度的人，才能看透这个世界的真相。为什么有人胸怀大志、光明坦荡，而有的人斤斤计较、整日哀叹，其实很大程度上跟一个人的认知水平有关。

【耕读教育】有人问："我读过很多书，但后来大部分都忘记了，你说读书到底有什么用？"智者回答："当我还是个孩子时，我吃过很多食物，现在已经记不清吃过什么了。但可以肯定的是，大部分食物，已经长成了我的骨头和血肉。"其实，你人生的高度，取决于你读过什么样的书和遇到什么样的人。

【耕读教育】当你的才华撑不起你的野心时，那你就应该静下心学习了。

【耕读教育】我觉得读书好比串门儿——"隐身"的串门儿。要参见钦佩的老师或拜谒有名的学者，不必事前打招呼求见，也不怕搅扰主人。翻开书面就闯进大门，翻过几页就升堂入室；而且可以经常去，时刻去，如果不得要领，还可以不辞而别，或者干脆另找高明，和他对质。……读书不是为了拿文凭或者发财，而是成为一个有温度懂得情趣会思考的人。书虽然不能帮你解决所有的问题，却能给你一个更好的视角。读书的影响是潜在的，它会在不知不觉中影响你的思考、逻辑、谈吐、与人共事等各个方面……读书多了，内心才不会决堤，是指人的情商积累和阅读相关。读书到了最后，是为了让我们更宽容地去理解这个世界有多复杂。读书正是为了遇见更好的自己。喜欢读书，就等于把生活中寂寞的辰光换成巨大享受的时刻。读书多了，容颜自然改变。

【耕读教育】你要搞清楚自己人生的剧本：不是你父母的续集，不是你子女的前传，更不是你朋友的外篇，对待生命你不妨大胆冒险一点，因为好歹你要失去它，如果这世界上真有奇迹，那只是努力的另一个名字，生命中最难的阶段不是没有人懂你，而是你不懂你自己。

218

【耕读教育】人生在世，短暂不过百年。不要等到开心快乐时，才露出微笑；不要等到有人夸奖时，才相信自己；不要等到要说分手时，才后悔相遇；不要等到有了好职位，才努力工作；不要等到失败落魄时，才记起忠告；不要等到生病垂危时，才意识到生命的脆弱；人生不售来回票，请珍惜现在的幸福！

【耕读教育】要学会将一切"归零"。删除、归零，刷新、重启，是一种感慨，是一种勉强，是一种无奈；也是一种自知之明，是一种处于绝地而后生的勇气，是一种新的可贵的契机。归零的心态，即不沉迷于过去的业绩，忘掉成功，调整自己，超越自我。

【耕读教育】自古人生最忌满，半贫半富半自安；半命半天半机遇，半取半舍半行善；半聋半哑半糊涂，半智半愚半圣贤；半人半我半自在，半醒半醉半神仙；半亲半爱半苦乐，半俗半禅半随缘；人生一半在于我，另外一半听自然。

【耕读教育】为人父母保护孩子是父母的天性，放手让孩子去历练则是一种远见。你可以陪伴孩子成长，却永远无法代替他成长；你可以给予孩子爱和温暖，却无法给予永远的庇护。适当放手，让孩子独自去面对世界，去承担人生的重量，才能在风雨人生路上开辟自己的天地，才能活成一个自带光芒的人，照亮前路，温暖你，温暖身边人。

【耕读教育】经常听到很多女人说：我要放下所有，陪伴我的孩子成长，不能让孩子缺少爱！那么有四个问题需要解决。

第一，不与社会、不与人接触的母亲，怎么给孩子人生观？

第二，没见过世界的母亲，怎么给孩子世界观？

第三，不持续挣钱的母亲怎么给孩子价值观？

第四，不注重身材和皮肤的母亲，怎么能给孩子正确的审美观？

世界上最好的教育就是言传身教，是榜样教育！

【耕读教育】孩子生命中应该掌握的6种能力：自主学习的能力、面对挫折的能力、爱的能力、认识生命多元价值的能力、拓宽视野的能力、表达自己情感和思想的能力。塑造孩子4要点：大其愿，坚其志，虚其心，柔其气。

【耕读教育】如果不小心丢掉100块钱，好像丢在某个地方，你会花200块钱的车费去把那100块找回来吗？一个很傻的问题，可类似事情却在人生中不断发生：被人骂了一句话，却花了无数时间难过；为一件事情发火，不惜损人不利己，不惜血本，只为报复；失去一个人的感情，明知一切已无法挽回，却还伤心好久……

【耕读教育】如何看懂一个人：性格写在脸上，内涵刻在眼里。习惯显于身材，脾气听声音，态度看手势，家教看站姿。人品看走姿，审美看衣服，层次看鞋子，爱不爱干净看指甲，喜不喜欢打扮看头发，投不投缘吃一顿饭就知道了，做个智慧明白的人吧。

【耕读教育】最艰难的时候，别老想着太远的将来，只要鼓励自己过好今天就好。这世间有太多的猝不及防，有些东西，根本不配占有你的情绪。人生就是一场体验，请你尽兴！

【耕读教育】我知道你不是我的月亮，但是那个时候，月光确实沐浴在我的身上，我一直记得，你说过，即使天上没有月亮，心中也是一片皎洁。

【耕读教育】世上存在着不能流泪的悲哀，这种悲哀无法向人解释，即使解释人家也不会理解。它一成不变，如无风夜晚的雪花静静沉积在心底。

【耕读教育】异地恋要有"四力"：抵挡诱惑的能力，耐得住寂寞的定力，来回奔波的财力，共同规划未来的努力。

【耕读教育】做好工作记住三个关键词：条理、重点、效率。条理：列出近期工作项目，整理好电脑桌面，归类纸质材料，记录和张贴急办项目；重点：分清工作的轻重缓急，紧急事项优先办理，需要帮助提早寻求支援；效率：提高单位时间工作效率，提早谋划未雨绸缪，调动各方力量，集聚群众智慧，协同做好工作。

【耕读教育】一个人思虑过多，就会失去做人的乐趣。

【耕读教育】真正想善待自己，唯一该做的就是抓住每个机会，在自己的内心播撒更多善的种子，未来的生命才真正有了希望。春天播种，秋天收获，这就是因果。

【耕读教育】每个人身上都有一个伟大的自我，教育的本质就是帮助孩子释放出那个伟大的自我。记住是帮助，不是代替。

【耕读教育】教育意味着获得不同的视角，理解不同的人、经历和历史，接受教育，但不要让你的教育僵化成傲慢。教师有时候听不进学生不同的声音，教育应该是思想的拓展，同理心的深化，视野的开阔，教育不应该使你的偏见变得更顽固。

【耕读教育】数学里有个美好的词叫求和，有个最遗憾的词叫无解，有个最孤单的词叫假设存在，有个最霸气的词叫有且仅有，更有个伤感的词叫无限接近却永不相交。其实人与人之间喜欢就像乘法，只要一方为0，那结果一定为0！

【耕读教育】你以为错过是遗憾，其实可能是躲过一劫。得到未必是福，失去未必是祸。人各有各的渡口，各有各的舟，万般皆是缘，半点不由人。

【耕读教育】以下四项能力决定一个人成败：①睡觉休息的能力；②掌控情绪的能力；③学习输入的能力；④沟通表达的能力；

【耕读教育】想要获得成功，拥有一个成功的人生，方法有很多，各人也有各人的心得，建立良好的自我感觉：座右铭的力量是无穷的。

1. Do one thing at a time, and do well. 一次只做一件事，做到最好。

2. Never forget to say "thanks". 永远不要忘了说"谢谢"。

3. Keep on going,never give up. 勇往直前，决不放弃。

4. Whatever is worth doing is worth doing well. 任何值得做的事就值得把它做好。

5. Believe in yourself. 相信你自己。

6. I can because I think I can. 我行，因为我相信我行。

7. Actions speak louder than words. 行动胜于空谈。

8. Never say die. 永不气馁。

9. Never put off what you can do today until tomorrow. 今日事今日毕。

10. The best preparation for tomorrow is doing your best today. 对明天最好的准备就是今天尽力而为。

【耕读教育】富与贵是人之所欲也，不以其道得之，不处也；贫与贱是人之所恶也，不以其道得之，不去也。

【耕读教育】在成功的同时，你已埋下失败的种子。

【耕读教育】真正成功的人生，不在于拥有一手好牌，而在于把一手坏牌打得可圈可点。

【耕读教育】看得破，才能悟大智慧；放得下，才能成大善果。

【耕读教育】人生三大遗憾：不会选择，不坚持选择，不断地选择。

【耕读教育】人生三不斗：不与君子斗名，不与小人斗利，不与天地斗巧。

【耕读教育】人生三修炼：看得透想得开，拿得起放得下，立得正行得稳。

【耕读教育】人生三大陷阱：大意，轻信，贪婪。

【耕读教育】人生的三大悲哀：遇良师不学，遇良友不交，遇良机不握。

【耕读教育】人生三件事不能硬撑：花钱，喝酒，婚姻。

【耕读教育】不要活在别人的嘴里，不要活在别人的眼里，而是把命运握在自己手里。

【耕读教育】小聪明是战术，大智慧是战略；小聪明看到的是芝麻，大智慧看到的是西瓜。小聪明的人最得意的是自己做过什么？大智慧的人最渴望的是自己还要做什么？

【耕读教育】所谓门槛，过去了就是门，没过去就成了槛。

【耕读教育】把感恩刻在石头上，永远铭记；把仇恨写在沙滩上，淡淡忘掉，这也是一种人生境界。

【耕读教育】学会倒出水，才能装下更多的水。归零思维五大表现：心中无我，眼中无钱，念中无他，朝中无人，学无止境。

【耕读教育】让自己逐步培养起学徒思维、海绵思维、空杯思维，具有这些思维的人，心灵总是敞开的，能随时接受启示和一切能激发灵感的东西，时刻都能感受到成功女神的召唤。

信之篇（忠于职责，诚实守信）

【耕读教育】你不太聪明还没别人起得早，你起得晚还睡午觉，你睡午觉还久睡不起，睡着你还惦记着今天好好玩明天开始努力。有时候最怕的不是你在路上都慢别人几拍，而是你连奋起直追的心都没有。既然你知道路远，那从明天开始你就要早点出发。

【耕读教育】人们眼中的天才之所以卓越非凡，并非天资超人一等，而是付出了持续不断的努力。一万小时的锤炼是任何人从平凡变成世界级大师的必要条件。这就是所谓的"一万小时专家定律"。

【耕读教育】在现实中，没有所谓的无路可走，只要你愿意走，踩过的都是路。只有走过的路，才会知道有短有长；只有经过的事，才会知道有喜有伤。摔跤了，爬起来，拍拍身上的尘灰，继续奔跑。要正视人生中的每个挫折，适应人生的每一回起伏，从失败中吸取教训。努力给自己一个最美好的心情，调整好自己的心态，就算摔了再大

的跤，也一样能成就更好的明天！

【耕读教育】世上没有白费的努力，也没有碰巧的成功，一切无心插柳，其实都是水到渠成。人生没有白走的路，也没有白吃的苦，当下跨出去的每一步，都是未来的基石与铺垫。

【耕读教育】好的父母，是孩子的偶像。因为孩子能从你的言行里，看到自己心所向往的方向；从你的举止里，学到生活必备的仪式和规范；从你的笑容里，感受这个美好的世界，还有未来。愿我们都能成为孩子眼中，最闪亮的 super star。

【耕读教育】让人一生被困的，其实是自己的无知和妄念。只有清楚地认识自我和外界，才能无所困，无所伤。因为无知，说过很多傻话，因为妄念，做过无数美梦。一个人想清醒地生活，第一就是要去除妄念，少想那些虚无缥缈的事情，少做白日梦，把时间花费在真正有意义的事情上。

【耕读教育】我已经过了喜欢炫耀和喧闹的年纪了，不再期待周围人的回应和鼓励，也不再在乎他人的褒贬和说辞，不会因为兴奋而四处叫嚣，也不会因为低沉去祈求他人理解，懂得了要用诙谐的方式过正经的人生！

【耕读教育】生活中的很多事情我们无法控制，有一种解决问题最好的方式就是稳住自己。"泰山崩于前而色不变，麋鹿兴于左而目不瞬。"大事也好，小事也罢，稳住，你就赢了。

【耕读教育】生活再拥挤，都要留下充足的时间锻炼，有个好身体，才能保证冲锋时有好的状态。喜欢运动的人，大多有更健康的身体和更强健的体魄，以致拥有更良好的心态。

【耕读教育】诗人写出23个"过"：路走过，桥经过，沟沟坎坎都迈过，大江大河也渡过，没想到小河岔里挨淹过；雨淋过，风吹过，冰霜雪地全蹚过，草地沙原也去过，外国的山峰咱爬过，谁知平地上也曾摔倒过。窝头吃过，槽子糕咬过，欧洲的面包咱啃过；吃过苦，受过累，半夜睁眼瞎想过，什么罪没受过，甭说幸福没尝过，谁拿正眼把咱打量过。凭什么我就得这么过，从此咱下苦功努力过，果然出了一条新路没走过，新目标，新生活，而今的日子重新过。

【耕读教育】教学相长，教是最好的学习。所以要鼓励孩子讨论，鼓励孩子帮助同学，在教中学是学习的深入与升华。家长不要老是想教孩子，让孩子教家长，会有惊喜的。

【耕读教育】无论大小，每次抉择，都是一次主动求变，都期待一场苦尽甘来。正如每棵破土的新芽，都带着穿透时光的倔强。落子无悔，抉择本身就是向前。

【耕读教育】人生三层境界：预变而变，遇变则变，见变则怨。预测变化提早主动变化是贤者，遇到变化被动跟着变化是智者，看到变化就抱怨是愚者。你在哪个层次？

【耕读教育】思想太少可能失去做人的尊严，思想太多可能失去做人的快乐。

【耕读教育】偏见比无知距离真理更远。

【耕读教育】据说，爱情具有双向偶然性，要互相喜欢才行，单方面的喜欢难以修成正果，所以，拥有爱情很难得，一定要懂得珍惜，不要一有矛盾即轻言放弃。

【耕读教育】绝不要陷于骄傲。因为一骄傲,你们就会在应该同意的场合固执起来,因为一骄傲,你就会拒绝别人的忠告和友谊的帮助,在与人打交道时,若是为人狂妄,必然会为自己招惹灾祸。

【耕读教育】幸福的家,离不开一个热气腾腾的厨房。等千帆过尽,风景看遍,许多人才渐渐明白:原来生活,就是升起火来过日子,一屋子热气,才是一个家最美的状态。

【耕读教育】六句话送给正在奋斗的你:一是人最大的对手就是自己的懒惰;二是做一件事并不难,难的在于坚持;三是坚持一下也不难,难的是坚持到底;四是你全力以赴了,才有资格说自己运气不好;五是感觉累也许是因为你正处于人生的上坡路;六是只有尽全力了,才能迎来美好的明天。

【耕读教育】曾经以为"老去",是很遥远的事情,突然发现年轻,已经是很久以前的事了。时间,好不经用,抬眼,已过半生。

【耕读教育】人生就像钟摆,在欲望与无聊之间来回摆动。

【耕读教育】你今天拥有的一切,无论是健康的身体、充沛的精力,还是美好的爱情、真挚的友谊,或是平静的生活、安逸的环境,或是孩子的吵闹、妈妈的唠叨、爱人的嘱咐,都不会与你永伴,或早或晚都会离你而去。即如古人云"当时只道是寻常","而今寻常成奢望"。

【耕读教育】每个人都睁着眼睛,但不等于每个人都在看世界,许多人几乎不用自己的眼睛看他们只听别人说,他们看到的世界永远是别人说的样子。

【耕读教育】教育应当是生命对生命的尊重,人格与人格的平等,情感与情感的共鸣,此爱与彼爱的交融,智慧对智慧的点燃,文化对文化的润泽。

【耕读教育】读书可以帮你用不一样的眼光看待生活和人生,可以站在更高的角度去审视自己,可以从更高的维度思考人生。读书不会立刻改变你的生活,但它却能够:"打开一扇窗,看不同的事物,听不同的声响,使你考虑,醒悟。"

【耕读教育】能改的,叫缺点;不能改的,叫弱点。别人的屋檐再大,都不如自己有把伞。

【耕读教育】凡事抓紧,荣盛锦绣。

【耕读教育】专注于一个领域,持续深耕,这是职场出彩的关键。千万不要各行各业走遍,再回到原点叹息运气不好。反思:风不来就生长,风来了就起舞。

【耕读教育】教育的本质是唤醒,教育不是把篮子装满,而是把灯点亮,教育给予学生最重要的其实不是知识,而是对知识的热情,对成长的那份信心,对生命的敬畏以及对美好生活的向往!

【耕读教育】努力是一种生活态度,与年龄无关,只要你有前进的方向和动力,什么时候开始都不晚,记住努力的窍门:有方向的努力,有方法的努力,有效率的努力。时间从来不语,却回答了所有问题;明月从来不言,却能明亮所有人心。

【耕读教育】耕读文化是中华优秀传统文化的"根"和"魂"。祖训"不耕无食,无耕无衣""以耕养读,勤耕立家",耕读文化的内涵深厚而广博,包含敬天法祖、尊老孝亲、勤俭持家、读书明理；自强不息、胸怀天下、亲民爱民、勤奋朴实、崇知尚贤的优秀传统，坚持"耕田可以事稼穑，丰五谷，养家糊口，以立性命；读书可以知诗书，达礼义，修身养性，以立高德"的价值追求。以优质资源、多样形式、丰富内容的科学文化知识作为新时代耕读文化的"春风雨露"，深耕细耘大学生的精神家园，培养勤耕耘、有文化、善学习、讲文明的新时代大学生，以"耕读传家"之风推动形成文明乡风、良好家风、淳朴民风。优化乡村治理体系，提升乡村治理能力，增强农村公共服务品质，提升村民自治效能，展现乡村独特魅力，让乡村振兴的根基更加牢固。真正让耕读文化的"软实力"成为乡村振兴的"硬支撑"，让乡村振兴更有"神"，更有"力"。

【耕读教育】做一个被人喜欢的人，要从点点滴滴做起：学会微笑、学会问好、学会反馈、学会笔记、学会聆听、学会替人着想与换位思考……你就会越来越受欢迎，越来越被看重，所以要改变命运，先改变自己。

【耕读教育】要想做点事，别把自己太当人，别把别人不当人。

【耕读教育】教育的根本是育人，而不是育分数；应当关注人的成长，而不是追求分数的提高；要培养创造幸福生活的能力，而不是制造身心不健全的高分者。

【耕读教育】教育是立德树人的大事业，大事业需要大格局、大情怀、大德行。立德修身，潜心治学，开拓创新，真正把为学、为事、为人统一起来，当好学生成长的引路人。坚持以德立身、以德立学、以德立言、以德立教，不断砥砺自己的品性、心灵、志趣，帮助学生懂得做人的道理，系好人生的扣子、迈好人生的步子、打好人生的底子。

【耕读教育】凡事有交代，事事有回应。学会享受过程，不必计较结果。心动是本能，坚持是选择。

【耕读教育】教育必须培养人的自我决定能力，而不是去培养人们去适应传统的世界。教育要去"唤醒"学生的力量，培养他们的自我性、主动性，抽象的归纳力和理解力，以使他们能在目前还无法预料的未来局势中做出有意义的选择。

【耕读教育】菖蒲是"花草四雅"之一。不假日色，不资寸土，耐苦寒，安淡泊，生野外则生机盎然，着厅堂则亭亭玉立，飘逸而俊秀。古人云："手执艾旗招百福，门悬蒲剑斩千邪。"

【耕读教育】成熟，意味着你要做到，难过不声张，有事自己扛。

【耕读教育】不要因为变得成熟，就放弃天真的乐趣；不要为了抵达终点，就忽略过程的乐趣；不要因为生活平淡，就忘记亲手营造乐趣。

【耕读教育】生命是在岁月中得到修炼的，阅历是在挫折中不断积攒的，心境是在疼痛中慢慢打磨的。你慢慢会明白：人生，就是一场苏醒的过程。走得越远，越清醒；站得越高，越透彻；伤得越深，越坚韧。

【耕读教育】野心，简单点或者语气缓和一点来说就是进取的欲望，一个没有梦想的人是可悲的，而野心是成就梦想的第一步。

【耕读教育】闲散如酸醋，会软化精神的钙质；勤奋如火酒，能燃烧起智慧的火焰。

【耕读教育】人生要有不较劲的智慧，常与同好争高下，不与傻瓜论短长。

【耕读教育】没必要凡事都争个明白。跟家人争,争赢了,亲情没了;跟爱人争,争赢了,感情淡了;跟朋友争,争赢了,情义没了。争的是理,输的是情。放下自己的固执己见,宽心做人,多一份平和,多一点温暖,生活才会多一点阳光。

【耕读教育】幸福是用来感觉的,而不是用来比较的;生活是用来经营的,而不是用来计较的;感情是用来维系的,而不是用来考验的;爱人是用来疼爱的,而不是用来伤害。幸福的人总在营造好心情,快乐的人总在找寻好心情。

【耕读教育】一根火柴不够一毛钱,一栋房子价值数百万元。但一根火柴可以烧毁一栋房子。一根火柴是什么东西呢?①无法自我控制的情绪;②不经理智判断的决策;③顽固不化的个性;④狭隘无情的心胸。大家检查一下自己随身带了几根火柴?

【耕读教育】若要优美的嘴唇,要讲亲切的话;若要可爱的眼睛,要看到别人的好处;若要苗条的身材,把你的食物分享给饥饿的人;若要优雅的姿态,走路要记住行人不只你一个。

【耕读教育】聪明的人,学会怎么说话;更聪明的人,学会怎么不说话。

【耕读教育】人为善,福虽未至,祸已远离;人为恶,祸虽未至,福已远离。

【耕读教育】不妄求,则心安,不妄做,则身安。身安不如心安,屋宽不如心宽。一个人如果不被恶习所染,幸福近矣。

【耕读教育】不自重者,取辱;不自长者,取祸;不自满者,受益;不自足者,博闻。能付出爱心就是福,能消除烦恼就是慧。

【耕读教育】表面上最缺的是金钱;本质上可能最缺的是野心;脑袋里可能最缺的是观念;面对机会时最缺的是把握;命运中最缺的是选择;骨子里可能最缺的是勇气;改变上最缺的是行动;肚子里可能最缺的是知识;事业上最缺的是坚持;性格中可能最缺的是胆色。

【耕读教育】对待天地要有敬畏之心;对待长幼要有关爱之心;对待父母要有孝顺之心;对待子女要有理解之心;对待同学要有友爱之心;对待同事要有宽容之心;对待邻居要有谅解之心;对待朋友要有热情之心;对待上司要有尊重之心;对待下属要有体恤之心;对待指责要有互推之心;对待帮助要有感恩之心。

【耕读教育】忠恕:以苛求别人之心苛求自己;以宽恕自己之心宽恕别人。认同别人,就是肯定自己。

【耕读教育】学会思考才会有思想,有思想才会有智慧,有智慧才会少走弯路,少走弯路才会接近成功。

【耕读教育】人生是来享受过程的,不是来计较结果的,但是很多人都没有搞明白,因太在乎结果而结果往往难如人意,郁郁苦闷,因忽视过程而让一天天苍白浅薄无味,聪明的你,能不能只问耕耘,不问收获?

【耕读教育】你遇不到真爱,并不是因为你不优秀,可能只是因为你不自信。你越是犹豫,越是有顾虑,越是容易和真爱擦肩而过,如果你勇敢一次,主动一次,说不定结局和你想象的完全不同。希望你能勇敢一点,抓住幸福,莫留遗憾。

【耕读教育】有时命运的戏谑就在于,你一直犹豫不决,等到终于下定决心,已经到了谢幕的时间。

【耕读教育】一个人若是学会了自己陪伴自己，便学到了人生最重要的一项生活技能。

【耕读教育】一个人没有专注，就仿佛睁大了双眼却什么也看不见。

【耕读教育】人有三样东西是无法隐瞒的：咳嗽、穷困和爱，你想隐瞒却欲盖弥彰。人有三样东西是不该挥霍的：身体、金钱和爱，你想挥霍却得不偿失。人有三样东西是无法挽留的：时间、生命和爱，你想挽留却渐行渐远。人有三样东西是不该回忆的：灾难、死亡和爱，你想回忆却苦不堪言。

【耕读教育】与其抱怨，不如改变。抱怨是一种负能量，蹉跎自己，传染他人。久之，幸福远离，翻盘机会失去。《中庸》中说："上不怨天，下不尤人。"你若抱怨，处处可抱怨，你若改变，处处可改变。把时间花在进步上，才是幸福的秘诀。愿你在新的一年里，不再去抱怨，而是提灯前行，拾级而上，给自己拼出一个灿烂的明天。

【耕读教育】有些路你不走一走，永远不知道它有多美。通往梦想的路，不过就是在柴米油盐、庸常琐碎的生活中，独守一份执着，坚持保留自己的一片天地。人到底该在什么时候做什么事，并没有谁明确规定。如果你想做，就从现在开始。选择过，总比没做选择白白后悔要好很多；尝试过，总比没有开始徒留遗憾要好很多；努力过，总比不曾尽力空有懊悔要好很多。毕竟曾为此努力过，那份记忆便是闪亮的岁月。因为，当你发现真心喜欢一件事的时候，请坚持下去，即使风雨波折，也一定不要放弃，最终会离理想越来越近。

【耕读教育】生活累，一半源于生存，一半源于攀比。我们都是远视眼，经常模糊了离我们最近的幸福。人生，总有太多的来不及，一眨眼就是一天，一回头就是一年，一转身就是一辈子。我们穷尽一生所追求的幸福不在过去，也不在未来，而是在当下，眼中景、碗中餐、身边人。三餐四季，家人闲坐，幸福安康灯火可亲，便是人间好光景。

【耕读教育】凡是自然的东西都是缓慢的，太阳一点点升起，一点点落下。花一朵朵开，一瓣瓣地落下。稻谷的成熟，都慢得很。那些急骤发生的自然变化，多是灾难。如火山喷发、飓风和暴雨。很多时候，我们都急切地想要一个答案。想要升职加薪，想要知识渊博，想要意气风发，想闪闪发光地走到喜欢的人面前……但现实告诉我们，操之过急便会败北。春光不必趁早，冬霜不会迟到，过去的总会过去，该来的都在路上，在俗世的烟火里，不求所有的日子都泛着光，但愿每一天都有小小的收获，一切都是最好的安排。

【耕读教育】如果有一天你不再寻找爱情，只是去爱，你不再渴望成功，只是去做，你不再追求空泛的成长，而是开始修炼自己的性情，那么你的人生，你的一切才真正开始，在你找不到前进的方向，找不到进取的动力时，茫茫沧海，你在任何一个渡口遇到的人都非良人。你不是最好的你，又怎么遇到最好的他呢！

【耕读教育】每天要做的四件事：心怀梦想，做好计划，努力工作，保持微笑。

【耕读教育】三样东西有助于缓解生命的辛劳：希望，睡眠和微笑。一个常年保持微笑的人，总能跨过生活的难关，迎来精彩的人生。

【耕读教育】不要慌不要慌，太阳落下有月光，月亮落下有朝阳，所以好好生活，别想太多，昨天的太阳晒不干今天的衣服，明天的雨淋不湿今天的自己，该忘的忘，该放的放，让心归零，微笑前行。

【耕读教育】一个人活在世界上，必须处理好三个关系：第一，人与大自然的关系；第二，人与人的关系，包括家庭关系在内；第三，个人心中思想与感情矛盾与平衡的关系。这三个关系，如果能处理很好，生活就能愉快；否则，生活就有苦恼。愉快的生活即心安的表现。想要心安，就要处理好这三个关系：纵浪大化中，不喜亦不惧，应尽便须尽，吾复独多虑。

【耕读教育】真正的聪明是静下心来，听见自己本初的愿望。坎坷路途，给身边一份温暖，风雨人生，给自己一个微笑。经过岁月洗礼，你该明白，余生很贵，温饱无虑是幸事，无病无灾是福泽，在这路遥马急的人间，平安健康就好。至于其他，有则锦上添花，无则依旧风华。

【耕读教育】试吃野菜的这种平凡的清欢，才使人间更有滋味。一盘菜带来的平凡欢愉，不只是味蕾的刺激，更是感情的调和。真正能治愈我们的，都是日常生活里的一点一滴，一蔬一饭。生活艰难，我们虽负重前行，也要在一日三餐中，轻松地找到温暖与乐趣。

【耕读教育】文化是什么？是学历、经历、阅历？有人说文化是植根于内心的修养，无须提醒的自觉，以约束为前提的自由，为他人着想的善良。

【耕读教育】人生有三见：见天地，见众生，见自己。天地是规律，阴晴圆缺，生老病死；众生是人性，妖魔鬼怪，名利权情；自己是欲望，七情六欲，贪嗔痴念。见天地，知敬畏，所以谦卑；见众生，懂怜悯，所以宽容；见自己，明归途，所以豁达。

【耕读教育】情绪是自己的自留地，不是别人的跑马场。我不会因为任何人、任何事，让自己的情绪失控。没有人表扬我，是很美好的一天；有人恶意诋毁我，依然是美好的一天。我的情绪我做主，始终保持不争、不怒、不理，不计较，不在乎，快快乐乐每一天。真正的高手，早就戒掉了自己的情绪！

【耕读教育】在顺利的境遇里，也必须保持如履薄冰的谨慎。在糟糕的境遇里，也必须保持一种积极的心态。谨慎一点可以让自己避免顺风翻船；乐观一点可以让自己逆风翻盘。

【耕读教育】拉开人与人之间差距的，是刻进骨子里的认知，以及融进灵魂中的意识。意识科学告诉我们这样一个真相：你意识中充满什么，什么就会进入你的生活，成为你的命运。意识即觉醒，习惯即命运，敬畏你的意识，善待你的意识，开阔你的意识，深刻你的意识，凡事从积极角度出发，养成内向性运用意识的良好习惯，你就为自己打开了广阔的生命出路。

【耕读教育】为道日损，损之又损，以至于无为，无为而无不为。真正的开悟，就是一个不断内在"归零"的过程。修行就是要在精神世界里做减法，不断舍弃，将那些消极的情绪记忆清除，并极简自己的欲望，使意识不内耗，不执着，不攀附，不贪婪，自由流动，保持"零"的灵明本性。真正厉害的人，都是"归零"的高手。

【耕读教育】做事靠谱看似是一种能力，实则是一种态度。答应好的事情，总是敷衍；约定好的日期，总是拖延，遇到问题只会甩锅和推责，这样的人，最终也不会收获幸福。凡是多想一层，干活多做一步，有句话说得好，"事有归着是富相"。一个人越靠谱，越幸福。

【耕读教育】你不可能同时拥有春花和秋月，不可能同时拥有硕果和繁花，不可能所有的好处都是你的。你要学会权衡利弊，学会放弃一些什么，然后才可能得到些什么，你要学会接受命运的残缺和悲哀，然后心平气和，因为这就是人生。

【耕读教育】"高维的我"，不是一种单纯的我概念，而是一种真实的存在。从小我到大我，从假我到真我，从自我到无我，"高维的我"的回归，不只是形式的变化，更是层次的跃迁——从个体意识到集体意识的升华。真正厉害的人，自觉把自己融入人类整体进化的大循环中，敬天爱人，以出世之心，做入世之事，不断修养意识，进化意识，提升意识层次，融入集体主义气场中，在成就他人中不断圆满自己。

【耕读教育】很多人之所以觉得痛苦，不仅仅在于当下的生活不是自己想要的，更在于根本不知道自己想要什么样的生活。因为看不清自己，分外迷茫，才在被生活拖着走的时候倍感疲惫。那些能看清自己的人，知道自己该要什么，才能及时调整方向，奔着目标前进的时候，自然轻松。对未来的迷茫，会让人无措，以至于迁怒当下。兜兜转转数年后才明白，所谓的无能是指无法改变自己的生活，更是指看不清自己，看不清生活。因为这样的人，犹如关在玻璃杯中的无头苍蝇一般，处处碰壁，找不到生活的出口。所以，如果你也痛苦，不妨给自己放一个假，好好想想自己想要什么，先看清自己，而后才能找到自己。人这一生，最不该的是在需要思索的时候，急着低头赶路。

【耕读教育】想得太多，生活中就全是问题，可是当你开始行动的话，这些问题其实都是有答案的。解决焦虑的最好方式，就是把所有的问题都落实到行动上。你的烦恼都是源于做得太少，而又想得太多。

【耕读教育】汉字很奇妙也很有哲学意味，譬如，"静"中藏了个"争"字，"稳"中藏了个"急"字，"忙"中藏了个"亡"字，"忍"中藏了个"刀"字。个个都寓意很深，充满了相辅相成的辩证法、亦正亦奇的大智慧。

【耕读教育】在职场中，想要做一个全面发展的人，前提是有一门独门绝学。有的人好高骛远，希望把自己培养成全才，就什么都学，什么都去接触。然后，什么都只学了些皮毛，什么都不够深入，还美其名曰自己是通才。到头来，不过是自己"身无长物"的一块遮羞布罢了。在没选对适合自己的"赛道"之前，你可以"花心"，一旦选定，希望你可以从一而终，深耕下去，切忌半途而废。"自我之上人人平等，自我之下阶级分明"，有差异的地方就有鄙视，这可能就是规则。

【耕读教育】把圈子变小，把语速放缓，把心放宽，把生活打理简单；用心做好手边事情，不恋尘世浮华，不写红尘纷扰。看天上的月，吹人间的风，过平常的日子，该有的总会有。

【耕读教育】但凡茗茶，一泡苦涩，二泡浓陈，三泡甘香，四泡清淡。一句话，道尽人生。少年时，青涩鲁莽，漂浮不定；成年后，艰难打拼，磕绊坎坷；到中年，历尽磨炼，苦尽甘来；至老年，洗去浮华，心素如简。这一程，苦是历程，香是馈赠，淡是觉醒。人生就像一杯茶，苦涩也有时，甘甜也有时。人世起浮平淡事，笑言禅意有乾坤。

【耕读教育】倘若一个人能够观察落叶、鲜花，从细微处欣赏一切，生活就不能把他怎么样。

【耕读教育】你今天的努力，是幸运的伏笔，当下的付出，是明日的花开。世界上所有的惊喜和好运，都是你累积的温柔和善良，做一个温柔纯良且内心强大的人，温暖自己，也照亮别人。

【耕读教育】生命中最难的不是没有人懂你，而是你不懂你自己。

【耕读教育】唯独在这些孤独和沉思默想的时刻，我才是真正的我，才是和我的天性相符的我，我才既无忧烦又无羁束。真正的自己是孤独时候的自己，人的本性只有在孤独的时候才能彻底地释放，孤独才是人生最终的归宿，所有的繁华，最终都将以孤独谢幕。人唯孤独，方能出众！

【耕读教育】成功的前提，一定是能够吃苦。现在多做不喜欢的事情，将来才有资本选择做喜欢的事情。人生总是先苦后甜，不喜欢的事情，教授立世的本领，锻炼成事的意志，培养处世的胸襟。前半生辛苦一些，后半生才有可能顺遂一些。

【耕读教育】你心里有什么，就会相信什么；你相信什么，就会成为什么；你成为什么，就会拥有什么。当你懂得了这一点，你就会发现，命运充满偶然和无奈，而真正的红尘炼心，其实就是练就一颗坦然之心。人生的最高处，也是人生的最低处。一切顺其自然，才是最好的知天命，尽人事。一位作家说："生如逆旅，一苇以航。"生命是一条逆流的河，航行其中，只能靠自己。

【耕读教育】每个人都会有一段异常艰难的时光，生活的压力，工作的失意，学业的压力，爱的惶惶不可终日。当你处于低谷时，不要停止奔跑，不要回顾来路，值得期待的只有前方。不乱于心，不困于情，不畏将来，不念过往，如此，安好。

【耕读教育】想要调控自己的情绪时，需要做到的是直面情绪的"诱因"，从源头解决导致自己生气的原因。通过一次的情绪失控，避免下一次的情绪失控。正确的做法是，在情绪爆发前转移注意力，远离爆发的环境，掌控情绪一方面是让自己不要失控，另一方面是学会调控自己的生活，保持自己能够生活在平和的环境当中，两者缺一不可。

【耕读教育】每个懂事淡定的现在，都有一个很傻很天真的过去。知世故而不世故，才是最善良的成熟。

【耕读教育】既然无处可逃，不如喜悦；既然没有净土，不如静心；既然没有如愿，不如释然。真一点，淡一点，也许转身，即是优雅。

【耕读教育】人生最好的境界是丰富的安静。许多人心绪不宁，心神不定，归根结底是把外物看得太重，内心却十分匮乏。干涸的心灵没有雨露的滋养，注定会一片荒芜。当我们回归内心的本真安宁，不被外界的喧哗所扰时，精神世界自然饱满丰盈。常言道：眼中所见，心中所现。当我们的心中没有是非，入眼皆是美好时，即使风波四起,也能微笑面对。

【耕读教育】没有建立认知坐标,再努力都是一种徒劳,方向目标、资源技术等偏离了,只能是越走越远!认知基础之上的努力才有意义!认知是一种高度,更是一种人生境界,它能引领你走向诗和远方,引领你走向更高的领域。

【耕读教育】勇敢的人不是不落泪,而是愿意含着眼泪继续奔跑的人。歌德说过:没有在长夜痛哭过的人,不足以谈人生。

【耕读教育】遇事的时候不钻牛角尖,坦然地接受已发生的一切,当自己的内心真正的平和了,所有的一切都将会喜上眉梢。

【耕读教育】你不是迷茫,你只是自制力不够强罢了。你可以迷茫,可以慢下来或者停下来。但是时间不会,它只会趁你不注意的时候走得更快。如果不努力,除了年纪在涨,你想要的生活只会离你越来越远。在做之前不要想太多不要犹豫太久,马上行动起来,坚持一阵子再看看。你并不是迷茫,只是现在有退路而已。当你没有退路的时候,你一定知道自己该怎么努力。一定要做对成长有用的事情,不要一直假装努力。

【耕读教育】一切科学的伟大目标:要从尽可能少的假说或者公理出发,通过逻辑的演绎,概括尽可能多的经验事实。同时,从公理引向经验事实或者可证实的结论的思路也就越来越长,越来越微妙。理论科学家在探索理论时,就不得不越来越听从纯粹数学的、形式的考虑,因为实验家的物理经验不能使他提高到最抽象的领域中去。三观不同的人不必有交集,最大的收获无非就是徒劳,最后依旧是浪费时间。

【耕读教育】许多人所谓的成熟,不过是被世俗磨去了棱角,变得世故而实际了。那不是成熟,而是精神的早衰和个性的消亡。真正的成熟,应当是独特个性的形成,真实自我的发现,精神上的结果和丰收。

【耕读教育】如果说喜欢是想要占有的偏执,那爱就是想要触碰却又收回手的克制,我并不奢望有一天能够站到你的身边,我只想让你知道,你的光芒,曾经照亮过我。

【耕读教育】原谅别人吧,不是因为他们值得你原谅,而是因为你值得拥有平静。

【耕读教育】假如你不够快乐,也不要把眉头深锁,人生本来就短暂,为什么还要栽培苦涩,打开尘封的门窗,让阳光雨露洒遍每个角落,博大可以稀释忧愁,深色能覆盖浅色。

【耕读教育】在等待的日子里,刻苦读书,谦卑做人,养得深根,日后才能枝叶茂盛。

【耕读教育】你若爱,生活哪里都可爱。你若恨,生活哪里都可恨。你若感恩,处处可感恩。你若成长,事事可成长。不是世界选择了你,是你选择了这个世界。既然无处可躲,不如傻乐;既然无处可逃,不如喜悦;既然没有净土,不如静心;既然没有如愿,不如释然。

【耕读教育】轻财足以聚人,律己足以服人,量宽足以得人,身先足以率人。

【耕读教育】要懂得教孩子吃四种高级的苦:一是吃脑力的苦,勤思善悟;二是吃自律的苦,忍耐克制;三是吃寂寞的苦,读书学习;四是吃尊严的苦,忍辱负重。知行合一,多行少虑。

【耕读教育】任何时候不要撕破脸，任何矛盾，都不要做那个掀桌子的人。江湖路远，总会相见。对讨厌的人露出微笑，是我们必须学会的恶心。

【耕读教育】一个家庭要想往上走，最大的阻碍不是贫穷，而是家庭中的内耗。家里有什么样的氛围，就会有什么样的气运。整日为琐事争执折腾，鸡犬不宁，家早晚会衰败。相反，一家人事事体谅，处处包容，自然和顺美满。

【耕读教育】永远记住四件事：第一，糟糕的一天并不意味着糟糕的一生；第二，你不必要求所有事都完美，但你必须把每件事尽力做到最好；第三，永远不为别人的消极情绪负责；第四，懂得你生活中每个小小的挣扎都是向成功迈进了一步！

【耕读教育】宁愿跑起来被绊倒无数次，也不要窝囊平淡走一辈子。

【耕读教育】人生是用来体验的，不是用来演绎完美的，你要慢慢接受自己的迟钝和平庸，允许自己出错，允许自己偶尔断电，带着遗憾拼命绽放。

【耕读教育】把自己活成一道光，因为你不知道谁会借着你的光，走出了黑暗！请保持心中的善良，因为你不知道，谁会借着你的善良，走出了绝望！请保持你心中的信仰，因为你不知道，谁会借着你的信仰，走出了迷茫！请相信自己的力量，因为你不知道，谁会因为相信你，开始相信了自己，愿我们每个人都能活成一束光，绽放着所有的美好。

【耕读教育】一定要懂得自愈，因为好起来的从来不是生活，而是你自己！不在烂人烂事上纠缠，不责备求全，不消耗自己，当你的内心足够坚定宽广，谁都没有办法影响你，这世间有太多的猝不及防，有些东西根本不配占有你的情绪，人生匆匆，请喜乐前行。

【耕读教育】人的磁场很重要，多和善良的人同行，让自己的内心充满阳光，多和勤奋的人携手，让自己变得自律，多和真诚的人同路，让自己的世界没有欺骗，多和正能量的人来往，让自己变得坚强，永远记住，和优秀的人为伍，人生之路才会越走越远。

【耕读教育】教会孩子做到以下七条：一是物归原处——习惯。二是见长辈先打招呼——礼仪。三是不打断别人说话——尊重。四是为自己的过错道歉——担当。五是至少有一样体育爱好——健康。六是不说脏话——素质。七是别人东西不要乱拿——教养。

【耕读教育】人生最好的作品就是自己。即使无人欣赏，也要独自芬芳。对自己好点，你的人生不是用来讨好别人的，而是要善待自己，成就自己。别让生活的压力挤走你的快乐，别让鸡零狗碎的事，耗尽你对生活的向往，心怀美好，好好生活，好运一定会与你撞个满怀。

【耕读教育】做人将要把骂出的话忍住是一种本事，把不愿意做的事做好是一种能力，把看不顺的人看顺是一种修为，把咽不下的气咽下是一种胸怀，把看不起的人看起是一种修养，人若没有高度看到的都是问题，人若没有格局心中便都是鸡毛蒜皮，永远记住：位置不同，少言为贵；认知不同，不争不辩，三观不合，浪费口舌！

【耕读教育】在乎你的人才会在乎你的情绪，爱你的人才会与你共悲喜。总有人嫌你不够好，也有人觉得你哪儿都好。不用踮起脚尖，爱你的人会弯腰，仰视是尊重，弯腰也是。任何关系，双向奔赴才有意义。

【耕读教育】允许一切如期所是，允许一切事与愿违，放平心态，你只管前行，所有付出皆有意义。

【耕读教育】能征服人心的，永远不是小聪明，而是厚道；能感动人心的，永远不是语言，而是行动；能始终如一的，永远不是伪装，而是真诚。

【耕读教育】世上有两样东西不可以嘲笑：一是你的出身；二是你的梦想。我们决定不了自己出身，但是可以决定实现梦想。

【耕读教育】人最好的状态，不是你从未失误过，而是你从来没有放弃过成长。年轻人需要的是坚强的意志、良好的品行和修养，以及不断反思修正自己。所以人生最好的贵人，其实是不断努力向上的自己！

【耕读教育】上善若水的真正含义是：你高，我便退去，绝不淹没你的优点；你低，我便涌来，绝不暴露你的缺陷。你动，我便随行，绝不撇下你的孤单；你静，我便长守，绝不打扰你的安宁。你热，我便沸腾，绝不妨碍你的热情；你冷，我便凝固，绝不漠视你的寒冷。

【耕读教育】当你希望别人好的时候，别人未必会好，但你一定会变得更好，因为你内心拥有美好。当你见不得别人好的时候，别人未必不好，但你肯定不好，因为你内心没有美好。当你能够欣赏别人的好，别人未必会变得更好，但是你肯定会变得更好，因为你身边都是美好的人。当你没有办法欣赏别人的好的时候，别人也未必不好，但是你肯定不好，因为你身边都是糟糕的人和事，成天让你被这些事纠结，所以我们要懂得欣赏别人。

【耕读教育】如果你站在童年的位置展望未来，你会说你前途未卜，你会说你前途无量，但要是你站在终点，看你生命的轨迹，你看到的只有一条路，你就只能看到一条命定之路。不知道命运是什么，才知道什么是命运。

【耕读教育】走近一个人的时候，要慢一点儿，以免看不清；离开一个人的时候，要快一点儿，以免舍不得。人生是先有不甘，后有心安。每个人都在为自己的认知买单，自己不醒悟，他人如何渡。自己若醒悟，何须他人渡。

【耕读教育】你的年龄应该成为你生命的勋章，而不是伤感的理由。人生一站有一站的风景，一岁有一岁的味道，无论别人如何待你，都要好好珍视自己，对得起内心的那一抹骄傲，在自己的世界里独善其身，在别人的世界里顺其自然。

【耕读教育】岁月静好是片刻，一地鸡毛是日常，即使世界偶尔薄凉，内心也要繁花似锦，浅浅喜，静静爱，深深懂得，淡淡释怀，望远处的是风景，看近处的才是人生，唯愿此生，岁月无恙，只言温暖，不言悲伤。

【耕读教育】心平能愈三千疾，心静可通万事理。鸟不跟鱼比游泳，鱼不跟鸟比飞翔。人生这条路，按照你的本心怎么走都可以。

【耕读教育】眼睛可以近视，目光不能短浅，很多事情多朝前看看。

【耕读教育】你最美的样子，是青春散场后的纯真不改，是人到中年后的真诚善良，是琐碎生活里的淡定从容，是烟熏火燎后的微微淡妆。岁月沉淀在你心里的从来不是精明，而是智慧；时光雕刻在你脸上的从来不是老态，而是优雅；当别人如数家珍的炫耀名利物质的时候，你只是温柔地扬起笑脸，你身上的松弛自由状态和你的少女感，便是你在生活里寻到的最好宝藏。

【耕读教育】最近的焦虑都被这段话治愈:人生是用来体验的,不是用来演绎完美的。我慢慢接受自己的迟钝和平庸,允许自己出错,允许自己偶尔断电,带着遗憾拼命绽放。这是跟自己达成和解的唯一办法,希望大家都能够放下焦虑,跟那个不完美的自己和解,然后去拥抱那个完整的自己!

【耕读教育】人这一生,除了生死,其他不过擦伤。摆正自己的心态,不要遇见什么事就怨天尤人。坚强一点,把困难狠狠踩在脚底下,困难反而拿你没有办法。一直乐观前行,谁也不能将你打倒。总是微笑面对,你的生活一定越来越好。

【耕读教育】我以为最美的日子,当是晨起侍花,闲来煮茶,阳光下打盹儿,细雨中漫步,夜灯下读书,在这清浅的时光里,一手烟火,一手诗意,任窗外花开花落,云来云往,自是余味无尽,万般惬意。

【耕读教育】世界上有两种人,最值得我们去珍惜。不富,却愿意为你倾其所有的人;很忙,却愿意为你有空的人。人生在世,难免经历困境磨难,这两种人,遇到了就是你的福气。

【耕读教育】真正的成熟,大概就是喜欢的东西还是喜欢,只是不再强求拥有了。害怕的东西还是害怕,只是敢于面对了。人生何其短,要笑得格外甜,不纠结于过往,不忧虑未来,愿你懂得放下,活得自在,如果事与愿违,请相信另有安排,所有失去的,都会以另一种方式归来。

【耕读教育】看人之短,天下无一人可交;观人所长,世间皆为吾师。

【耕读教育】生活是自己的,千万别为难自己,有什么样的能力就过什么样的生活,尽力而为,量力而行。有自己的喜好,有自己的原则,有自己的信仰,用顺其自然的态度过随遇而安的生活,站在自己的高度看该看的风景。

【耕读教育】追不上的不追,背不动的放下,看不惯的删除,渐行渐远的随意,不属于自己的,不要!做自己想做的事,听最想听的声音,见最想见的人。如此简单,甚好。

【耕读教育】人不可能每一步都正确,我不想回头看,也不想批判那时的自己,我始终相信,所走之路,所遇之人,所留之遗憾,都是命中注定要经历的,聚散不由人,对错不由心,不必难过,山水一程,各有天命。

【耕读教育】你永远不可能真正了解一个人,除非你穿上他的鞋子走来走去。可真当你走过他走过的路时,你连路过都觉得难过。你所看到的并非事实真相,你了解的不过是浮在冰面上的冰山一角。

【耕读教育】想得太多,生活中就全是问题,要多对自己说问题不大,可以搞定,毕竟你的焦虑既减轻不了明天的负荷,还会带走今天的快乐,其实生活中减轻焦虑最好的方式就是把所有的问题都落实在行动上,当你真正开始行动起来,发现很多问题都不是问题。

【耕读教育】仅仅活着是不够的,还需要阳光、自由和一点花的芬芳。

【耕读教育】心是个口袋,什么都不装叫心灵,装一点叫心眼,装多点叫心机,装再多叫心事,装更多就成心病了!简单一些,糊涂一些,你会发现快乐也会多一些,人生复杂,要有一颗删繁就简的心!

国学经典 100 句

1. 天行健,君子以自强不息。地势坤,君子以厚德载物。——《周易》
译:君子应该像天体一样运行不息,即使颠沛流离,也不屈不挠;如果你是君子,接物度量要像大地一样,没有任何东西不能承载。

2. 二人同心,其利断金;同心之言,其臭如兰。——《周易》
译:同心协力的人,他们的力量足以把坚硬的金属弄断;同心同德的人发表一致的意见,说服力强,人们就像嗅到芬芳的兰花香味,容易接受。

3. 君子藏器于身,待时而动。——《周易》
译:君子就算有卓越的才能超群的技艺,也不会到处炫耀、卖弄。而是在必要的时刻把才能或技艺施展出来。

4. 哀哀父母,生我劬劳。——《诗经》
译:想起父母,做子女的是多么为他们感到心痛啊!他们生我育我,花费了多少辛勤的劳动啊!

5. 天作孽,犹可违;自作孽,不可活。——《尚书》
译:上天降下的灾害还可以逃避;自己造成的罪孽可就无处可逃。

6. 人而不学,其犹正墙面而立。——《尚书》
译:人如果不学习,就像面对墙壁站着,什么东西也看不见。

7. 非知之艰,行之惟艰。——《尚书》
译:懂得道理并不难,实际做起来就难了。

8. 宽而栗,柔而立,愿而恭,乱而敬,扰而毅,直而温,简而廉,刚而实,强而义。——《尚书》
译:(人要有九德)宽厚而庄重,温和而有主见,讲原则而谦逊有礼,聪明能干而敬业,善于变通而有毅力,正直而友善,直率而有节制,刚强而务实,勇敢而符合道义。

9. 满招损,谦受益。——《尚书》
译:自满于已获得的成绩,将会招来损失和灾害;谦逊并时时感到了自己的不足,就能因此而得益。

10. 玉不琢,不成器;人不学,不知义。——《礼记·学记》
译:玉石不经过雕琢,不能成为有用的玉器;人不经过学习,就不懂得事理。

11. 见利不亏其义,见死不更其守。——《礼记·儒行》
译:不要见到财利就做有损于大义的事,宁可牺牲自己的生命,也决不改变自己的志节。

12. 恶言不出于口，忿言不反于身。——《礼记·祭义》

译：自己不说出恶言，别人的愤语就不会返回到自身上来。你若以恶语伤人，他人也会以恶语相加。

13. 见善如不及，见不善如探汤。——《论语》

译：见到好的人，生怕来不及向他学习，见到好的事，生怕迟了就做不了。看到了恶人、坏事，就像是接触到热得发烫的水一样，要立刻离开，避得远远的。

14. 躬自厚而薄责于人，则远怨矣。——《论语》

译：干活抢重的，有过失主动承担主要责任是"躬自厚"，对别人多谅解多宽容，是"薄责于人"，这样的话，就不会互相怨恨。

15. 君子成人之美，不成人之恶；小人反是。——《论语》

译：君子总是从善良的或有利于他人的愿望出发，全心全意促使别人实现良好的意愿和正当的要求，不会用冷酷的眼光看世界。或是唯恐天下不乱，不会在别人有失败、错误或痛苦时推波助澜。小人却反，总是"成人之恶，不成人之美"。

16. 见贤思齐焉，见不贤而内自省也。——《论语》

译：见到有人在某一方面有超过自己的长处和优点，就虚心请教，认真学习，想办法赶上他，和他达到同一水平；见有人存在某种缺点或不足，就要冷静反省，看自己是不是也有他那样的缺点或不足。

17. 己所不欲，勿施于人。——《论语》

译：自己不想要的（痛苦、灾难、祸事……），就不要把它强加到别人身上去。

18. 当仁，不让于师。——《论语》

译：遇到应该做的好事，不能犹豫不决，即使老师在一旁，也应该抢着去做。后发展为成语"当仁不让"。

19. 君子欲讷于言而敏于行。——《论语》

译：君子不会夸夸其谈，做起事来却敏捷灵巧。

20. 人不知而不愠，不亦君子乎？——《论语》

译：如果我有了某些成就，别人并不理解，可我不会感到气愤、委屈。这不也是一种君子风度的表现吗？

21. 言必信，行必果。——《论语》

译：说了的话，一定要守信用；确定了要干的事，就一定要坚决果敢地干下去。

22. 毋意，毋必，毋固，毋我。——《论语》

译：讲事实，不凭空猜测；遇事不专断，不任性，可行则行；行事要灵活，不死板；凡事不以"我"为中心，不自以为是，与周围的人群策群力，共同完成任务。

23. 三人行，必有我师焉，择其善者而从之，其不善者而改之。——《论语》

译：三个人在一起，其中必有某人在某方面是值得我学习的，那他就可当我的老师。我选取他的优点来学习，对他的缺点和不足，我会引以为戒，有则改之。

24. 君子求诸己，小人求诸人。——《论语》

译：君子总是责备自己，从自身找缺点，找问题。小人常常把目光射向别人，找别人的缺点和不足。

25. 不怨天，不尤人。——《论语》

译：遇到挫折与失败，绝不从客观上去找借口，绝不把责任推向别人，后来发展为成语"怨天尤人"。

26. 不迁怒，不贰过。——《论语》

译：犯了错误，不要迁怒别人，并且不要再犯第二次。

27. 小不忍，则乱大谋。——《论语》

译：不该干的事，即使很想去干，但坚持不干，叫"忍"。对小事不忍，没忍性，就会影响大局，坏了大事。

28. 小人之过也必文。——《论语》

译：小人对自己的过错必定加以掩饰。

29. 过而不改，是谓过矣。——《论语》

译：有了过错而不改正，这就是真的过错了。

30. 三思而后行。——《论语》

译：每做一件事情必须要经过反复的考虑后才去做。

31. 仰不愧于天，俯不怍于人。——《孟子》

译：为人正直坦荡，抬头无愧于天，低头无愧于人，不做任何有愧于人的事情。

32. 君子莫大乎与人为善。——《孟子》

译：君子最大的长处就是用高尚、仁义的心去对待别人。

33. 生于忧患而死于安乐也。——《孟子》

译：逆境能使人的意志得到磨炼，使人更坚强。相反，时常满足于享受，会使人不求上进而逐渐落后。

34. 人皆可以为尧舜。——《孟子》

译：只要肯努力去做，人人都可以成为尧舜那样的大圣人。

35. 老吾老，以及人之老；幼吾幼，以及人之幼。——《孟子》

译：尊敬、爱戴别人的长辈，要像尊敬、爱戴自己长辈一样；爱护别人的儿女，也要像爱护自己的儿女一样。

36. 穷则独善其身，达则兼济天下。——《孟子》

译：不得志时就洁身自好修养个人品德，得志时就造福天下，使天下人都能这样。

37. 富贵不能淫，贫贱不能移，威武不能屈，此之谓大丈夫。——《孟子》

译：富贵不能扰乱他的心意，贫贱不能改变他的节操，威武不能屈服他的意志，这就叫大丈夫。

38. 自暴者不可有信也，自弃者不可有为也。——《孟子》

译：自己损害自己的人，不能和他谈出有价值的言语；自己抛弃自己（对自己极不负责任）的人，不能和他做出有价值的事业。

39. 人之患在好为人师。——《孟子》

译：人的毛病，在于喜欢教导别人，做别人的老师。喜欢教导别人的人，又往往自以为是，自以为正确，一副高高在上的气魄。

40. 人一能之，己百之；人十能之，己千之。——《礼记·中庸》

译：人家一次就学通的，我如果花上百次的功夫，一定能学通。人家十次能掌握的，我要是学一千次，也肯定会掌握的。

41. 好学近乎知，力行近乎仁，知耻近乎勇。——《礼记·中庸》

译：勤奋好学就接近智，做任何事情只要努力就接近仁，懂得了是非善恶就是勇的一种表现。

42. 多行不义必自毙。——《左传》

译：坏事做得太多，终将自取灭亡。

43. 人谁无过，过而能改，善莫大焉。——《左传》

译：人都有可能犯错误，犯了错误，只要改正了仍是最好的人。

44. 不以一眚掩大德。——《左传》

译：评价一个人时，不能因为一点过失就抹杀他的功劳。

45. 君子之交淡如水，小人之交甘若醴。——《庄子》

译：君子之间的交往，像水一样的平淡、纯净，这样的友谊才会持久；小人之间的交往像甜酒一样的又浓又稠，但不会长久。

46. 吾生也有涯，而知也无涯。以有涯随无涯殆已。——《庄子》

译：我的生命是有限的，而人类的知识是无限的。以有限的生命追求无限的知识，就危险了。

47. 巧者劳而知者忧，无能者无所求。——《庄子》

译：有技巧的人劳累，聪明的人忧虑，没有本事的人没有追求。

48. 见侮而不斗，辱也。——《公孙龙子》

译：当正义遭到侮辱、欺凌却不挺身而出，是一种耻辱的表现。

49. 千丈之堤，以蝼蚁之穴溃；百尺之室，以突隙之烟焚。——《韩非子》

译：千里大堤，因为有蝼蚁在打洞，可能会因此而塌掉决堤；百尺高楼，可能因为烟囱的缝隙冒出火星引起火灾而焚毁。

50. 事随心，心随欲。欲无度者，其心无度。心无度者，则其所为不可知矣。——《吕氏春秋》

译：事从心出，心随欲来，如果不从心欲的细微处观察事物，我们往往会被事物的表象所欺骗。纵横古今中外，详细考察事情的成败得失。如果深入观察，就会发现。事情的发展往往是被人的心欲所控制。

51. 不积跬步，无以至千里，不积小流，无以成江海。——《荀子》

译：没有半步、一步的积累，就不能走到千里远的地方，不把细流汇聚起来，就不能形成江河大海。

52. 学不可以已。——《荀子》

译：学习是不可以停止的。

53. 知而好问，然后能才。——《荀子》

译：聪明的人还一定得勤学好问才能成才。

54. 言之者无罪，闻之者足以戒。——《诗序》

译：提出批评意见的人，是没有罪过的。听到别人的批评意见要仔细反省自己，有错就改正，无错就当作是别人给自己的劝告。

55. 良药苦于口而利于病，忠言逆于耳而利于行。——《孔子家语·六本》

译：好的药物味苦但对治病有利；忠言劝诫的话听起来不顺耳却对人的行为有利。

56. 人固有一死，或重于泰山，或轻于鸿毛。——《报任安书》

译：人终究免不了一死，但死的价值不同，为了人民正义的事业而死就比泰山还重，而那些自私自利，损人利己的人之死就比鸿毛还轻。

57. 鸟之将死，其鸣也哀；人之将死，其言也善。——《史记》

译：鸟将要死的时候，它的叫声是悲哀的；人将要死的时候，他的话也是善良的。

58. 智者千虑，必有一失；愚者千虑，必有一得。——《史记》

译：聪明的人在上千次考虑中，总会有一次失误；愚蠢的人在上千次考虑中，总会有一次可取。

59. 天下熙熙，皆为利来；天下攘攘，皆为利往。——《史记》

译：（人生一世，无非是在追求名利），天下熙熙，都是为利而来；天下攘攘，都是为利而往。

60. 临渊羡鱼，不如退而结网。——《汉书》

译：站在深潭边，希望得到里面的鱼，还不如回家去结网。

61. 先发制人，后发制于人。——《汉书》

译：先出击就能制服敌人，随后应战只会被控制。

62. 天知、地知、我知、子知，何谓无知？——《后汉书》

译：天知道、地知道、我知道、你知道，怎么能说没人知道呢？

63. 天下皆知取之为取，而莫知与之为取。——《后汉书》

译：人们都认为只有获取别人的东西才是收获，却不知道给予别人也是一种收获。

64. 智者弃短取长，以致其功。——《后汉书》

译：聪明人舍弃短处，发挥长处，以此来取得成功。

65. 勿以恶小而为之，勿以善小而不为。——《三国志》

译：对任何一件事情，不要因为它是很小的、不显眼的坏事就去做；相反，对于一些微小的、却有益于别人的好事，不要因为它意义不大就不去做它。

66. 读书百遍而义自见。——《三国志》

译：读书必须反复多次地读，这样才能明白书中所讲的意思。

67. 明者见危于无形，智者见祸于未萌。——《三国志》

译：明智的人在危险还没形成时就能预见到，智慧的人在灾祸还未发生时就会有所觉察。

68. 义感君子,利动小人。——《晋书》
译:道义可以感动君子,利益可以打动小人。

69. 太刚则折,至察无徒。——《晋书》
译:过于刚直就会折断,极其明察就没有党徒。

70. 成败相因,理不常泰。——《南史》
译:成功与失败互为因果关系,世事不会永远太平安宁。

71. 以清白遗子孙,不亦厚乎。——《南史》
译:把清清白白做人的品质留给后代子孙,不也是很厚重的一笔财富吗?

72. 君子立身,虽云百行,唯诚与孝,最为其首。——《隋书》
译:君子在社会上立足成名,尽管需要修养的品行有很多方面,但只有诚和孝才是最重要的。

73. 以铜为镜,可以正衣冠;以古为镜,可以知兴替;以人为镜,可以明得失。——《旧唐书》
译:用铜作为镜子,可以端正衣服和帽子;以历史作为镜子,可以知道兴衰和更替;以人作为镜子,可以明白得失。

74. 成远算者不恤近怨,任大事者不顾细谨。——《明史》
译:有长远打算的人不应为眼前的一点怨言而担忧,做大事的人不必顾及一些细微琐事。

75. 良言一句三冬暖,恶语伤人六月寒。——《增广贤文》
译:一句良善有益的话,能让听者即使在三冬严寒中也倍感温暖;相反,尖酸刻薄的恶毒语言,伤害别人的感情和自尊心,即使在六月大暑天,也会让人觉得寒冷。

76. 善恶随人作,祸福自己招。——《增广贤文》
译:好事坏事都是自己做的,灾祸幸福也全是由自己的言行招来的。

77. 业精于勤,荒于嬉;行成于思,毁于随。——《进学解》
译:事业或学业的成功在于奋发努力,勤勉进取。太贪玩,放松要求便会一事无成;做人行事,必须谨慎思考,考虑周详才会有所成就。任性、马虎、随便只会导致失败。

78. 读书有三到:谓心到,眼到,口到。——《训学斋规》
译:用心思考,用眼仔细看,有口多读,三方面都做得到位才是真正的读书。

79. 强中自有强中手,莫向人前满自夸。——《警世通言》
译:尽管你是一个强者,可是一定还有比你更强的人,所以不要在别人面前骄傲自满,自己夸耀自己。

80. 黑发不知勤学早,白首方悔读书迟。——《劝学》
译:年轻的时候不知道抓紧时间勤奋学习,到老了想读书却为时已晚。

81. 知不足者好学,耻下问者自满。——《省心录》
译:知道自己的不足并努力学习就是聪明的人,不好问又骄傲自满的人是可耻的。

82. 博观而约取，厚积而薄发。——《稼说送张琥》

译：广泛阅读，多了解古今中外的人和事，把其中好的部分牢牢记住；积累了大量的知识材料，到需要用时便可以很自如恰当地选择运用。

83. 书到用时方恨少，事非经过不知难。——《增广贤文》

译：知识总是在运用时才让人感到太不够了，许多事情如果不亲身经历过就不知道它有多难。

84. 笨鸟先飞早入林，笨人勤学早成材。——《醒世格言》

译：飞得慢的鸟儿提早起飞就会比别的鸟儿早飞入树林，不够聪明的人只要勤奋努力，就可以比别人早成材。

85. 书山有路勤为径，学海无涯苦作舟。——《增广贤文》

译：勤奋是登上知识高峰的一条捷径，不怕吃苦才能在知识的海洋里自由遨游。

86. 学如逆水行舟，不进则退。——《增广贤文》

译：学习要不断进取，不断努力，就像逆水行驶的小船，不努力向前，就只能向后退。

87. 先天下之忧而忧，后天下之乐而乐。——《岳阳楼记》

译：为国家分忧时，比别人先，比别人急；享受幸福、快乐时，却让别人先，自己居后。

88. 位卑未敢忘国。——《病起书怀》

译：虽然自己地位低微，但是从没忘掉忧国忧民的责任。

89. 人生自古谁无死，留取丹心照汗青。——《过零丁洋》

译：自古以来，谁都难免一死，那就把一片爱国的赤胆忠心留在史册上吧。

90. 有益国家之事虽死弗避。——《呻吟语·卷上》

译：对国家有利的事情要勇敢地去做，就算有死亡的危险也不躲避。

91. 一寸山河一寸金。——《金史》

译：祖国的每一寸山河比一寸黄金还要宝贵，是绝不能让给外人的。

92. 欲安其家，必先安于国。——《臣轨上》

译：如果想建立个人幸福的小家，必须先让国定安定，繁荣起来。

93. 大丈夫处世，当扫除天下，安事一室乎？——《后汉书》

译：有志气的人活在世上，应当以治理天下为己任，哪能只管打扫自己的屋子呢？

94. 忧国忘家，捐躯济难，忠臣之志也。——《三国志》

译：忧虑国家大事忘记小家庭，为拯救国家危难而捐躯献身，这都是忠臣的志向。

95. 捐躯赴国难，视死忽如归。——《白马篇》

译：在国家有危难的时候要敢于挺身而出，把死当作回家一样。

96. 生当作人杰，死亦为鬼雄。——《夏日绝句》

译：活着的时候要做英雄，死后也要当英雄。

97. 时穷节乃现，一一垂丹青。——《正气歌》

译：历史上许多忠臣义士，在国家有难时，他们的节操就显现出来，一个个名垂

240

史册。

98.保国者，其君其臣，肉食者谋之；保天下者，皮肤之贱与有责焉耳矣。——《日知录》

译：保卫一个政权，是帝王将相这些统治者的事情，而天下的兴亡则是人人有责。

99.风声、雨声、读书声，声声入耳；家事、国事、天下事，事事关心。——《东林书院楹联》

译：风声、雨声、琅琅读书声，都进入我们的耳朵，所以，作为一个读书人，家事、国事，天下的事情，各种事情都应该关心，不能只是死读书。

100.羊有跪乳之恩，鸦有反哺之义。——《增广贤文》

译：羊羔有跪下接受母乳的感恩举动，小乌鸦有衔食喂母鸦的情义，做子女的更要懂得孝顺父母。

参 考 文 献

[1] 林万龙.耕读教育十讲［M］.北京：高等教育出版社，2021.

[2] 巫建华，曲霞.耕读劳动——新时代劳动教育概论［M］.北京：中国农业出版社，2021.

[3] 蒋林树，孙曦，陈学珍.学农耕读科普实践教程（彩图版）［M］.北京：中国农业出版社，2020.

[4] 王彤光，薛俊梅.耕读劳动——学农与创新创业实践［M］.北京：中国农业出版社，2021.

[5] 张建树.农耕史话［M］.北京：中国农业出版社，2019.

[6] 尹绍亭.农耕文化与乡村建设研究文集［M］.北京：中国社会科学出版社，2021.

[7] 沈凤英，秦丽娟.农耕文化与乡村旅游［M］.北京：中国农业出版社，2020.

[8] 孙齐.农耕社会与市场［M］.北京：商务印书馆，2019.